समसामयिक साहित्य

वाणी प्रकाशन
नयी दिल्ली-110002

समसामयिक साहित्य

राजकुमार सैनी

ISBN : 978-81-7055-608-4

वाणी प्रकाशन
21-ए, दरियागंज, नयी दिल्ली-110002
द्वारा प्रकाशित

प्रथम संस्करण : 1999

मूल्य : 195.00 रुपये

विनायक कम्प्यूटर्स, शाहदरा, दिल्ली-32
द्वारा लेज़र कम्पोज़

शुभम् ऑफसेट, दिल्ली-110032
द्वारा मुद्रित

SAMSAMAYIK SAHATIYA
by Rajkumar Saini

आदरणीय और प्रिय अग्रज श्री बलवीर सिंह सैनी तथा
यथार्थवादी आलोचक, कुशल संपादक, संवेदनशील कवि
और जागरूक पाठक व आदरणीय मित्र
कमला प्रसाद के लिए

दो शब्द

प्रस्तुत पुस्तक समय-समय पर लिखे गए मेरे, लेखों, आलेखों और टिप्पणियों का संकलन है। ये सभी रचनाएँ पत्र-पत्रिकाओं के विशेषांकों अथवा चयनिकाओं में पूर्व-प्रकाशित हैं। इस पुस्तक के माध्यम से पाठकों के लिए ये एक जिल्द में पहली बार सुलभ हो रही हैं; इससे पहले ये विविध चयनिकाओं और पत्रिकाओं में इधर-उधर बिखरी हुई थीं।

स्वरूप की दृष्टि से ये लेख-आलेख आलोचनात्मक हैं तथापि अपनी अंतर्वस्तु में रचनात्मक हैं, ऐसा मेरा विश्वास है। कारण यह है कि मैंने इन्हें लिखते या बोलते समय कोई आलोचक की मुद्रा नहीं अपनाई। ज़हन में यही रहा कि मैं भी एक अदना-सा लेखक और साधारण-सा पाठक हूँ लेकिन साहित्य और साहित्यशास्त्र में गहरी दिलचस्पी रखता हूँ। एक सामाजिक प्राणी, लेखक तथा सहृदय पाठक होने के नाते समाज और साहित्य के रिश्तों के प्रति गंभीर सरोकार बनाए रखना मेरी फितरत रही है। फितरतें और भी हैं पर उन सबका उल्लेख यहाँ अवांतर प्रसंग ही कहलाएगा।

फ़ैज़ अहमद फ़ैज़ की दो पंक्तियाँ सुना कर इन रचनाओं और पाठक के बीच से हट रहा हूँ :

"इक सुख़न और कि फिर रंगे तक़ल्लुम तेरा
हरफ़े सादा को इनायत करे एजाज़ का रंग"

पाठकों से अनुरोध है कि अपने सुझावों से मुझे लाभान्वित करने की कृपा करें।

—राजकुमार सैनी

385, सेक्टर 4, रामकृष्ण पुरम
नई दिल्ली-110022
दूरभाष : 6187724, 6180423, 4362027

अनुक्रमणिका

निबंधकार राहुल

(राहुल के साहित्य और भाषा संबंधी निबंध)

महापंडित राहुल सांकृत्यायन भारतीय वाङ्मय के बहुमुखी प्रतिभा संपन्न व्यक्तित्व थे। विश्वदर्शन, भारतीय दर्शन, पुरातत्त्व, इतिहास, साहित्य व भाषाशास्त्र, पर्यटन व तीर्थाटन, समाजशास्त्र और राजनीति आदि विविध क्षेत्रों में उनका असाधारण अवदान अविस्मरणीय है। वे उच्चकोटि के निबंधकार भी थे। सरल और सहज संवाद करती-सी उनकी शैली उनके निबंधों को रोचक और पठनीय बनाए रहती है। एक ही लेख में दर्शन, देश-दर्शन, इतिहास, विज्ञान, राजनीति और बौद्ध धर्म आदि विषयों पर लिखे गए विविध निबंधों को समेटना अतिव्याप्ति दोष का शिकार होना है। अतः प्रस्तुत लेख में हम उनके साहित्य और भाषा संबंधी निबंधों की ही चर्चा कर पाएँगे।

ऐसे निबंधों में कुछ आत्मचरितात्मक हैं जैसे 'मैं कहानी लेखक कैसे बना'; 'प्रेमचंद स्मृति' और 'सरस्वती का प्रकाशन' संस्मरणों का सम्पुट लिए हैं; 'साहित्यिक प्रगति में बाधाएँ' शीर्षक निबंध हिंदी की पत्र-पत्रिकाओं में काम करनेवाले प्रतिभा संपन्न लेखकों की समस्याओं की ओर ध्यान आकर्षित करता है। 'साहित्यकार का दायित्व' निबंध भाषा के प्रति सांप्रदायिक दृष्टिकोण रखने की प्रवृत्ति के विरुद्ध एक आधुनिक बहस की शुरुआत करता है। इसी प्रकार 'कौरवी जन साहित्य', 'ग्वालियर और हिंदी कविता', 'मारवाड़ी और पहाड़ी भाषाओं का संबंध', 'हिंदी की मूल भाषा कौरवी बोली है' आदि निबंध भाषा-शास्त्र संबंधी उनकी सोच को रेखांकित करते हैं। 'चौरासी सिद्ध', 'सिद्ध कवियों' की भाषा और 'महाकवि स्वयंभू' शीर्षक निबंधों में सिद्ध साहित्य संबंधी शोध कार्य पर उनकी परिचयात्मक किंतु अर्थपूर्ण टिप्पणियाँ हैं जो सिद्ध साहित्य संबंधी हिंदी की आदि काव्यधारा पर राहुलजी द्वारा किए गए महत्त्वपूर्ण शोध कार्य के बारे में आम पाठकों को मूल्यवान जानकारी देती हैं। 'हिंदी में पारिभाषिक शब्दों का निर्माण' शीर्षक निबंध में पारिभाषिक शब्दावली के क्षेत्र में उठनेवाली समस्याओं का विवेचन है और 'आचार्य रघुवीर का परिभाषा निर्माण' शीर्षक-निबंध आचार्य रघुवीर के तत्संबंधी दृष्टिकोण की एक समीक्षा प्रस्तुत करता है। 'भारतेंदु और पुश्किन' में उक्त दोनों साहित्यकारों का तुलनात्मक विवेचन है।

'हिंदी लोक-साहित्य' और 'उत्तर प्रदेश के लोकगीत' शीर्षक निबंधों में लोक-साहित्य और लोकगीतों की प्रकृति की अकुंठ भाव से चर्चा की गई है। 'लोकगीत और रेडियो' में रेडियो पर लोकगीतों के नाम से प्रसारित होनेवाले गीतों पर समीक्षात्मक टिप्पणी है। 'ऐतिहासिक उपन्यास' शीर्षक निबंध में ऐतिहासिक यथार्थवाद की चर्चा की गई है। राहुलजी के अतिरिक्त शायद और किसी लेखक ने 'ऐतिहासिक यथार्थवाद' की ओर हिंदी पाठकों का ध्यान आकर्षित नहीं किया। यहाँ यह बात रेखांकित करने की आवश्यकता है कि हर एक ऐतिहासिक उपन्यास, कथा, कहानी या नाटक को ऐतिहासिक यथार्थवादी रचना नहीं कहा जा सकता। ऐतिहासिक यथार्थवादी रचनाओं की कोटि में वे ही रचनाएँ आएँगी जो इतिहास के किसी काल-खंड को एक यथार्थवादी दृष्टिकोण से उस युग के सामाजिक और पारिवारिक अंतर्विरोधों और अंतःसंबंधों के साथ रचनात्मक विधा में चरितार्थ कर सकें। राहुल की 'वोल्गा से गंगा' ऐसी ही ऐतिहासिक यथार्थवादी कहानियों का संग्रह है जो हिंदी ही नहीं, भारतीय कथा-साहित्य में अपनी अलग और विशिष्ट पहचान बनाता है। हिंदी-कथा-साहित्य में राहुल अपने ढंग के एकमात्र ऐतिहासिक यथार्थवादी रचनाकार थे। उनके द्वारा रची गई ऐतिहासिक यथार्थवादी रचनाओं की परंपरा में भगवतशरण उपाध्याय की कुछ कृतियों तथा राजीव सक्सेना के उपन्यास 'पणि पुत्री सोमा' का उल्लेख किया जा सकता है। अब हम राहुल के साहित्य और भाषा संबंधी निबंधों की एक-एक कर, थोड़े विस्तार के साथ चर्चा करेंगे।

सर्वप्रथम 'मैं कहानी लेखक कैसे बना' शीर्षक निबंध को लें। इस निबंध के संदर्भ में यह कहना अप्रासंगिक न होगा कि जो आलोचक कला की दृष्टि से राहुल को एक प्रथम श्रेणी का कहानीकार नहीं मानते, वे अपनी कला संबंधी अवधारणा के कारण ही ऐसा करते हैं, क्योंकि उनकी अवधारणा कलावाद से ग्रस्त होती है। कलावाद के घेरे से बाहर आकर ऐसे आलोचक समाजवादी मूल्यों को संप्रेषित करनेवाली रचनाओं का मूल्यांकन करते समय पूर्वाग्रह और संकीर्णतावाद के शिकार हो जाते हैं। वे भूल जाते हैं कि भारतीय साहित्य की अवधारणा 'सहित' से विकसित होती है और यहाँ 'सहित' का अर्थ हित के साथ अथवा सामाजिक हित के साथ तो है ही, साथ ही इसका एक आशय समाहित करनेवाला अर्थात् सब कुछ को समाहित करनेवाला (Which includes every thing) भी है। जो लेखक कलावादी दायरों तक सीमित नहीं रहते उनकी साहित्य संबंधी अवधारणा भी सब कुछ को समाहित करनेवाली होती है। ऐसे लेखकों को कलावाद की संकीर्ण कसौटियों पर परखना ऐसा ही है जैसे ऋचाओं अथवा आर्ष रचनाओं का मूल्यांकन करते समय छंदशास्त्र या अलंकार सिद्धांत की दुहाई देना। ऐसे ही संकीर्ण कलावादी रुझान के तहत डॉ. नगेंद्र ने गोदान को प्रथम श्रेणी का उपन्यास मानने से इंकार किया था और उनके साथ-साथ अन्यों ने भी उसी तंग कलावादी दृष्टि के कारण उन्हें दूसरे

दर्जे का कथाकार माना था। आज समय और इतिहास ने स्वयं प्रमाणित कर दिया है कि प्रेमचंद आधुनिक हिंदी साहित्य के सबसे बड़े लेखक थे। राहुल सांकृत्यायन भी अपने समय के एक बहुत बड़े लेखक थे। कथा-साहित्य के क्षेत्र में ही 'वोल्गा से गंगा' में संकलित उनकी कहानियाँ कालजयी रचनाएँ हैं; हालाँकि, राहुल की दृष्टि में कालजयी कुछ नहीं है क्योंकि बुद्ध कह गए हैं—'सब्बम् खनिकम्' (सर्वम् क्षणिकम्—सब कुछ क्षणिक है, कोई चीज़ स्थिर नहीं है) और जैसा कि डॉ. प्रभाकर माचवे ने 'भारतीय साहित्य के निर्माता' सीरीज़ के अंतर्गत प्रकाशित अपनी 'राहुल सांकृत्यायन' शीर्षक पुस्तिका में लिखा है, बुद्ध के अनुसार राहुल भी किसी तरह की अमरता में विश्वास नहीं करते थे। इस संदर्भ में राहुल का कथन है—'लेनिन ने भी कहा था, 'कुछ भी अंतिम नहीं है।' मैं नहीं मानता हूँ कि कोई भी मनुष्य संपूर्ण है। मैंने कोई सत्य का एकाधिकार नहीं रखा है। मैं अपना काम करता हूँ। भावी पीढ़ी और मेरे काम को सुधारेगी।' ('राहुल सांकृत्यायन', प्रभाकर माचवे, साहित्य अकादमी नई दिल्ली; भूमिका, पृष्ठ 11)

'मैं कहानी लेखक कैसे बना' शीर्षक निबंध की चर्चा से पूर्व उक्त अवांतर प्रसंग का उल्लेख करना हमने इसलिए ज़रूरी समझा कि यह निबंध विशेष रूप से राहुल के रचनाकार की रचना-प्रक्रिया को उद्घाटित करता है। अपने स्कूली जीवन का हवाला देते हुए राहुल संकेत करते हैं कि वे छात्र-जीवन में निबंध-लेखन के प्रति आकर्षित हुए थे। तत्पश्चात् 1915 में उन्होंने पहला लेख लिखा। यह लेख कहानी और यात्रा-वृत्त के बीच की सी चीज़ थी। राहुल के कथा साहित्य में भी यात्रावृत्त और कथावृत्त परस्पर एक-दूसरे में घुलमिल जाते हैं। '22वीं सदी' इनकी पहली कथा-रचना है जो कहानी और उपन्यास के बीच की निर्मिति है और समाजवादी युटोपिया जैसी लगती है। इसके बाद 'जादू का मुल्क', 'सोने की ढाल', 'विस्मृति के गर्भ में', 'शैतान की आँख' शीर्षक से उपन्यासिकाएँ लिखीं जो मौलिक न होकर भावानूदित हैं। भौगोलिक और व्यक्ति-चरित्रों का इनमें भारतीयकरण कर दिया गया है। तिब्बत की पहली यात्रा से लौटने पर मित्रों के आग्रह करने पर उन्होंने 'तिब्बत में सवा वर्ष' की रचना की। कुछ यात्रावृत्तपरक कहानियाँ 'सतमी के बच्चे' में संगृहीत हैं। 'उनमें स्मृतिज्ञान कीर्ति ही एक पुरानी ऐतिहासिक कहानी है, जिसकी सामग्री तिब्बत में मिली थी। बाकी सभी कहानियों के नायक मेरे बचपन के परिचित थे।' अपनी कथा-यात्रा के बारे में कुछ इसी तरह की सूचनाएँ देते हुए उक्त निबंध में राहुल बताते हैं कि 'बाईसवीं सदी' के बाद 'सतमी के बच्चे' और उनके साथ की और कहानियों को लिखकर उन्होंने कथा-साहित्य में प्रवेश किया। आगे लिखते हैं कि 1938 में किसान आंदोलन के सिलसिले में जेल जाना पड़ा तथा वहीं उन्होंने अपना पहला उपन्यास 'जीने के लिए' लिखा। यह उपन्यास वर्तमान शताब्दी की राजनैतिक और सामाजिक पृष्ठभूमि पर आधारित संघर्ष-गाथा है। इसी निबंध में

राहुल ने यह सूचना भी दी है कि 'वोल्गा से गंगा' जैसी कालजयी कृति, 1942 में हज़ारीबाग जेल में रहते हुए उन्होंने लिखी। यहाँ यह टिप्पणी करना समीचीन प्रतीत होता है कि 'वोल्गा से गंगा' में संकलित कहानियाँ वही व्यक्ति लिख सकता था जिसके मानस में पिछले हज़ारों सालों की मानव-सभ्यता का इतिहास और क्रमिक विकास रच-बस गया हो। राहुल के बाद ऐसी ऐतिहासिक यथार्थवादी कहानियाँ हिंदी में भगवतशरण उपाध्याय ने लिखी हैं। इस दृष्टि से ये दोनों रचनाकार अपने ढंग के (ऐतिहासिक यथार्थवाद के) विशिष्ट कथा-लेखक हैं।

'प्रेमचंद स्मृति' शीर्षक निबंध में राहुल प्रेमचंद का मूल्यांकन करते हुए टिप्पणी करते हैं—'प्रेमचंद भारत के अमर लेखक, अमर कलाकार हैं··· उनकी लेखनी द्वारा बीसवीं शताब्दी की साढ़े तीन दशाब्दियों के लोक-जीवन का स्वरूप, लोक-इतिहास की बड़ी स्पष्टता और ईमानदारी के साथ चित्रित हुआ है।' 'घुमक्कड़ शास्त्र' में 'अमरता' का मज़ाक उड़ानेवाले राहुल इस निबंध में प्रेमचंद को 'अमर लेखक' और 'अमर कलाकार' बताते हैं। यह कोई अंतर्विरोध नहीं है। हर नियम का एक अपवाद होता है। प्रेमचंद ऐसे ही एक अपवाद हैं। फिर, शब्दों के अर्थ प्रसंगानुकूल होते हैं तथा प्रसंगानुसार बदल भी जाते हैं। यहाँ आशय यही है कि प्रेमचंद एक बहुत बड़े लेखक हैं। आगे चलकर इसी निबंध में सूचित करते हैं कि लेनिनग्राद विश्वविद्यालय में प्रतिवर्ष प्रेमचंद दिवस मनाया जाता है। लेकिन इससे भी अधिक महत्त्वपूर्ण सूचना (और आगे चलकर इसी निबंध में) यह देते हैं कि 1931 में 'कम्यूनिस्ट मैनीफैस्टो' का हिंदी अनुवाद राहुल और आचार्य नरेन्द्र देव कर रहे थे और वह प्रेमचंद के ही प्रेस में छप रहा था। इस रहस्योद्घाटन पर टिप्पणी करते हुए 'राहुल निबंधावली (साहित्य)' की प्रस्तावना में रामशरण मुंशी ने जो टिप्पणी की है उसका उल्लेख करना यहाँ अत्यंत प्रासंगिक जान पड़ रहा है :

'इन निबंधों को पढ़ने से पहले कौन जानता था कि कम्यूनिस्ट मैनीफैस्टो का पहला हिंदी अनुवाद राहुल सांकृत्यायन और आचार्य नरेन्द्र देव ने किया था और वह प्रेमचंदजी के प्रेस में छप रहा था।'

'भारतेंदु और पुश्किन' शीर्षक निबंध में दोनों साहित्यकारों की तुलना करते हुए लोक-जीवन और लोक-साहित्य की स्वस्थ परंपराओं तथा देशप्रेम पर आधारित साहित्य के महत्त्व को रेखांकित किया गया है।

'सरस्वती का प्रकाशन' शीर्षक निबंध एक संक्षिप्त टिप्पणी के रूप में लिखा गया है। इस निबंध में राहुल इस तथ्य को रेखांकित करते हैं कि हिंदी कविता के लिए खड़ी बोली को स्वीकार कराने का श्रेय 'सरस्वती' और उसके यशस्वी संपादक आचार्य महावीर प्रसाद द्विवेदी को जाता है। निबंध के अंत में यह कहा गया है कि किसी भाषा के बारे में किसी एक व्यक्ति और एक पत्रिका ने उतना काम नहीं किया जितना इस पत्रिका और आचार्य द्विवेदी ने।

'साहित्यिक प्रगति में बाधाएँ' शीर्षक निबंध में हिंदी पत्र-पत्रिकाओं के स्तर को लेकर टीका-टिप्पणी की गई है। श्रेष्ठ पत्रिकाएँ नियमित रूप से नहीं निकल पाती थीं। आज भी स्थिति कुछ बदली नहीं है। 'लोकगीत और रेडियो' शीर्षक निबंध में लोकगीतों के अधकचरे नक्कालों की अच्छी ख़बर ली गई है और उनके कार्यक्रमों पर रोष प्रकट किया गया है। लोकगीतों की कच्ची नकल पर प्रसारित होनेवाले बनावटी गीतों के फूहड़पन पर राहुल क्षोभ व्यक्त करते दिखाई देते हैं। उनके अनुसार लोक-काव्य का अपना काव्यानुशासन होता है, उसके रस, अलंकार सरल-सहज होते हैं। निबंध के अंत में यह सुझाव दिया गया है कि हर एक लोकभाषा क्षेत्र में एक रेडियो-स्टेशन होना चाहिए।

'साहित्यकार का दायित्व', शीर्षक निबंध में भाषा और साहित्य के प्रति अपनाए जा रहे सांप्रदायिक दृष्टिकोण की कटु आलोचना की गई है। हिंदी साहित्य संबंधी पाठ्यक्रमों में ग़ालिब, नज़ीर, अकबर आदि की रचनाओं को शामिल करने का परामर्श दिया गया है। इस निबंध में रहीम का विशेषोल्लेख करते हुए यह आकांक्षा व्यक्त की गई है कि दिल्ली में रहीम की समाधि को एक साहित्यिक संगम-स्थल के रूप में विकसित किया जाना चाहिए।

'ऐतिहासिक उपन्यास' शीर्षक निबंध में ऐतिहासिक यथार्थवाद का उल्लेख है। निबंध में यह शिकायत की गई है कि यथार्थवाद की चर्चा करते समय ऐतिहासिक यथार्थवाद की ओर किसी ने भी ध्यान आकर्षित नहीं किया। यह बात सच है। ऐतिहासिक यथार्थवाद की ओर राहुल संभवतः पहली बार ध्यान आकर्षित करते हैं। राहुल और भगवतशरण उपाध्याय की अधिकांश रचनाएँ ऐतिहासिक यथार्थवादी रचनाएँ हैं जो किसी काल-खंड विशेष को उसके अंतर्विरोधों और अंतःसंबंधों के साथ सर्जनात्मक स्तर पर (कलात्मक पद्धति और वैज्ञानिक यथार्थवादी दृष्टि के साथ) चरितार्थ करती हैं। ऐसे साहित्य की कलावादी आलोचकों ने उपेक्षा की है तथापि जनता में ऐसा साहित्य बड़े चाव के साथ पढ़ा जाता है। राहुल (और भगवतशरण उपाध्याय) की ऐतिहासिक यथार्थवादी रचनाओं का सही मूल्यांकन करना हमारे जागरूक और प्रगतिशील समालोचकों के लिए एक चुनौती है। ऐतिहासिक उपन्यास या कहानी अथवा नाटक के नाम पर ऐतिहासिक रोमांस रचना एक बात है और ऐतिहासिक यथार्थवादी रचना करना बिल्कुल दूसरी चीज़ है। इस संबंध में स्वयं राहुल का कथन है कि 'प्रागैतिहासिक काल को लेकर वस्तुतः ऐतिहासिक उपन्यास अभी नहीं लिखे गए, कहानियाँ ज़रूर लिखी गई हैं; हमारी भाषा में तो वस्तुतः ऐतिहासिक उपन्यास भी बहुत कम लिखे गए हैं और उनमें भी ऐतिहासिक यथार्थवाद की कसौटी पर खरे उतरनेवाले बहुत कम हैं।' इस संबंध में आलोचकों की स्थिति के बारे में राहुल कहते हैं :

'हमारे समालोचकों में बहुत कम ही ऐसे हैं जो ऐतिहासिक यथार्थवाद की

परख रखते हैं, इसलिए इतिहास के जानकारों और प्रेमियों के सिर में दर्द पैदा करनेवाले उपन्यासों की खूब अच्छी समालोचना या सम्मति भी प्राप्त हो सकती है।...'

ऐतिहासिक उपन्यासकार के लिए उनका यह संदेश है कि 'उसका विवेक ऐसा होना चाहिए जैसा कि इतिहासकार का होता है' और 'ऐतिहासिक अनौचित्य से बचने के लिए जिस तरह तत्कालीन ऐतिहासिक सामग्री और इतिहास का अच्छी तरह अध्ययन आवश्यक है वैसे ही भौगोलिक अध्ययन भी आवश्यक है।'

'चौरासी सिद्ध', 'सिद्ध कवियों की भाषा' और 'महाकवि स्वयंभू' शीर्षक निबंधों में सिद्ध कवियों के कथन और कथ्य की चर्चा करते हुए उनके कलापक्ष का विवेचन है। महाकवि स्वयंभू के बारे में जो निबंध लिखा गया है वह काफ़ी विस्तृत है और उसमें विस्तार के साथ महाकवि स्वयंभू के बारे में प्रचुर जानकारी दी गई। इस निबंध में उन्हें अप्रभ्रंश का सर्वश्रेष्ठ कवि कहा गया है। स्वयंभू के समय में अपभ्रंश भाषा की स्थिति और विविध प्रकारों की तालिका भी दी गई है। स्वयंभू की 'रामायण' और तुलसी के 'रामचरित-मानस' के कुछ अंशों की तुलना करते हुए यह संकेत किया गया है कि तुलसी पर स्वयंभू का प्रभाव लक्षित होता है। 'सिद्ध कवियों की भाषा' शीर्षक निबंध में राहुल अपने इस अभिमत को व्यक्त करते हैं कि 'ऋग्वेद की भाषा बोलचाल की भाषा के अत्यंत नज़दीक है जैसे त्रिपिटक की 'पाली' बुद्धकालीन मागधी के अत्यंत नज़दीक है।' निबंध के अंत में राहुल का यह सुझाव भारतीय वाङ्मय के विद्यमान और भावी प्रोफेसरों और अधिकारी विद्वानों के लिए विचारणीय है :

'ऋग्वेद से लेकर 19वीं सदी के अंत तक की धारा को समझने के लिए उन-उन भाषाओं की गद्यधारा और काव्यधारा के संग्रहों की आवश्यकता है। मैंने केवल विस्मृत, अज्ञात अपभ्रंश काव्यधारा को ही अपनी हिंदी काव्यधारा में संगृहीत कर दिया है। अपभ्रंश के गद्य भी जैन-भंडारों में तत्कालीन व्रत-कथाओं के रूप में मौजूद हैं, जिसके भी काल-क्रम से संग्रह करने की आवश्यकता है।'

इसी क्रम में आगे वे कहते हैं कि 'संस्कृत काव्यधारा, संस्कृत गद्यधारा, प्राकृत काव्यधारा, प्राकृत गद्यधारा, हिंदी आदि काव्यधारा, हिंदी आदि गद्यधारा, हिंदी महाकविधारा (सूर, तुलसीदास आदि के समय की काव्यधारा), हिंदी रीतिकालीन काव्यधारा और हिंदी-रीतिकालीन-गद्यधारा के संग्रहों की अत्यंत आवश्यकता है। यह महाकार्य राहुल की कोटि का कोई महापंडित ही संपन्न कर सकता था। कई विद्वानों के मिले-जुले प्रयासों से इस क्षेत्र में कुछ कार्य हुआ है लेकिन बहत कुछ करना अभी शेष है।

'उत्तर प्रदेश के लोकगीत' और 'हिंदी लोक-साहित्य' जैसे निबंधों में जन-साहित्य और लोक-साहित्य की बानगियाँ प्रस्तुत करते हुए राहुल ने यह धारणा

व्यक्त की है कि जनपदों की बोलियों और जनभाषाओं में जो साहित्य उपलब्ध है वह हमारे तथाकथित शिष्ट और मानक साहित्य से कहीं अधिक जीवंत और सर्जनात्मक है और उसको बचाए रखने के लिए तुरंत उपाए किए जाने चाहिएं। पूँजीवादी पद्धति पर हो रहे संस्कृति के बाज़ारीकरण और शहरीकरण के उपभोक्तावादी माहौल में उस साहित्य को नष्ट होने से बचाना बेहद ज़रूरी है। लोक-जीवन के महत्त्वपूर्ण कवियों में भोजपुरी के लोक गायक बिसराम और बुंदेलखंडी के कविवर ईसुरी का राहुल ने विशेषोल्लेख किया है। राहुल स्वयं डॉ. राजेन्द्र प्रसाद से भोजपुरी में और डॉ. अमरनाथ झा से मैथिली में बातें किया करते थे। इस तथ्य का उल्लेख करते हुए प्रभाकर माचवे ने लिखा है कि नैनीताल में 'सिल्वर ओक' में अपने आवास के नजदीक रहनेवाली एक वृद्धा के मुँह से सुनकर तथा नोट करके, राहुल ने 'आदि हिंदी की कहानियाँ और गीतें' पुस्तक लिखी थीं। राहुल का मत था कि आधुनिक खड़ी बोली हिंदी की माँ कौरवी है। (भारतीय साहित्य के निर्माता राहुल सांकृत्यायन–प्रभाकर माचवे, साहित्य अकादमी, नई दिल्ली) कौरवी कुरु प्रदेश की भाषा है जो दिल्ली और यमुना के आर-पार कोसों तक फैला हुआ है। आगरा, मेरठ, दिल्ली, सोनीपत, पानीपत और कुरुक्षेत्र इसके अंतर्गत आते हैं।

कुछ निबंधों में भाषा और बोलियों के बारे में महत्त्वपूर्ण जानकारी और सुझाव दिए गए हैं। 'मारवाड़ी और पहाड़ी भाषा का संबंध' शीर्षक निबंध में जम्मू के सीमांत से लेकर दार्जिलिंग तक बोली जानेवाली विविध भाषाओं के व्यवहार-क्षेत्र, उनमें आपसी सादृश्य और उनकी विशेषताओं का विवरण है। राहुल का कहना है कि प्राचीन काल का कुरु-जनपद अब भी अपनी बोली के रूप में एक इकाई है। उनके कथनानुसार अपभ्रंश-काल से बाहर निकलते समय जब 'अस्ति' के नए रूप को अपनाया गया तो गंगा-यमुना के मध्य-क्षेत्र में उसने 'ह' (आज का 'है') का रूप धारण कर लिया और कुरु-जांगल क्षेत्र में 'स' (आज का हरियाणवी 'सै') का रूप धारण कर लिया। इस प्रकार कौरवी और हरियाणवी में केवल 'ह' और 'स' का ही अंतर है। वैसे ये दोनों भाषाएँ लगभग एक ही हैं। करनाल और अंबाला तक कौरवी का ही बोलबाला है। जमुना के पूर्व और पश्चिम का यह सारा क्षेत्र कुरु-प्रदेश है। इसी प्रदेश की भाषा कौरवी (हरियाणवी को शामिल करते हुए) का साहित्यिक, विकसित, परिवर्द्धित और परिष्कृति रूप आधुनिक हिंदी (खड़ी बोली) है। उर्दू-हिंदी में भी कोई विशेष भेद नहीं है। कुरुक्षेत्र वही क्षेत्र है जहाँ विश्वामित्र, वशिष्ठ, भारद्वाज जैसे आदिम ऋषियों ने ऋग्वेद की ऋचाओं का सृजन किया। कुरु-पांचाल के लोगों ने ही उपनिषद् रचे। महात्मा गौतम (बुद्ध) ने भी अपने सबसे गंभीर सूत्रों (महानिदान, महासंतिपट्ठान) का यहीं उपदेश दिया। अतः प्राचीन काल में अपनी देन के लिए यह क्षेत्र मशहूर रहा है। कुरु-देश ने जो भाषा दी वही आज

की राष्ट्रभाषा है। दिल्ली इस कुरु-देश के ही अंतर्गत है।

राहुल के इन सभी निबंधों की भाषा सरल, सहज और संप्रेष्य है। शैली में प्रसाद गुण है। कला में संक्षिप्ति और सारगर्भत्व है। बहुज्ञता इन निबंधों की विशेषता है तथा वैचारिक स्पष्टता और सुबोधता के ये प्रतिमान हैं। रोचकता और सुरुचिपूर्णता यहाँ कूट-कूट कर भरी है। कोई भी धारणा व्यक्त करते समय राहुल उदाहरण देकर पुष्टि करते हैं। ठोस रूप से अपनी बात कहते हैं कहीं भी अमूर्तन (Abstraction) के शिकार नहीं होते। ये निबंध राहुलजी की दर्शन, साहित्य और भाषा संबंधी मान्यताओं और अवधारणाओं को संप्रेषित करते हुए अग्रसर होते हैं तथा हिंदी के प्रत्येक पाठक के लिए पठनीय और ज्ञानवर्धक हैं। इनकी रचनात्मकता पर संदेह करना अपनी ही नकारात्मकता को रेखांकित करना है।

महादेवी का गीतिकाव्य

महाकवि सुमित्रानंदन पंत का यह कथन—'वियोगी होगा पहला कवि, आह से उपजा होगा गान' गीतिकाव्य के आदि स्रोत के संदर्भ में अक्सर उद्धृत किया जाता रहा है; तथापि उक्त कथन पंत के गीतिकाव्य के संदर्भ में भले ही प्रासंगिक हो, आदि कवि की प्रथम गीतिका के संदर्भ में उतना प्रासंगिक नहीं जितना कि उसे समझा जाता रहा है। वाल्मीकि ऋषि का शोक ही श्लोक के रूप में प्रस्फुटित हुआ, किंतु वह शोक किसी रोमांटिक कवि के वियोग का कारक नहीं था। एक क्रूर कृत्य के विरुद्ध ऋषि का विद्रोह और आक्रोश ही आदि-गीतिका का कारण था। आदि कविता 'उमड़ कर आँखों से चुपचाप' नहीं बही थी; वह 'अनजान' भी नहीं थी; वह तो एक ऋषि के विद्रोह-जनित आक्रोश से शाप बनकर भर्त्सना के स्वर में गूँज उठी थी और उसकी गूँज से आदिम-बर्बर 'सभ्यता' का जंगल काँप उठा था। निष्कर्ष के तौर पर यह कहा जा सकता है कि गीतिकाव्य का आदि-स्रोत कोई रोमांटिक वियोग नहीं था, अपितु अन्याय पूर्ण क्रूर कृत्य के विरुद्ध विद्रोह था। यह आदि कविता चुपचाप उमड़कर बहनेवाली अनजान गीतिका नहीं थी; पूरे होशोहवास के साथ, ललकारनेवाली, आततायी को चुनौती देनेवाली, ज़ालिम की भर्त्सना करनेवाली एक विद्रोही आवाज़ थी जो शाप बन कर ऊँचे स्वर में एक महा-विस्फोट की तरह इस भू-खंड पर गूँज उठी थी; ऐसी गूँज जिसकी प्रतिगूँज आज तक सुनाई दे रही है। यह मात्र संयोग नहीं है कि महादेवी वर्मा ने सप्तपर्णा की भूमिका में बाल्मीकि का उल्लेख 'विद्रोही आदि कवि' के रूप में किया है जबकि पंतजी उन्हें 'वियोगी कवि' कह कर याद करते हैं।

महादेवी कहती हैं :

'ऐसी मानव-गाथा का उद्‌गाता कवि अपने विद्रोह में भी पहला कहा जाएगा। ···हमारे नरमेध-गोमेध, अश्वमेध आदि के महारव से भरे हुए कर्णरंध्रों में जब क्षुद्र क्रौंच की दीन क्रंदन ध्वनि प्रवेश पा लेती है, तब हम चौंक उठते हैं··· क्रौंच के शोक से तादात्म्य करके ऋषि को आदि कवि की पदवी और श्लोक की छंदमयता ही नहीं प्राप्त हुई, उससे उन्हें मानव जीवन के महागीत के लिए स्वर, लय और ताल खोजने की प्रेरणा भी मिली।'

महादेवीजी उक्त कथन में जिस तादात्म्य का उल्लेख कर रही थीं वह उस प्रेरणा का संवाहक था जिसने 'देवताओं को सिंहासन-च्युत कर दिया' और मर्यादा-पुरुषोत्तम की संकल्पना की। इस संकट काल में पहले की तरह मानव ने अपनी रक्षा के लिए देवताओं का आह्वान नहीं किया; अपितु, अस्त्र और शस्त्र उठाए और देवों पर निर्भर रहने की बजाय 'अपने पराक्रम और कर्तव्य' को जीवन में प्रतिष्ठा दी। महागीत के उस रचनाकार ने वेद-छंदों और असंख्य दिव्य आख्यानों के होते हुए भी मनुष्य के जीवन-संघर्षों को अपना प्रतिपाद्य-विषय बनाया। रामायण की मौलिकता यह है कि वह वेद, उपनिषद् आदि की लीक से अलग हट कर अपने समय के परिवर्तित और प्रगतिशील मूल्यों के रूप में मनुष्य को उसके विवेक और पराक्रम द्वारा अपना अधिकार दिलाने की संकल्प-धर्मिता को कलात्मक धरातल पर चरितार्थ करती है।

महादेवीजी की काव्यानुभूति भी सामंती चौखटों में कैद नारी को अपने विवेक और पराक्रम द्वारा अपना अधिकार प्राप्त करने की प्रेरणा देती है। उनके गीतिकाव्य को एक वियोगिनी नारी की अनुभूति की अभिव्यक्ति के रूप में अब तक मूल्यांकित किया जाता रहा है। ज़रूरत इस बात की है कि उनके गीतिकाव्य को एक विद्रोहिणी नारी की अनुभूति की अभिव्यक्ति के रूप में भी मूल्यांकित किया जाए। महादेवी के गीतिकाव्य को रहस्यवादी चेतना का काव्य कहना उसके विद्रोही तेवर को नज़रंदाज करना है। उदाहरण के लिए आचार्य नंद दुलारे वाजपेयी उनकी काव्यानुभूति को 'परोक्ष अनुभूति' कह कर रहस्यात्मक करार देते हैं तो डॉ. नगेंद्र उसे 'अपार्थिव प्रणय अथवा अज्ञात के प्रति प्रणय निवेदन' कह कर खुलासा करने का असफल प्रयास करते हैं। इसी प्रकार विश्वंभर मानव उसे 'अलौकिक प्रणयानुभूति' बतलाते हैं। श्री जैनेन्द्र कुमार का विचार था कि महादेवी की कविता का धरातल 'बौद्धिक सहानुभूति' है। इन सभी धारणाओं के पीछे कोई भी कारण अथवा कारक काम कर रहे हों, इन सबकी प्रवृत्ति यही रही है कि महादेवी के गीतिकाव्य को उसके सामाजिक संदर्भों से पृथक् रख कर देखा जाए। डॉ. रमेश कुंतल मेघ ने इस दिशा में कुछ करने के लिए कलम उठाई भी, किंतु वे अपनी ही मनोवैज्ञानिक गुत्थियों में उलझ गए।

महादेवी का गीतिकाव्य एक स्त्री के व्यक्तिगत प्रणय का लौकिक या अलौकिक आत्म-निवेदन नहीं है। वह समकालीन (महादेवी के समकालीन अर्थात् 'तत्कालीन') नारी जाति के समष्टिपरक पुरुष-संबंधों की सांकेतिक और व्यंजनात्मक अभिव्यक्ति है। इस अभिव्यक्ति में नारी-समष्टि पुरुष-समष्टि के प्रति अपना विद्रोही-संवाद व्यंजित करती है। 'तत्कालीन' पुरुष-जाति नारी-जाति के प्रति अपने व्यवहार में सांस्कृतिक और सामाजिक पिछड़ाव (Cultural and social lag) का परिचय देती है, तो नारी जाति पुरुष जाति के उक्त पिछड़े व्यवहार (सामंती व्यवहार)

के प्रति शिकायत, आक्रोश, विद्रोह और पीड़ा के स्वरों में अपनी अनुभूतियों को वाणी देती है। नारी जाति के यही स्वर अपने राग-विराग के साथ महादेवी के गीतिकाव्य में कलात्मक रूप में अभिव्यक्त होते हैं। यह अभिव्यक्ति महादेवी के व्यक्तिगत रंग में व्यक्तिगत राग-विराग के साथ व्यंजित होती है, चूँकि जैसा कि मुक्तिबोध ने कहा था—कविता एक आत्मपरक अभिव्यक्ति की विधा है। पूरे समाज का दुःख-दर्द उसमें व्यक्ति के दुःख-दर्द के रूप में व्यंजित होता है; क्योंकि कविता-विधा ही ऐसी है। लेकिन व्यक्तिगत राग-विराग तो कविता-विधा का प्रस्तुत-विधान है उसके पीछे जो व्यंजनात्मक पक्ष है, जो वास्तविक व्यंजना है, उसी को कवि का अभिप्रेत मानना उपयुक्त होगा। कम से कम श्रेष्ठ कविता में तो ऐसा ही होता है। उसमें मूल अभिप्रेत या प्रधान अभिप्राय गौण अर्थ या प्रस्तुत विधान के पीछे छिपा होता है। यह छिपाव ही व्यंजना अथवा ध्वनि या भंगिमा कहलाता है। इस छिपाव के कारण अनुभूति या उसकी अभिव्यक्ति को रहस्यवादी या अलौकिक कह कर पीछा छुड़ा लेना एक तरह का सरलीकरण है। देखना यह चाहिए कि कौन से सामाजिक, पारिवारिक, राजनैतिक, नैतिक और सांस्कृतिक दबाव तथा तनाव क्रियाशील हैं जिनके तहत लेखक रचना कर रहा है। इसके अतिरिक्त रचनाकार में (यदि वह श्रेष्ठ रचनाकार है तो और भी अधिक) एक कलात्मक संयम और कलात्मक शील होता है। वह हर मनोभाव को (अथवा मनोविकार को) अश्लील रूप में या नंगे ढंग से अभिव्यक्त करना पसंद नहीं करता। यही कारण है कि कविता में अभिव्यक्ति प्रायः सांकेतिक होती है। महादेवी वर्मा के गीतिकाव्य के संदर्भ में भी इन बातों का ध्यान रखना अपेक्षित है; तथापि अभिव्यक्ति के सांकेतिक होने मात्र से यह मुगालता नहीं पाल लेना चाहिए कि अभिव्यक्ति रहस्यवादी, अपार्थिव या अलौकिक है अथवा अज्ञात के प्रति प्रणय-निवेदन है। पुरुष जाति आधुनिक सभ्यता और आधुनिकतावादी लबादों को ओढ़ने के बावजूद नारी जाति के प्रति सामंती दृष्टिकोण से ग्रस्त है। वह नारी को दासी, प्रेमिका, अनुचरी और सेक्स की वस्तु (Sex commodity) के रूप में आज भी इस्तेमाल करना चाहती है। उसके व्यक्तित्व को नज़रअंदाज़ कर आज भी नारी का मूल्यांकन उसके शारीरिक सौंदर्य, देह-यष्टि, रूप, रंग आदि के आधार पर ही किया जाता है। नारी की यही पीड़ा महादेवी के गीतिकाव्य में 'पीड़ा के दर्शन' के रूप में व्यंजित हुई है। एक पीड़ित मनुष्य जब पीड़ा सह-सह कर अथवा उसके विरुद्ध संघर्ष करते-करते थक जाता है तो फिर मरने से भी नहीं घबराता। बल्कि यह भी सोचने लगता है कि उसका जीवन-दीपक बुझ जाने से पीड़क की पीड़ा देते रहने की प्रक्रिया का सिलसिला ही खत्म हो जाएगा। महादेवी जी कहती हैं :

'चिंता क्या है हे निर्मम, बुझ जाए दीपक मेरा
हो जाएगा तेरा ही पीड़ा का राज्य अंधेरा।'

यद्यपि जुल्म का राज्य या सिलसिला पीड़ित व्यक्ति की शहादत से कभी खत्म नहीं होता, तथापि यह भी एक तरह का आक्रोश-जनित विद्रोह है। हाँ, यह एक छायावादी ढंग का रोमांटिक विद्रोह है। महादेवी के गीतिकाव्य की उपलब्धि यह है कि वह नारी जाति के विद्रोह को ध्वनित-प्रतिध्वनित करता है; उसकी सीमा यह है कि इस विद्रोह का स्वरूप रोमांटिक है।

यह भी ध्यान रखना होगा कि महादेवी ने अपने जीवन में परंपरागत विवाह के बंधन से मुक्त होने में वास्तविक विद्रोह और साहस का परिचय दिया था। 'शृंखला की कड़ियाँ' शीर्षक अपनी गद्य-पुस्तक में वे कई स्थलों पर नारियों का आह्वान करती हुई उन्हें प्रेरित करती हैं कि वे जीवन-समर में आगे बढ़ें और पुरुष द्वारा उनके पाँवों में डाली गई शृंखला की कड़ियों को तोड़ दें। यही विद्रोह का स्वर गीत के रूप में जब व्यक्त होता है तो रोमांटिक होने लगता है। इसका कारण एक तो यह हो सकता है कि छायावाद के काव्य रूपों की अपनी सीमाएँ थीं। दूसरे, यह भी कि अधिकांश नारियों में उस समय अपेक्षित साहस का अभाव था और महादेवी की कविता उनके व्यक्तिगत स्वभाव तथा साहस की अभिव्यक्ति मात्र नहीं है, यह उस युग की नारी जाति की विवशता और द्वंद्वग्रस्त मनोदशा को भी वाणी देती है। इसके बावजूद उसमें मुक्ति की आकांक्षा और छटपटाहट के स्वरों को पर्याप्त स्पष्टता के साथ भी सुना जा सकता है :

'कीर का प्रिय आज पिंजर खोल दो !
हो चुकी है चंचु छू कर
तीलियाँ भी वेणु सत्वर
वंदिनी स्पंदित व्यथा ले
सिहरता जड़ मौन पिंजर
आज जड़ता में इसी की बोल दो !'

नारी जाति अपने सहज स्वाभाविक 'कांता सम्मत' अंदाज़ में पुरुष जाति से उस पिंजरे का द्वार खोल देने का आग्रह कर रही है जिसमें उसने नारी जाति की आत्मा को बंदिनी बना रखा है। लेकिन यहाँ भी आग्रह छायावादी अर्थात् रोमांटिक है। 'प्रिय' संबोधन इसी पक्ष को इंगित करता है। नारी जाति पुरुष जाति को नकार कर नहीं पुकार कर ही उसे सुधारना चाहती है। अतः प्रिय, प्रियतम आदि संबोधन उसी सहचरत्व के सूचक हैं, जो नारी और पुरुष दोनों के लिए आवश्यक है।

नारी पुरुष को पुकार कर उसे अपना सजल और करुण मुख दिखाकर उसके द्वारा की जा रही ज़्यादतियों की ओर उसका ध्यान आकर्षित करती हुई और इस प्रकार उसके भीतर के 'देवता' को जगाती हुई उसे सही रास्ते पर लाने के लिए लालायित है :

'मेरा सजल मुख देख लेते
यह करुण मुख देख लेते !'

'नीहार' से 'रश्मि', 'रश्मि' से 'नीरजा', 'नीरजा' से 'सांध्यगीत' और फिर सांध्यगीत गाने के बाद 'यामा' (रात्रि होने पर), 'दीपशिखा' बालने के समय तक की गीतिमय यात्रा नारी-जीवन की संघर्षमय दिनचर्या का ही एक रूपक है। नारी-जीवन की इस व्यथा-कथा में महादेवी की निजी व्यथा-कथा भी घुलमिल गई है। ऐसा होना स्वाभाविक भी है तथापि यह एक व्यक्ति (अथवा एक नारी—महादेवी) की व्यक्तिगत लौकिक अथवा अलौकिक प्रणयानुभूति तक सीमित न रहकर नारी-मात्र की संघर्ष और विद्रोह से भरपूर पीड़ानुभूति है जो भारतीय नारी के उत्पीड़न, शोषण और उसकी घुटन को खुलासा कर देती है।

'कह न ठंडी साँस में, अब भूल वह जलती कहानी
आग हो उर में सभी हम में सजेगा आज पानी
हार भी तेरी बनेगी मानिनी जय की पताका

× × ×

है तुझे अंगार-शैया पर मृदुल कलियाँ बिछाना
जाग तुझको दूर जाना।'

अब भारतीय नारी पुरुष की भोग्या-मात्र नहीं रही। समय बदल गया है। उसका लक्ष्य पुरुष की कामनाओं की पूर्ति करते हुए शिथिल होकर पड़ रहना नहीं है। अब तो उसे अंगारों की सेज पर कलियाँ बिछाने जैसे नाजुक किंतु दुष्कर कार्य करने हैं। असंभावी को संभावी कर दिखाना है। फिर उसे उस सेज तक ही ढेर नहीं हो जाना; उसे जागते रहना है और उपयुक्त अवसर मिलते ही अपने सुदूर गंतव्य के लिए प्रस्थान कर देना है। भाव यह कि आज की नारी पुरुष की शैया तक सीमित नहीं रहेगी; वह घर, आँगन, गाँव अथवा बस्ती पार करेगी; नगर और देश की सीमाओं को लाँघ कर वह विदेशों की यात्रा करेगी; समग्र पृथ्वी पर दूर-दूर तक पंख फैलाएगी। पुरुष द्वारा खींची गई रेखाओं की परिधि में बंदिनी नहीं रहेगी। महादेवी जी के समक्ष उस काल में कुछेक भारतीय नारियाँ ऐसे साहस का परिचय दे रही थीं। पुरुष द्वारा खींची गई सीमा-रेखाओं का अतिक्रमण कर सुदूर गंतव्यों के लिए समुद्र-पार करती हुई राष्ट्रीय संग्राम के लिए अपना अवदान कर रही थीं। मैडम भीखा जी कामा, कल्पना जोशी, सरोजिनी नायडू, अरुणा आसफ अली जैसी महिलाएँ इसका दृष्टांत थीं। तथापि उनकी संख्या उन बहुसंख्यक भारतीय नारियों की संख्या की तुलना में नगण्य थी जो अभी भी घर की चार-दीवारी में कैद पुरुष की अनुचरी बनी हुई थीं। पुरुष का आधिपत्य उन्हें अफीम का नशा-सा देता था। इसी नशे की

मादक नींद में शिथिल पड़ी सोई हुई नारियों के लिए महादेवी की यह गीतिका एक उद्‌बोधन की मानिंद थी :

'जाग तुझको दूर जाना !'

भारतीय नारी की दुःखभरी जीवन-यात्रा में 'नीहार' उसकी अबोध मुग्धावस्था के गीतों का संकलन है। 'रश्मि' उसकी बोधावस्था (प्रथम जागरण की अवस्था) के गीतों का संग्रह है। 'नीरजा' उसकी यौवनावस्था एवं ''सांध्यगीत'' उसी प्रौढ़ावस्था का द्योतक है। 'यामा' जीवन-संघर्ष में लड़ती हुई नारी की पराजय-जनित निराशा के अंधकार का प्रतीक है तो 'दीपशिखा' उस अंधकार के घिर आने पर उस जीवन-आकांक्षा का संकेत है जो रात के घिर आने पर रोज़ दिआ बालती है। युग-युग से शोषित, प्रताड़ित और पीड़ित भारतीय नारी की पीड़ाएँ, आकांक्षाएँ, इच्छाएँ, स्वप्न और यथार्थ, उसके राग और बिराग को वाणी देनेवाली महादेवी की गीतिकाएँ भारतीय नारी की ऐतिहासिक जीवनानुभूतियों, उसके ज्ञानात्मक संवेदनों और संवेदनात्मक ज्ञान का इतिहास एवं भूगोल प्रस्तुत करती हैं :

'मेरी आहें सोती हैं, इन ओठों की ओटो में
मेरा सर्वस्व छिपा है, इन दीवानी चोटों में,'

अभी नारी अबोध मुग्धावस्था में ही लोटपोट हो रही थी, उसका बोध जाग्रत भी न हुआ था कि पुरुष ने उसका सर्वस्व छीन लिया। कहने को तो वह माँ बनने की तैयारी करने लगी, लेकिन इसकी आड़ में पुरुष ने उसे सदा-सदा के लिए दासी बनाने का अनुष्ठान रच दिया। वह अबोध थी, विवश थी और मुग्ध थी। लज्जा का पहरा था जिसके कारण वह अपने आक्रोश को वाणी भी न दे पाई। इसी का लाभ उठा कर लालची और स्वार्थी पुरुष ने अपनी चितवन से भ्रमित कर जीवन भर ढोने के लिए उसे 'पीड़ा का साम्राज्य' दे दिया।

'उन ललचायी पलकों पर पहरा जब था व्रीड़ा का
साम्राज्य मुझे दे डाला, उस चितवन ने पीड़ा का'

फलस्वरूप गृहस्थिनी नारी के पास उस समय कोई विकल्प न रहा, वह मोती बरसा-बरसा कर आँखों के कोष रिक्त करती रही :

'उस सोने के सपने को देखे कितने युग बीते,
आँखों के कोष हुए हैं मोती बरसा कर रीते।'

इस प्रकार पुरुष तो गृहस्थ होकर भी मुक्ति और निरंकुशता का जीवन जीता रहा किंतु नारी गृहस्थिनी होते ही पिंजरे की मैना जैसी बंदिनी का जीवन जीने लगी।

स्थिति इतनी दारुण होती गई कि नारी का जीवन मुक्ति और स्वाधीनता का प्रतिलोम हो उठा। ऐसी स्थिति में उसे न जीने की चिंता रही न मरने की। महादेवी की इन पंक्तियों में नारी की यही लापरवाही की भावना ध्वनित हुई है।

'चिंता क्या है हे निर्मम
बुझ जाए दीपक मेरा
हो जाएगा तेरा ही
पीड़ा का राज्य अंधेरा'

नारी का जीवन इतना विषम हो गया कि वह सोचने पर बाध्य हो उठी कि उसका जीवन-दीप बुझ भी गया तो उसका क्या बिगड़ेगा; उसे तो पीड़ा से मुक्ति ही मिलेगी, निर्मम पुरुष की पीड़ा का राज्य ज़रूर अंधेरा हो जाएगा। नारी के जीवन का दीपक बुझने के बाद आखिर सामंती पुरुष किसे पीड़ा पहुँचाएगा ?

पीड़ा के असहनीय हो जाने पर मर जाने की संभावना में ही संतोष की अनुभूति होना एक रोमांटिक परिणति है। होना तो यह चाहिए कि ऐसी स्थिति में भी पीड़ित व्यक्ति अंतिम साँस तक जिजीविषा का संघर्ष जारी रखे। यही रोमांटिकता महादेवी के जीवन दर्शन की एक सीमा भी है। लेकिन गद्यकार महादेवी इस सीमा का प्रायः अतिक्रमण कर एक यथार्थवादी तथा विद्रोह संघर्षधर्मिता का परिचय देती हैं। 'दीपशिखा' की भूमिका में पुरुष की नारी को 'सेक्स कमोडिटी' (Sex commodity) बनाने की प्रवृत्ति की भर्त्सना करते हुए वे उपभोक्ता संस्कृति की भी निंदा करती हैं और स्पष्ट शब्दों में अपनी आक्रोश भरी मानसिकता को व्यंजित कर देती हैं :

'आज की परिस्थितियों में, अनियंत्रित वासना का प्रदर्शन स्त्री के प्रति क्रूर व्यंग्य ही नहीं, जीवन के प्रति विश्वासघात भी है।'

इसी प्रसंग में वे और आगे बढ़ती हैं और कहती हैं :

'आधुनिक नारी नये नामों और नूतन आवरणों में भी इसे पहचानने में भूल नहीं करेगी। उसके स्वभाव में परिस्थितियों के अनुसार अपने आपको ढाल लेने का संस्कार भी शेष है और उसके जीवन में बढ़ता हुआ विद्रोह भी प्रवाहशील है।'

पुरुष की लालसा आज नारी के जीवन की मार्गदर्शिका नहीं हो सकती। नारी का युग-युग से पददलित स्वाभिमान आज अपने मानसिक और सामाजिक विकास के लिए खुला अवसर चाहता है। अपना निजत्व देकर समर्पण के नाम पर अपनी मानसिक हत्या करने के लिए अब नारी तत्पर नहीं :

'मैं मिटूँ प्रिय में मिटा ज्यों तप्त सिकता में सलिल-कण
सजनि मधुर निजत्व दे

कैसे मिलूँ अभिमानिनी मैं'

इसके साथ-साथ गद्यकार महादेवी नारियों को यह भी सुझाव देती है—'यदि ये स्त्रियाँ अपने शिशु को गोद में लेकर साहस से कह सकें कि "बर्बरो तुमने हमारा नारीत्व, पत्नीत्व सब ले लिया, पर हम अपना मातृत्व किसी प्रकार न देंगी।" तो उनकी समस्याएँ तुरंत सुलझ जाएँ।' इन प्रमाणों के होते हुए डॉ. नगेंद्र ने महादेवी की अनुभूति को 'अतृप्त भावना' का फल बताया। डॉ. देवराज ने (और यहाँ तक कि श्री अमृतराय ने भी) उसमें पीड़ावादी पलायन के तत्त्वों की असफल खोज की। कुछ आलोचकों ने इसे रहस्यवादी अथवा अलौकिक अनुभूति बताया तो कुछेक ने उनके गीतों पर बुद्ध की करुणा की छाप देख ली। किंतु आश्चर्य है कि उन्होंने एक नारी कवयित्री के काव्य में अभिव्यक्त समकालीन भारतीय नारी जाति की पीड़ा, करुणा, आकांक्षाओं, स्वप्नों, इच्छाओं और भावनाओं को नज़रअंदाज़ किया तथा महादेवी के गीतों में निरंतर अपनी गूँज छोड़ते हुए नारी जीवन के आर्तनाद तथा आक्रोश एवं विद्रोह भरे करुण स्वरों को अनसुना किया। इस दृष्टि से उन्होंने महादेवी के गद्य में बिखरे सभी प्रमाणों को ताक पर रख दिया। उन्होंने गद्यकार महादेवी और गीतकार महादेवी को ऐसे अलग-अलग कक्षों में डाल दिया मानों वे अलग-अलग रचनाकार की रचनाएँ हों और उनका एक-दूसरे से दूर का भी कोई संबंध. न हो; जबकि हमारे यहाँ गद्य को कवि की कसौटी कहा गया है। आदरणीय आचार्य रामचंद्र शुक्ल भी इसके अपवाद नहीं है। उन्होंने भी अपने इतिहास में यह टिप्पणी कर दी—'छायावादी कहे जानेवाले कवियों में महादेवी ही रहस्यवाद के भीतर रही हैं।' शायद ऐसा इसलिए हुआ कि महादेवी की काव्यकला सपाटबयानी से परहेज़ करती रही। गहरे अर्थ व्यंजक व सांकेतिक अंदाज़ में उन्होंने अपने युग की सामाजिक समस्याओं और समसामयिक संदर्भों को, कलात्मक नाजुक बयानी के साथ अत्यंत भंगिमापूर्ण ढंग से अपने गीतों में प्रतिध्वनित किया। संभवतः इसी कारण बड़े-बड़े आलोचकों ने भी उनके गीतों को रहस्यवादी अथवा रहस्यात्मक करार दे दिया। किंतु वास्तविकता यही है कि महादेवी की काव्यानुभूति में व्याप्त पीड़ा समकालीन नारी की सामाजिक पीड़ा है। नारी जाति के उत्पीड़न की कथा वहाँ कलात्मक गीतिकाओं के रूप में अपनी संक्षिप्त किंतु अर्थगर्भी शैली में चरितार्थ हुई है।

निष्कर्ष यह है कि महादेवी के गीतों में अभिव्यक्त जीवनानुभूति का सामाजिक दृष्टि से मूल्यांकन करना अपेक्षित है। पुरुष जाति को अपने सहज सहचर के रूप में देखने के लिए आतुर नारी जाति उसे जन-साधारण के सुख-दुःखों से भी जोड़ना चाहती है और अपने प्रिय सहचर को इस प्रकार अपनाना चाहती है कि इस प्रक्रिया में वह स्वयं भी ब्रह्मांड के कण-कण से परिचित हो ले :

'तुम मानस में बस जाओ
छिप दुःख के अवगुंठन से
मैं तुम्हें ढूँढने के निस
परिचित हो लूँ कण-कण से'

व्यक्तिगत अनुभूति के समाजीकरण की प्रक्रिया को अनदेखा कर, महादेवी के गीतों में व्याप्त दुःखवाद का सही विश्लेषण नहीं हो सकता। कोई भी व्यक्ति स्थायी रूप से दुःखात्मक या सुखात्मक स्थिति से चिपका नहीं रह सकता। महादेवी के गीतों में दुःखवाद की अति व्याप्ति यदि है तो वह सांकेतिक अर्थ रखती है। यह संकेत ही उन सामाजिक संदर्भों को इंगित करता है जिनके संस्पर्श से वे स्वयं भी अछूती नहीं रह सकती थीं। समकालीन समाज की दुःखती हुई छवि उन गीतों में प्रच्छन्न रूप से बार-बार प्रतिबिंबित होती हैं, जिनका बीजभाव करुणा है। यह करुणा बौद्धधर्म से प्रभावित हो अथवा न हो, एक मानवीय गुण है और उस काल के अन्य कवियों निराला, प्रसाद और पंत आदि के काव्य में भी अंतर्व्याप्त है। स्वयं महादेवी जी के शब्दों में 'उस समय मेरी प्रवृत्ति एक विशेष दिशा की ओर उन्मुख हुई जिसमें व्यष्टिगत दुःख समष्टिगत गंभीर वेदना का रूप ग्रहण करने लगा और प्रत्यक्ष स्थूल रूप सूक्ष्म चेतना का आभास देने लगा।' अर्थात् स्थूल रूपवाला प्रत्यक्ष ही सूक्ष्म चेतना का आभास देता है। यह सूक्ष्म चेतना कोई अलौकिक पीड़ा या रहस्य का दिग्दर्शन नहीं है। महादेवी किसी अमर लोक के फूलों अथवा तारिकाओं के लिए व्याकुल नहीं है, उस आनंद लोक की तुलना में वह इसी लोक की वेदना या अवसाद को तरजीह दे रही है :

'वे मुस्काते फूल, नहीं जिनको आता है मुरझाना
वे तारों के दीप, नहीं जिनको आता है बुझ जाना

× × ×

ऐसा तेरा लोक, वेदना नहीं, नहीं जिसमें अवसाद
जलना जाना नहीं, नहीं जिसने जाना मिटने का स्वाद

× × ×

क्या अमरों का लोक मिलेगा
तेरी करुणा का उपहार
रहने दो हे देव ? अरे
यह मेरे मिटने का अधिकार।'

स्पष्ट है कि महादेवी किसी अमरलोक की सदा बहार अप्सरा बनना नहीं चाहतीं। वे वेदना और अवसाद भरे लौकिक संसार में ही रहना चाहती हैं। डॉ.

रामविलास शर्मा का यह कथन ठीक ही है :

"महादेवीजी अपने गीतों में 'देवी' के रूप में नहीं, एक 'मानवी' के रूप में दर्शन देती हैं। उनका नारीत्व सामाजिक सीमा के अंदर विकास के लिए पंख फड़फड़ाता है।"

तथापि यहाँ यह जोड़ना उपयुक्त होगा कि वे विद्रोहिणी तो कभी आक्रोशमयी मानवी के रूप में दर्शन देती हैं। साथ ही कभी-कभी वे असहाय और निरुपाय मानवी के रूप में भी प्रगट होती हैं। डॉ. रामविलास शर्मा ने यह भी कहा है :

"निराला को छोड़कर किसी भी छायावादी कवि में जीवन की इतनी चाह नहीं, जितनी महादेवी में।"

लेकिन यह अत्युक्ति है। उस युग के अन्य कवियों में भी जीवन की कम चाह नहीं थी। बल्कि महादेवी में जीवन की चाह कुछ-कुछ रोमांटिक थी :

'चिंता क्या है हे निर्मम
बुझ जाए दीपक मेरा।'

इसके अतिरिक्त उनके गीतों पर भारतीय वाङ्मय का प्रभाव उन्हें अधिक चिंतन धर्मी तथा कम अनुभूति-प्रवण कवयित्री बना देता है। शायद इसीलिए उनके गीतों में व्यंजित और ध्वनित सामाजिक संदर्भ कभी-कभी इतने धुँधले, अस्पष्ट, सांकेतिक और परोक्ष लगने लगते हैं कि वे अपनी उपस्थिति को रेखांकित नहीं कर पाते। शायद इसीलिए देवेन्द्र सत्यार्थी जैसे लेखक यह शिकायत करते हैं :

'कवयित्री जन-जीवन की शृंखलाओं को अपनी कविता का विषय क्यों नहीं बनाती ? इस युग की अंतर्राष्ट्रीय कविता में जो चेतना नज़र आती है, तुर्की कवि नाज़िम हिकमत और स्पेनी भाषा के कवि पाब्लो नेरुदा में जन-जीवन की प्रगति के लिए जो आग धधकती है उसका महादेवी की कविता में एकदम अभाव है।'

यह कहना अप्रासंगिक न होगा कि महादेवी की कविता में वह आग नहीं धधकती तथापि उसकी ऊष्मा का वहाँ अभाव नहीं है। कुल मिलाकर कहा जा सकता है कि महादेवी के गीतों में मानव-मुक्ति के लिए सुगबुगाहट नहीं है, लेकिन उनके गीतों में नारी की मुक्ति के लिए छटपटाहट अवश्य है जो पूरी शिद्दत के साथ कलात्मक अंदाज़ में संप्रेषित होती रहती है। इसीलिए महादेवी की यशःकाया के 'दुःखव्रती निर्माण उन्मद' पग साहित्यिक 'अमरता' की यात्रा को नापते चलते हैं।

हिंदी आलोचना का एक पक्ष

(डॉ. रामविलास शर्मा का आलोचन-कर्म)

आचार्य रामचंद्र शुक्ल के बाद (और उनसे पहले भी) हिंदी साहित्य में कलावादी और रीतिवादी साहित्यालोचन का बोलबाला था। शुक्लजी से पूर्व आचार्य महावीर प्रसाद द्विवेदी और उनके कुछ सहकर्मी अपने-अपने ढंग से रीतिवाद और कलावाद के विरुद्ध अभियान चला चुके थे। आचार्य शुक्ल के बाद हिंदी साहित्यालोचना पुनः एक स्वस्थ और सामाजिक दृष्टि को नज़रअंदाज़ करने लगी थी। शुक्लजी ने तुलसीदास को कथावाचकों के कवि की परिधि से बाहर लाकर एक लोकोन्मुख महाकवि के पद पर प्रतिष्ठित किया। इसी प्रकार जायसी और सूर के काव्य के समाजोन्मुख सांस्कृतिक अवदान को उन्होंने रेखांकित किया। लेकिन आधुनिक साहित्य के श्रेष्ठ रचनाकारों के सही-सही मूल्यांकन का कार्य अभी अधूरा ही पड़ा रहा। आचार्य शुक्ल के बाद स्थिति यह थी कि आचार्य नंद दुलारे वाजपेयी जैसे समालोचक प्रेमचंद को प्रथम श्रेणी का उपन्यासकार मानने से कतरा रहे थे। डॉ. नगेंद्र ने भी यह अभिमत व्यक्त किया था कि गोदान को बार-बार पढ़ने के बाद भी उनकी यही मान्यता थी कि प्रेमचंद प्रथम श्रेणी के उपन्यासकार नहीं हैं। इस युग के दूसरे श्रेष्ठ रचनाकार निराला के बारे में भी या तो मौन साध लिया जाता था या कुछ फतवेबाज़ी से भरी आलोचना द्वारा उन्हें छायावादी महाकवियों की प्रतियोगिता में तीसरा या चौथा कवि माना जाता था। निष्कर्ष यह कि अपने युग की रचनाशीलता के श्रेष्ठतम प्रतिमान (प्रेमचंद और निराला) को इस तरह प्रस्तुत किया जाता था कि लेखकों की कतार में ये भी औसत दर्जे के दो लेखक हैं। इसके अतिरिक्त हिंदी के सर्वश्रेष्ठ आलोचक आचार्य रामचंद्र शुक्ल को आउट डेटेड कह कर ख़ारिज किया जा रहा था। डॉ. नगेंद्र का कहना था कि शुक्लजी आउट डेटेड हो गए हैं।

कुल मिलाकर डॉ. रामविलास शर्मा द्वारा हिंदी-साहित्यालोचन के क्षेत्र में पदार्पण करते समय हिंदी आलोचना की यही स्थिति थी। साहित्य के प्रति एक समग्र, स्वस्थ, सामाजिक दृष्टि अपनाने की बजाय वह खंड-खंड पाखंड-पर्व (यहाँ मणि

मधुकर की कृति खंड-खंड पाखंड-पर्व का उल्लेख अभिप्रेत नहीं है। इस कृति के शीर्षक को केवल एक मुहावरे के रूप में इस्तेमाल किया गया है।) का पर्याय बन गई थी। आलोचकों की इसी खंड-दृष्टि से हताहत होकर निराला को अपने काव्य के बारे में स्वयं लिखकर यह समझाना पड़ा था कि कला के प्रति खंड-दृष्टि अपनाने से कला का महत्त्व कम हो जाता है।

यहाँ यह कहना भी अप्रासंगिक न होगा कि प्रेमचंद, निराला तथा रामचंद्र शुक्ल को यथोचित महत्त्व देने में कृपणता बरतनेवाले आलोचक-समालोचक भारतेंदु को समादर और सम्मान तो देते थे, क्योंकि ऐसा करने के लिए वे विवश थे; लेकिन भारतेंदु को एक बड़े लेखक के रूप में विश्लेषित करने अथवा मान्यता देने से वे कतराते थे। इसी तरह कलावादियों की दृष्टि में आचार्य महावीर प्रसाद द्विवेदी मात्र भाषाई सुधार और व्याकरण आदि की ओर ध्यान देनेवाले लेखक-संपादक थे। कलावाद दृष्टि को कितना संकुचित कर देता है, इसकी वे मिसाल थे। आज भी यदि आज के कलावादियों के भीतर की थाह लेना चाहें तो हम पाएँगे कि उनकी दृष्टि में अज्ञेय और निर्मल वर्मा ही आधुनिक साहित्य के सर्वश्रेष्ठ प्रतिमान हैं। लेकिन क्या यह सचाई है ? यदि यही सचाई है तो फिर मिथक किसे कहते हैं ?

भारतेंदु के संबंध में डॉ. रामविलास शर्मा ने दो पुस्तकें लिखीं—'भारतेंदु हरिश्चंद्र' तथा 'भारतेंदु युग और हिंदी भाषा की विकास परंपरा'। इन दोनों पुस्तकों और अपने फुटकर निबंधों द्वारा उन्होंने भारतेंदु एवं भारतेंदु-युग के लेखकों के बारे में तथा उस युग की महत्त्वपूर्ण पत्रिका कवि वचन सुधा के बारे में एक सारगर्भित विवेचन प्रस्तुत किया। इस सारगर्भित विवेचन का सार-तत्त्व यह था कि उन्होंने पूरे भारतेंदु युग के सामंत विरोधी तथा साम्राज्यवाद विरोधी चरित्र को रेखांकित किया था। उस युग के साहित्य तथा उस युग की प्रवृत्तियों का उल्लेख करते हुए उन्होंने तीन शताब्दियों में विकसित होती हुई हिंदी भाषा की विकास परंपरा को भी अभिलक्षित किया। डॉ. रामविलास शर्मा की मान्यता है कि भारतेंदु युग के लेखकों पर कुछ रीतिवादी प्रभाव था, तथापि उस रीतिवाद से मुक्त होने का रास्ता भी उन्हीं लेखकों ने दिखाया। डॉ. रामविलास शर्मा की यह द्वंद्वात्मक दृष्टि ही उनकी आलोचना-शैली को प्रामाणिक बनाती है। डॉ. शर्मा के अनुसार भारतेंदु युग के कुछ लेखक मध्यवर्ती थे, कुछ दक्षिणवर्ती तो कुछ वामवर्ती भी। श्री बालकृष्ण भट्ट को वे भारतेंदु का बायाँ बाजू बताते हैं। भारतेंदु तथा उस युग के लेखकों ने जो रास्ता दिखाया हिंदी गद्य के लिए वह सही और सबसे बड़ा रास्ता था।

महावीर प्रसाद द्विवेदी और हिंदी नवजागरण शीर्षक पुस्तक में डॉ. रामविलास शर्मा निर्णायक ढंग से इस तथ्य की पुष्टि करते हैं कि आचार्य महावीर प्रसाद द्विवेदी का योगदान केवल भाषाई सुधार तक ही सीमित नहीं था। भारतेंदु युग से विकसित हिंदी नवजागरण को द्विवेदी और उनके सहयोगी लेखकों ने एक नई और गुणात्मक

मंजिल तक पहुँचाया। गदर युग उस नवजागरण के विकास का प्रारंभ है; भारतेंदु युग उसकी दूसरी मंज़िल और द्विवेदी युग उसकी तीसरी मंज़िल है। द्विवेदीजी ने पहली बार हिंदी में विश्व साम्राज्यवादी व्यवस्था तथा उपनिवेशवादी ताकतों का आर्थिक, सामाजिक और राजनैतिक दृष्टि से विश्लेषण किया। उन्होंने धार्मिक अंधविश्वासों, रूढ़ियों और सांप्रदायिक तत्त्वों के विरुद्ध आंदोलन किया और वैज्ञानिक मान्यताओं का समर्थन किया। साहित्य के क्षेत्र में उन्होंने रीतिवादी और कलावादी रुझानों से डट कर लोहा लिया। गद्य के साथ-साथ पद्य को समान प्रतिष्ठा दी और इस वास्तविकता को पहचाना कि आधुनिक युग में देश-विदेश के ज्ञान से हिंदी-जनता को अवगत कराने के लिए गद्य एक सशक्त माध्यम सिद्ध हो सकता है। कलात्मक साहित्य को उन्होंने सामाजिक परिवर्तन के एक प्रभावशाली अस्त्र के रूप में व्याख्यायित किया। भाषा की समस्या की ओर ध्यान आकर्षित करते हुए द्विवेदी जी ने, इसे सामाजिक संवाद के एक माध्यम के रूप में पहचाना। सभी जातीय भाषाओं के महत्व को रेखांकित करते हुए उन्होंने खड़ी बोली की प्रतिष्ठा पर जोर दिया और छंदों के अनुशासन को स्वीकारते हुए अतुकान्त छंद रचना के लिए आन्दोलन का नेतृत्व किया। इसके अतिरिक्त द्विवेदी जी ने रहस्यवादी, अद्वैतवादी धारणाओं की तुलना में साहित्य के अन्तर्गत वास्तविकता के प्रतिपादन और चित्रण को वरीयता दी। इस प्रकार द्विवेदी जी ने हिन्दी साहित्य के क्षेत्र में ज्ञानकांड की प्रतिष्ठा की। डॉ. रामविलास शर्मा ने इस पुस्तक में इस बात को रेखांकित किया है कि द्विवेदी जी ने हिंदी-जनता के सांस्कृतिक, साहित्यिक और भाषिक फलक पर सामाजिक तथा वैज्ञानिक चिंतन को उभारा। उन्होंने संभवतः प्रथम बार हिंदी पाठकों का ध्यान वैज्ञानिक शब्दावली की ओर आकर्षित किया तथा हिंदी गद्य को वैज्ञानिक चिंतन और लेखन के उपयोग्य बनाने का प्रयास किया। संक्षेप में यह कहना पर्याप्त होगा कि आचार्य महावीर प्रसाद द्विवेदी केवल भाषा-सुधार तक सीमित रहनेवाले संपादक नहीं थे, वे हिंदी भाषी क्षेत्र की सांस्कृतिक, सामाजिक चेतना को अधिक बहुमुखी, जागरूक, वस्तुमुखी एवं वैज्ञानिक बनानेवाले एक ऐसे बुद्धिजीवी लेखक थे जिन्हें हिन्दी नवजागरण की तीसरी मंजिल का अग्रदूत कहना, अत्युक्ति न होगा।

अब जब तीसरी मंजिल की चर्चा हो चुकी है तो नवजागरण की पहली, दूसरी और चौथी मंजिल की चर्चा करना भी अप्रांसगिक न होगा। डॉ. रामविलास शर्मा द्वारा महावीर प्रसाद द्विवेदी और हिन्दी नव जागरण शीर्षक पुस्तक में नवजागरण की विविध मंज़िलों को खुलासा किया गया है। सारांशतः

1. हिन्दी नवजागरण की पहली मंजिल के अग्रदूत गदर युग के योद्धा और सहकर्मी थे।

2. दूसरी मंजिल के अग्रदूत भारतेन्दु, बालकृष्ण भट्ट और उनके साथी (समकालीन हिन्दी लेखक),

3. तीसरी मंजिल के अग्रदूत महावीर प्रसाद द्विवेदी और उनके सहयोगी (समकालीन लेखक जो सरस्वती में लिखते-छपते थे)

4. चौथी मंजिल के अग्रदूत प्रेमचंद, आचार्य रामचंद्र शुक्ल, निराला और उनके सहयोगी लेखक।

अब यदि पांचवी मंजिल की भी चर्चा करना ज़रूरी हो तो मैं उक्त परंपरा के विकास-क्रम में अपनी ओर से यह जोड़ना चाहूंगा कि :

5. हिंदी नवजागरण की पांचवीं मंज़िल के अग्रदूत डॉ. रामविलास शर्मा, राहुल सांकृत्यायन, मुक्तिबोध, नागार्जुन, शमशेर, केदारनाथ अग्रवाल, अमृतलाल नागर, हरिशंकर परसाई और उनके सहयोगी लेखक।

ज़ाहिर है कि हिन्दी नवजागरण की तीसरी मंज़िल के अग्रदूतों में आचार्य महावीर प्रसाद द्विवेदी अकेले नहीं थे। सर्वश्री गणेश शंकर विद्यार्थी, श्यामाचरण राय, सत्यशोधक, सुन्दरराज, माधवराज सप्रे, जनार्दन खन्ना, गिरीन्द्र मोहन मिश्र, मधुसूदन शर्मा, देवीप्रसाद शुक्ल, मैथिलीशरण गुप्त, बदरीनाथ भट्ट और बालमुकुन्द गुप्त जैसे समर्थ लेखक उनके सहयोगी थे। इस संदर्भ में बोल्शेविकों के बारे में लिखा गया श्री श्यामाचरण राय का रुस का विप्लव, श्री माधवराव सप्रे का *हड़ताल*, श्री जनार्दन भट्ट का *हमारे ग़रीब किसान और मज़दूर*, श्री रामावतार शर्मा का *भूगोल विद्या*, श्री रामनारायण शर्मा का *मनुष्य क्या चीज़ है और परमात्मा* श्री लीलाधर चौधरी का *पुनर्जन्म*, श्री जगन्नाथ खन्ना का *पदार्थ कैसे बने* ? श्री सत्यशोधक का *उपयोगितावाद* बदरीनाथ भट्ट का *खड़ी बोली की कविता*, मैथिलीशरण गुप्त का *भावों की भिड़न्त* और *हिन्दी कविता किस ढंग की हो* ? बदरीनाथ भट्ट का *आधुनिक हिन्दी काव्य पर दोषारोपण* और स्वंय द्विवेजी जी के कई सम्पादकीय तथा लेख उल्लेखनीय हैं; आज किसी भी विश्वविद्यालय या अकादमी को चाहिए कि वह इन सभी लेखों का एक चयन तैयार करायें। ऐसे सभी लेखों आदि की चर्चा करते हुए डॉ. रामविलास शर्मा उक्त पुस्तक में हिन्दी पाठकों का ध्यान इस ऐतिहासिक प्रक्रिया की ओर आकर्षित करते हैं कि उक्त गद्य-रचनाओं के माध्यम से द्विवेदी युग के लेखकों ने हिंदी जनता को उपनिवेशवाद और साम्राज्यवाद के विरुद्ध जागरूक बनाया; विज्ञान तथा वास्तविकता के प्रति उनके मन में अभिरुचि उत्पन्न की; विकासवाद तथा प्रगतिशील विचारधाराओं से हिंदी क्षेत्र की जनता को परिचित कराया तथा सोवियत क्रांति के बारे में उन्हें जानकारी दी। कुल मिलाकर उन्होंने देश-विदेश के ज्ञान के प्रसार के लिए हिंदी गद्य को एक सशक्त माध्यम के रूप में प्रतिष्ठित किया।

द्विवेदी युग के बाद नवजागरण की चौथी मंज़िल के अग्रदूतों में आचार्य रामचंद्र शुक्ल, प्रेमचंद और निराला थे। इस संबंध में सर्वप्रथम आचार्य शुक्ल के बारे में उनके मूल्यांकन की चर्चा करूँगा। डॉ. रामविलास शर्मा की पुस्तक

है—आचार्य रामचंद्र शुक्ल और हिंदी आलोचना। डॉ. रामविलास शर्मा ने उक्त पुस्तक में आचार्य शुक्ल के रीति-विरोधी, रूढ़ि-भंजक और लोक-जीवन-अभिमुखी कृतित्व का विवेचन किया। आचार्य शुक्ल पर रीतिवादी, व्यक्तिवादी और कलावादी आलोचकों ने जो आरोप लगाए थे, डॉ. रामविलास शर्मा ने ज़ोरदार ढंग से एक जुझारू पॉलिमिक्स का परिचय देते हुए उन सभी आरोपों का खंडन किया। उदाहरण के लिए कुछ आलोचकों का आरोप था कि शुक्लजी एकांगी समाजशास्त्र से प्रभावित आलोचक हैं। यहाँ तक कि कुछ अतिवादी वामपंथियों ने भी शुक्लजी को पुनरुत्थानवादी आलोचक घोषित कर दिया था। डॉ. नगेंद्र का कहना था कि शुक्ल जी आधुनिक साहित्यालोचन के लिए प्रासंगिक नहीं रहे और आउट-डेटेड हो गए। डॉ. रामविलास शर्मा ने अपनी उक्त पुस्तक में सभी तरह के आरोपों का प्रतिवाद करते हुए हिंदी पाठकों को बताया कि शुक्लजी ने बाह्य जगत् और मानव-जीवन की वास्तविकता के आधार पर सामंती रुझानों का विरोध किया और व्यापक सामाजिक और मानवीय परिप्रेक्ष्य में, उसी आधार पर (बाह्य जगत् और मानव जीवन की वास्तविकता के आधार पर) साहित्य-सिद्धांतों का प्रतिपादन किया। डॉ. शर्मा ने आचार्य रामचंद्र शुक्ल की सहज बुद्धि की प्रशंसा करते हुए इस तथ्य की ओर ध्यान आकृष्ट किया कि आचार्य शुक्ल व्यक्तिवादी, कलावादी और प्रगति-विरोधी धाराओं के विरुद्ध संघर्ष करनेवाले लोकजीवन-अभिमुखी तथा सामाजिक दृष्टि-संपन्न एक जागरूक आलोचक थे।

यहाँ यह उल्लेख करना अप्रासंगिक न होगा कि शुक्लजी के साहित्यालोचन की एक-दो सीमाएँ भी थीं। डॉ. रामविलास शर्मा ने उस संबंध में कुछ रियायतें भी बरतीं। उदाहरण के लिए शुक्लजी मानते थे कि श्रेष्ठ साहित्य में विरुद्धों का सामंजस्य होता है। कहना ही होगा कि शुक्लजी ने रचना-प्रक्रिया की कुंडलिनी का केवल ऊर्ध्वमुखी होना ही देखा था। एक तरह से यह आदर्शवादी धारणा है और रचना के आदर्शोन्मुख आरोह को देखती है। रचना के यथार्थोन्मुख अवरोह की भी उपेक्षा नहीं की जा सकती। विरुद्धों में सदा सामंजस्य नहीं बना रहता; विरुद्धों के बीच टकराव अवश्यंभावी है। इस टकराव से उत्पन्न होनेवाला साहित्य भी (विरुद्धों में सामंजस्य बनाए रखनेवाले साहित्य की तुलना में) कम श्रेष्ठ नहीं होता। अतः शुक्लजी ने साहित्य की रचना-प्रक्रिया का एक मुख ही देखा। रचना-प्रक्रिया एक दोमुँही प्रक्रिया है। उसकी ऊर्ध्वमुखी (आदर्शोन्मुख) गतिशीलता को उन्होंने रेखांकित किया। लेकिन यथार्थोन्मुख गतिशीलता को उन्होंने नज़रअंदाज़ किया। कहना ही होगा कि विरुद्धों के टकराव से जिस रचना की सृष्टि होती है, वह विरुद्धों के सामंजस्य को सँजोए रखनेवाली रचना की तुलना में कहीं श्रेष्ठतर हो सकती है। आशय केवल इतना है कि विरुद्धों के सामंजस्य से तो रचना श्रेष्ठ होती ही है, तथापि विरुद्धों के टकराव से जन्म लेनेवाली रचना कभी-कभी श्रेष्ठतर

भी हो जाती है।

शुक्लजी इंशा अल्ला खाँ की भाषा की सराहना नहीं करते। जबकि यह वही हिंदी-उर्दू मिश्रित शैली है जिसे अपना कर प्रेमचंद ने महान् कथा-साहितय की रचना की। इसी शैली ने सुदर्शन, कृष्ण चंदर, हंसराज रहबर और अमृतराय जैसे लोकप्रिय लेखक हिंदी को दिए। यह बात और है कि हमारी समकालीन आलोचना के पुरोधाओं ने इन लेखकों के यथोचित महत्त्व का वह मूल्यांकन नहीं किया जो कि किया जाना चाहिए था। कहना ही होगा कि डॉ. रामविलास ने आचार्य शुक्ल संबंधी अपनी उक्त पुस्तक में शुक्लजी की आलोचना-पद्धति की उपर्युक्त सीमाओं पर टिप्पणी नहीं की; या तो, ऐसा करने से उन्होंने गुरेज़ किया अथवा उक्त सीमाओं को भी प्रकारांतर से महिमामंडित किया। तथापि, डॉ. शर्मा ने इस पुस्तक द्वारा आचार्य शुक्ल और हिंदी आलोचना को भारतीय साहित्य-शास्त्र की जीवंत मान्यताओं तथा प्रगतिशील विज़न व साहित्य-दृष्टि के समन्वित उपकरणों द्वारा आधुनिक हिंदी साहित्यालोचन को स्वस्थ, जागरूक, उदात्त और अन्य विविध आयामों से विकसित एवं गुणांतरित किया। डॉ. शर्मा ने प्रतिपादित किया कि आचार्य रामचंद्र शुक्ल हिंदी के सबसे ज़्यादा महत्त्वपूर्ण समालोचक थे जिन्होंने हिंदी साहित्य को सामंती रुझानों के रीतिवादी, कलावादी व व्यक्तिवादी दायरे से बाहर आकर प्रगतिशील, सामाजिक, लोकोन्मुख तथा उदात्त दृष्टिकोण के साथ मूल्यांकित किया।

प्रेमचंद के संबंध में डॉ. रामविलास ने दो पुस्तकें लिखीं। दूसरी पुस्तक 'प्रेमचंद और उनका युग' ही इस संबंध में विशेष रूप से उल्लेखनीय है। प्रेमचंद संबंधी अपनी दोनों पुस्तकों द्वारा डॉ. शर्मा ने स्वतंत्रतापूर्व के भारत की सामाजिक पृष्ठभूमि को केंद्र में रखकर प्रेमचंद के कृतित्व का विवेचन और विश्लेषण किया। डॉ. शर्मा के समकालीन दो दिग्गज आलोचक आचार्य नंददुलारे वाजपेयी और प्रोफेसर नगेंद्र, प्रेमचंद को प्रथम श्रेणी का कथाकार मानने से इंकार करते थे। डॉ. शर्मा ने प्रेमचंद को आधुनिक कथा-साहित्य के सबसे बड़े लेखक के रूप में प्रस्तुत किया। हालाँकि श्री हंसराज रहबर की प्रेमचंद के बारे में महत्त्वपूर्ण पुस्तक 'प्रेमचंद व्यक्तित्व और कृतित्व' भी हिंदी में प्रकाशित हो गई थी, जिसमें रहबर ने प्रेमचंद के साहित्य में अभिव्यक्त सामाजिक सरोकारों को एक सरल सहज और स्पष्ट भाषा में व्याख्यायित किया था। रहबर की यह व्याख्या आलोचनात्मक तो थी ही, सर्जनात्मक भी थी। रहबर की पुस्तक का रूसी अनुवाद भी हुआ, जो मास्को से प्रकाशित हुआ और हाथोंहाथ बिक गया।

तथापि डॉ. शर्मा ने प्रेमचंद संबंधी अपनी दूसरी पुस्तक 'प्रेमचंद और उनका युग' में इस तथ्य का रेखांकन किया कि प्रेमचंद ने विभिन्न वर्गों, समाज के विभिन्न स्तरों तथा समाज के प्रमुख शत्रुओं के बारे में जो कुछ लिखा है वह हिंदुस्तानी जनता की उज्ज्वल पेशगी के रूप में प्रेमचंद को प्रतिष्ठित करता है। प्रेमचंद के समकालीन

कथाकारों पर टिप्पणी करते हुए उन्होंने संकेत किया कि जब अन्य बहुत से कथाकार चीर-हरण लीला में व्यस्त थे प्रेमचंद हिंदुस्तान की जनता के दुःख-दर्दों की कथा कह रहे थे। उन्होंने हिंदी पाठकों को संभवतः पहली बार यह बताया कि युगबोध और शिल्प की दृष्टि से प्रेमचंद हिंदी उपन्यास साहित्य में किस प्रकार युगांतर लाए। उन्होंने हिंदी कथा को तिलस्म और ऐय्यारी के परिवेश से निकाल कर सामाजिक सौंदर्य और प्रकाश की आधुनिक ज़मीन पर उतारा। सामंती रुझानों के स्थान पर जनतांत्रिक, लोकतंत्र अभिमुखी तथा जनवादी रुझानों को अभिव्यक्ति दी। चरित्र-चित्रण की दृष्टि से भी उन्होंने आधुनिक तथा सामाजिक बोध का कलात्मक परिचय दिया। परिस्थितियों के उतार-चढ़ाव के साथ पात्रों के चरित्र में भी उतार-चढ़ाव दिखाया। डॉ. शर्मा ने प्रेमचंद को एक युग-निर्माता कथाकार के रूप में पेश किया है। कुछ समीक्षकों का कहना है कि उन्होंने सामाजिक संदर्भों को अधिक तथा साहित्यिक निकष को अपेक्षाकृत कम महत्त्व दिया है। लेकिन इसके बावजूद प्रेमचंद संबंधी उनका मूल्यांकन प्रेमचंद और उनके युग के साहित्यिक, सांस्कृतिक, राजनैतिक और सामाजिक उत्तर-भारत के परिदृश्य को एक जागरूक-दृष्टि तथा परिप्रेक्ष्य के साथ मूर्तिमान कर देता है। डॉ. रामविलास शर्मा ने अपने प्रेमचंद संबंधी मूल्यांकन में उनके युग के प्रमुख अंतर्विरोधों को खुलासा करते हुए यह दिखाया कि प्रेमचंद उन अंतर्विरोधों के बीच किस प्रकार अपना रास्ता बनाते हुए आगे बढ़ते हैं। प्रेमचंद के विचारधारात्मक विकास की यह गाथा उस समय के उत्तर भारत की मनीषा के विकास की गाथा का हवाला देते हुए अग्रसर होती है। डॉ. रामविलास शर्मा ने यह सिद्ध कर दिखाया कि प्रेमचंद अपने युग के सर्वाधिक महत्त्वपूर्ण लेखक तो हैं हीं, आनेवाले वर्षों में भी वे अधिकाधिक प्रासंगिक होते जाएँगे। प्रेमचंद ने संभवतः भारत के सभी साहित्यिक और सांस्कृतिक कर्मियों तथा बुद्धिजीवियों से पहले यह इंगित किया कि जॉन द्वारा गोविंद के हाथ में सत्ता का हस्तांतरण मुकम्मल आज़ादी नहीं है। प्रेमचंद की विचारधारा, क्रांतिकारी जनता की विचारधारा के विकास के साथ कदम-दर-कदम मिला कर आगे बढ़ती है। यह कोई ओढ़ी हुई विचारधारा नहीं है।

यहाँ यह कहना अप्रासंगिक न होगा कि किसी लेखक को बड़ा या छोटा घोषित कर देने से बात नहीं बनती। डॉ. रामविलास शर्मा का महत्त्व इस बात में नहीं है कि उन्होंने उन्हें एक बड़ा लेखक कहा। बात तब बनती है जब किसी लेखक को समाज में बड़ा लेखक क्यों समझा जाता है, इस रहस्य की तहकीकात और पड़ताल की जाए। मात्र कला की दुहाई देने से कोई भी लेखक अपने समाज में बड़ा लेखक नहीं कहलाता। ऐसा होता तो बहुत से कलावंत कथाकार प्रेमचंद को पछाड़ देते। डॉ. नामवर सिंह ने अपने एक वक्तव्य में प्रेमचंद को तुलसीदास के बाद हिंदी का सबसे बड़ा लेखक कहा है। यह रेखांकित करने की ज़रूरत थी कि

प्रेमचंद इतने बड़े लेखक क्यों हैं ? कला और प्रतिभा के प्रति आज भी अधिकांश समीक्षक संकुचित और संकीर्ण रवैया अपनाते हैं। वैसा ही जैसा कि कलावादी करते हैं। क्या कारण है कि जनता बाल्मीकि, व्यास, कबीर, रहीम, तुलसीदास और प्रेमचंद को याद रखती है और बड़े-बड़े कलावंतों को भूल जाती है ? डॉ. रामविलास शर्मा ने प्रेमचंद के व्यक्तित्व और कृतित्व के बीच अंतःसंबंधों की पड़ताल करते हुए सामाजिक मूल्यों के संदर्भ में प्रेमचंद के एक बड़े लेखक होने के कारणों पर प्रकाश डाला है। प्रेमचंद के पूर्ववर्ती और परवर्ती कितने ही कथाकारों ने अपनी-अपनी कला के आणविक विस्फोट किए हैं, लेकिन वे प्रेमचंद से एक कदम आगे तो क्या, कई कदम पीछे हैं। इसी संदर्भ में डॉ. रामविलास शर्मा की यह मशहूर टिप्पणी अपनी संपूर्ण अर्थवत्ता के साथ पूरे परिप्रेक्ष्य को ध्वनित कर देती है कि जब उनके साथी दूसरे कथाकार चीर-हरण लीला में व्यस्त थे, प्रेमचंद जनता के दुःख दर्दों की कहानियाँ लिख रहे थे। जनता के साथ जो सामाजिक अन्याय होता आ रहा था (आज भी हो रहा है) उसका वे इस्तगासा पेश कर रहे थे।

प्रेमचंद के व्यक्तित्व और कृतित्व के अंतःसंबंधों (कुछ न कुछ अंतर्विरोध भी होते हैं, अतः उन्हें भी शुमार करते हुए) को खुलासा करते हुए डॉ. शर्मा इस प्रक्रिया को भी उद्‌घाटित करते चलते हैं। किस प्रकार एक स्वस्थ और जागरूक लेखन जीवन को संवारता है और वह जीवन पुनः लेखन को सँवारता चलता है और व्यक्तित्व तथा कृतित्व अथवा जीवन और लेखन का यह द्वंद्वात्मक प्रभाव जीवन और लेखन दोनों के लिए हितकर होता है। यही सिलसिला अपने क्रमिक विकास के चरम उत्कर्ष पर गुणांतर की अवस्था में पहुँच कर एक साधारण दिखनेवाले लेखक को एक असाधारण लेखक बना देता है। अमृतराय ने अपनी महत्त्वपूर्ण कृति 'कलम का सिपाही' में इसी प्रक्रिया का सर्जनात्मक इस्तेमाल कर यह स्पष्ट किया है कि प्रेमचंद एकाएक एक बड़े लेखक नहीं बन गए। बहुत ही साधारण ढंग का धनपत राय रातों रात कथा सम्राट प्रेमचंद नहीं हुआ। उक्त प्रक्रिया से गुज़रता अपने लेखन से जीवन को और जीवन से लेखन को सँवारता हुआ एक कठिन साहित्य साधना के बाद ही वह रचनाकार सबसे बड़ा लेखक बना।

लगभग यही प्रक्रिया निराला के संदर्भ में भी लागू होती है। व्यक्तित्व और कृतित्व की इसी अन्योन्याश्रित क्रिया-प्रतिक्रिया को, छोटी-से-छोटी और बड़ी-से-बड़ी तफ़सील के साथ तथा सिलसिलेवार एक विराट फलक पर महाकाव्योचित औदात्य और वैविध्यपूर्ण साहित्यालोचन का उदाहरण पेश करते हुए डॉ. रामविलास शर्मा ने अपने ग्रंथ निराला की साहित्य साधना के तीनों खंडों में एक सुविचारित विकास क्रम के साथ उद्‌घाटित किया है। डॉ. रामविलास शर्मा द्वारा किए गए साहित्यालोचन का यह एक अद्वितीय और असाधारण उदाहरण है। पहले खंड में निराला के जीवन चरित्र की पुनर्रचना है, लेकिन जीवन चरित्र लिखते समय निराला के कृतित्व को

एक तरफ नहीं रख दिया गया है। इस जीवनी में निराला का लेखन अमूर्त और मूर्त दोनों रूपों में ध्वनित और प्रतिध्वनित होता रहता है। इसी प्रकार दूसरे खंड में यद्यपि कृतित्व का विवेचन है तथापि इस विवेचन में निराला के व्यक्तित्व की स्वर-लहरियाँ पार्श्व-संगीत की मानिंद गूँजती रहती हैं। तीसरे खंड में निराला द्वारा लिखे गए तथा निराला के नाम लिखे गए पत्रों का संचयन है। इस खंड की भूमिका में इन पत्रों का साहित्यिक मूल्यांकन किया गया है। हिंदी में पत्र-साहित्य पर संभवतः पहली बार गंभीरतापूर्वक विचार किया गया है। उर्दू साहित्य में ग़ालिब के पत्रों का साहित्यिक दृष्टि से मूल्यांकन-पुनर्मूल्यांकन होता रहा है। हिंदी में निराला के पत्रों पर डॉ. शर्मा ने यह काम किया है; किसी भी साहित्यकार के पत्र-साहित्य पर हिंदी में और किसी ने ऐसा कार्य नहीं किया। डॉ. शर्मा ने इन पत्रों का विवेचन इस प्रकार किया है कि उसे निराला के व्यक्तित्व और कृतित्व—दोनों से संबंधित रेखाओं का एक ऐसा मानचित्र बनता है जिसमें निराला के जीवन और साहित्य की मिली-जुली फंतासी उभर उठती है। यह फंतासी डॉ. शर्मा के साहित्यालोचन की सर्जनात्मक उपलब्धि है और किसी भी श्रेष्ठ रचनात्मक कृति की ही तरह औपन्यासिक रचना का भी आनंद दे देती है। 'निराला की साहित्य साधना' का प्रथम खंड एक जीवनीपरक महाकाव्योचित उपन्यास की ही तरह पठनीय और संवेद्य है। 'निराला की साहित्य साधना' के दूसरे खंड में निराला के कृतित्व की विवेचना है; यह विवेचना भी रचना और आलोचना की एक ऐसी मिश्रित शैली में की गई है कि वह एक ही साथ आलोचनात्मक भी है और रचनात्मक भी।

निराला की साहित्य साधना के तीनों खंडों में निराला के रीति-विरोधी कृतित्व और व्यक्तित्व का रेखांकन है। सामंत विरोध ही साहित्य में रीति-विरोध के रूप में अभिव्यक्त होता है। इस प्रकार प्रकारांतर से निराला के जनवादी कृतित्व और व्यक्तित्व का ही यह रेखांकन है। निराला के साथ-साथ उनके अन्य सहयोगी कवियों और लेखकों के बारे में भी यह अध्ययन एक प्रासंगिक और मूल्यवान जानकारी देता है और छायावादी युग के उज्ज्वल पक्ष को उभार कर पेश करता है। निराला की साहित्य साधना के तीनों खंडों के अध्ययन के पश्चात् पाठक की यह धारणा पुष्ट होती है कि हिंदी का छायावादी आंदोलन एक साथ स्वच्छंदतावादी भी है और जनवादी भी। निराला इस आंदोलन के सबसे बड़े प्रतिनिधि साहित्यकार हैं।

अस्तित्ववाद और नयी कविता शीर्षक पुस्तक में निराला के बाद की हिंदी कविता का मूल्यांकन है। डॉ. शर्मा का निष्कर्ष है कि नयी कविता ने ऊपरी तौर पर छायावाद के निषेध का नारा दिया। तथापि नयी कविता ने छायावाद की तलछट की ही पुनरावृत्ति की। दूसरा निष्कर्ष यह है कि कविता पर अस्तित्ववाद का मुलम्मा है। नई कविता में एक तरह से नए ढंग का रीतिवाद ही अभिलक्षित होता है। रीतिवाद ही यहाँ आधुनिक ओढ़नी ओढ़ कर कलावाद के रूप में अभिव्यक्त होता

है। नई कविता के पुरोधाओं पर डॉ. शर्मा ने आक्रामक प्रहार किए हैं। कहीं-कहीं गेहूँ के साथ घुन भी पिस गया है। मुक्तिबोध, शमशेर और अज्ञेय जैसे समर्थ कवि उनके आक्रमण के शिकार हुए हैं। शायद स्वयं डॉ. शर्मा ने भी यहाँ तक आते-आते अपनी आलोचना-पद्धति की शक्तियों और सीमाओं को पहचान लिया और संभवतः इसीलिए उसके बाद उन्होंने नए साहित्य की आलोचना के कर्म से लगभग अवकाश ले लिया। इसके बाद उन्होंने साहित्येतर विषयों पर अपना ध्यान और कर्म केंद्रित किया। साहित्यालोचन के इतिहास में अक्सर यह देखा गया है कि कोई भी श्रेष्ठ आलोचक पूर्ववर्ती साहित्य का मूल्यांकन करने में तो अपने को समर्थ पाता है, लेकिन अपने समकालीनों और उससे भी बाद की पीढ़ी के रचनाकारों का ठीक-ठीक मूल्यांकन करने में असमर्थ होने लगता है। आचार्य रामचंद्र शुक्ल के साथ भी यही हुआ और डॉ. रामविलास शर्मा भी इसके अपवाद नहीं हैं। तथापि इसका यह आशय नहीं है कि आचार्य शुक्ल ने अथवा डॉ. रामविलास शर्मा ने अपने समकालीनों पर जो कुछ लिखा है वह निरर्थक अथवा अप्रासंगिक है। अपने समकालीन रचनाकारों की कमज़ोरियों को समकालीन आलोचक परवर्ती पीढ़ी के आलोचकों की तुलना में कहीं ज़्यादा पहचानते हैं। यह पहचान अधिक प्रामाणिक होती है, बशर्ते वह परवर्ती पीढ़ी की संवेदना को रास नहीं आती; इसका कारण शायद यह है कि परवर्ती पीढ़ी के लिए वे रचनाकार असामान्य हो जाते हैं। डॉ. शर्मा ने अपने समकालीनों पर लिखते समय उनकी दुःखती रगों पर जो उँगली रख दी है, उसकी भी अपनी प्रासंगिकता और अर्थवत्ता है, इस तथ्य से इंकार करना साहित्य के इतिहास से कतराना है। अतः अज्ञेय, मुक्तिबोध और शमशेर को हम जितना भी समर्थ रचनाकार क्यों न मानें, डॉ. रामविलास शर्मा के निष्कर्षों से पूरी तरह असहमत होना लगभग असंभव प्रतीत होता है। अज्ञेय तथा अन्य बहुत से नयी कविता के रचनाकारों ने अन्य बातों के साथ-साथ छायावाद की तलछट की भी पुनरावृत्ति की है और यह भी कि मुक्तिबोध में अतिशय दायित्व-बोध है जिसके कारण उनकी कविता कहीं-कहीं असहज हो जाती है और यह भी कि शमशेर अपने मार्क्सवादी विवेक तथा एज़रा पाउंड-इलियट वाले अपने काव्यबोध के बीच संगति नहीं बैठा पाए।

बावजूद इसके, यह मानना ही पड़ेगा कि डॉ. रामविलास शर्मा साहित्य की आलोचना करते समय जिन बड़े औज़ारों से काम लेते हैं, वे क्लासिकीय और बड़े रचनाकारों के संदर्भ में तो कारगर सिद्ध होते हैं, लेकिन कलापक्ष संबंधी छोटी-छोटी बारीकियों के विश्लेषण में ये बड़े औज़ार कारगर नहीं हो पाते। साहित्य की विषय-वस्तु के बारे में वे उपयोगी सिद्ध होते हैं, लेकिन उसकी अंतर्वस्तु के विवेचन में कभी-कभी छोटे-छोटे औज़ारों की भी ज़रूरत पड़ती है। इसी प्रकार साहित्य के रूप पक्ष के व्यापक विवेचन में वे बड़े औज़ार काम आते हैं; लेकिन रूप पक्ष की

कुछेक ऐसी भी बारीकियाँ होती हैं जिनका विवेचन करते समय छोटे-छोटे कल-पुर्ज़ों की भी आवश्यकता पड़ती है। अक्सर अंतर्वस्तु और रूप पक्ष की बारीकियों के विवेचन में जिन छोटे-छोटे औज़ारों और कल-पुर्जों की आवश्यकता पड़ती है, उनका डॉ. शर्मा इस्तेमाल नहीं करते। ऐसे करने में वे सक्षम हैं; निराला का मूल्यांकन करते समय उन्होंने ऐसा किया भी है तथापि प्रायः उनकी प्रवृत्ति इस ओर कम जाती है।

ऐसी एक-दो सीमाओं के बावजूद डॉ. रामविलास शर्मा हिंदी आलोचना के क्षेत्र में एक गुणांतर लाए हैं। आचार्य रामचंद्र शुक्ल के बाद वे हिंदी के सबसे ज़्यादा महत्त्वपूर्ण आलोचक हैं। भारतीय परंपरा के मूल्यांकन की दृष्टि से भी उन्होंने साहित्यालोचन की विधा को समृद्ध किया है। 'नाटककार भवभूति' शीर्षक अपने लेख में वे बताते हैं कि साहित्य में *ग्रंथि* शब्द का प्रयोग करनेवाले वे पहले भारतीय नाटककार हैं। पश्चिमी साहित्य में इस शब्द के मनोवैज्ञानिक आशय को फ्रायड के बाद अभिव्यक्ति मिली। जबकि उनसे भी पहले भवभूति भारतीय साहित्यकार हैं जिन्होंने प्रबल उद्वेगों के दमन के संदर्भ में *ग्रंथि* शब्द का प्रयोग किया। ऐसा उन्होंने उत्तररामचरितम् में राम के द्विधा-विभाजित मन का चित्रण करते हुए किया। इस संदर्भ में डॉ. शर्मा भारतीय साहित्यिकों का ध्यान इस ओर भी आकर्षित करते हैं कि पश्चिम के साहित्येतिहास में द्विधा-विभाजित मन का चित्रण सर्वप्रथम शेक्सपियर ने हैमलेट के अंतर्द्वंद्व के संदर्भ में किया था। लेकिन उनसे भी पहले भवभूति ने राम के अंतर्द्वंद्व के संबंध में द्विधा-विभाजित मन का चित्रण किया। ऐसे कई उदाहरण हैं, जिनका हवाला देना इस संक्षिप्त लेख में संभव नहीं है; तथापि इससे यह स्पष्ट तो होता ही है कि डॉ. रामविलास शर्मा ने भारत के प्राचीन साहित्य का भी अत्यंत आधुनिक और जागरूक दृष्टि के साथ पुनर्मूल्यांकन किया है। (देखें *परंपरा का मूल्यांकन* पुस्तक में *नाटककार भवभूति* शीर्षक लेख)।

'लोक जागरण और हिंदी साहित्य' शीर्षक पुस्तक में उन्होंने डॉ. नामवर सिंह की *दूसरी परंपरा की खोज* का एंटीथीसिस प्रस्तुत किया। पॉलिमिक्स का ऐसा युक्तियुक्त उदाहरण हिंदी साहित्य के इतिहास में अन्यत्र नहीं मिलेगा।

'भाषा और समाज' शीर्षक पुस्तक के अंतर्गत परिशिष्ट रूप में संकलित 'बंगाल में हिंदी' शीर्षक लेख में डॉ. सुनीतिकुमार चाटुर्ज्या के हिंदुस्तानी भाषा के संबंध में व्यक्त किए गए विचारों का ज़ोरदार ढंग से खंडन किया गया। खंडन और मंडन दोनों ही तरह की शैलियों के प्रयोक्ता डॉ. रामविलास शर्मा का हिंदी में आज कोई भी प्रतिद्वंद्वी नहीं है। आलोचना के रामविलास अंक में अपने संपादकीय का शीर्षक डॉ. नामवर सिंह ने यूँ दिया—*केवल जलती मशाल*। सचमुच डॉ. शर्मा के रूप में जो मशाल हमारा पथ आलोकित कर रही है उसका दूसरा उदाहरण हिंदी में खोजने पर भी नहीं मिलता।

संस्कृत साहित्य में *त्रासदी, संघर्ष* और *उदात्त* जैसे विषयों पर डॉ. शर्मा का

विवेचन परंपरा के मूल्यांकन की एक अत्यंत सार्थक और जागरूक प्रणाली का सूत्रपात करता है। हिंदी में इससे पूर्व ऐसा मूल्यांकन किसी ने नहीं किया।

डॉ. नामवर सिंह ने ठीक ही कहा है कि डॉ. रामविलास शर्मा ने हिंदी साहित्य का इतिहास भले ही न लिखा हो, लेकिन अपनी कालजयी कृतियों के माध्यम से हमारी जातीय परंपरा का जो भरा-पूरा, सुसंगत और वस्तुनिष्ठ मूल्यांकन उन्होंने किया है, वह अपने आप में हिंदी साहित्य का एक नया इतिहास है। इसी संदर्भ में डॉ. नामवर सिंह ने यह भी कहा है कि केवल हिंदी साहित्य ही नहीं, बल्कि संपूर्ण भारतीय साहित्येतिहास की परंपरा के मूल्यांकन की दिशा में किए गए प्रयासों की एक लंबी कड़ी है जो डॉ. रामविलास शर्मा ने पेश की है। (आगरा के आर.बी.एस. कॉलेज में परंपरा का मूल्यांकन विषय पर डॉ. नामवर सिंह का व्याख्यान)।

तथापि इस कथन का एक परंतुक भी है। उपन्यासकार यशपाल, कथाकार रांगेय राघव, महापंडित राहुल सांकृत्यायन, शरत्चंद्र चट्टोपाध्याय तथा गजानंद माधव मुक्तिबोध जैसे कुछ महत्त्वपूर्ण साहित्यकारों के कृतित्व के साथ डॉ. शर्मा ने समुचित न्याय नहीं किया। महाकवि तुलसीदास ने सीता के मुख और चंद्रमा की तुलना करते हुए उसे दोषपूर्ण बताया था। डॉ. रामविलास शर्मा भी हिंदी साहित्यालोचन के आकाश में ऐसे ही एक चंद्रमा हैं।

'एक 'रहबर' है कि जो दरअस्ल है'

हंसराज 'रहबर' ऐसे साहित्यकार हैं जो सामाजिक मूल्यों की शर्त पर कलात्मक प्रतिमानों को स्वीकार करते हैं। समाज-निरपेक्ष कला का वे सम्मान नहीं करते। उनकी रचनाएँ इस प्राचीन मान्यता को दोहराती हैं कि कला कला के लिए नहीं, जीवन के लिए होती है। वे आदर्शवादी क्रांतिकारी रचनाकार हैं। वैचारिक लेखन के क्षेत्र में उन्होंने कीर्तिमान स्थापित किए हैं तथा अपने समय के एक महत्त्वपूर्ण और विशिष्ट कथाकार हैं। हिंदी-उर्दू मिश्रित भाषा के एक बेहतरीन ग़ज़लगो हैं। 'प्रेमचंद जीवन और कृतित्व' उन्होंने तब लिखी थी जब प्रेमचंद का मूल्यांकन नहीं हुआ था और उन पर हिंदी में दो-चार पुस्तकें भी नहीं थीं। इसी तरह 'प्रगतिवाद पुनर्मूल्यांकन' हिंदी साहित्य में अपने ढंग की एक अद्वितीय पुस्तक है। 'योद्धा संन्यासी विवेकानंद' स्वामी विवेकानंद पर प्रगतिशील दृष्टि से लिखी गई हिंदी की एक श्रेष्ठ पुस्तक है। 'तिलक से आज तक', 'भगत सिंह : एक जीवनी', 'राष्ट्रनायक गुरुगोविंद सिंह' जैसी बहुचर्चित पुस्तकों द्वारा उन्होंने एक तरह से हमारे राष्ट्रीय जीवन का एक इतिहास लिख दिया है जो भावी पीढ़ियों के लिए एक महत्त्वपूर्ण दस्तावेज़ है। रहबर ने पिछली शताब्दी और उससे भी कुछ पूर्व से लेकर स्वतंत्रता तक के युग-पुरुषों के बारे में जो कुछ लिखा है, बड़े निर्भीक और निर्द्वंद्व भाव से लिखा है। उनके अनुसार स्वतंत्रता-संग्राम में दो तरह की विभूतियाँ थीं। एक ओर राजभक्त थे दूसरी ओर देशभक्त। देशभक्तों में भी दो प्रकार के व्यक्ति थे—क्रांतिकारी और संविधानवादी। कुछ ऐसे भी थे जो क्रांतिकारी भी थे और संविधानवादी भी; जैसे कि तिलक और एक सीमा तक बाद में सुभाष भी। इस वैचारिक लेखन द्वारा 'रहबर' ने हमारे युग के समसामयिक चिंतन को झकझोरा है और अपनी कुछ निजी ढंग की विशेषताओं के लिए वे अविस्मरणीय रहेंगे। चाहे हम उनकी बहुत सी मान्यताओं से सहमत न हों, तथापि उनकी दो टूक बात करने की बेबाक शैली, उनका अंदाज़े-बयाँ, उनकी निर्भीकता और निर्द्वंद्वता उनकी निरंतर अध्ययनशीलता और आख़िरी साँस तक कुछ न कुछ लिखते रहने की संकल्पधर्मिता, सामाजिक मूल्यों के लिए उनकी प्रतिबद्धता और विविध विधाओं के क्षेत्र में उनकी कभी न थकनेवाली रचनाधर्मिता ये ऐसे गुण हैं जो उन्हें हमारे समय का एक

महत्त्वपूर्ण साहित्यकार और एक अति-विशिष्ट लेखक बनाते हैं। गुण और परिमाण—दोनों दृष्टियों से उन्होंने एक बड़े रचनाकार के दायित्व का निर्वाह किया है। साहित्यिक आंदोलनों के मसीहा बनने का मुखौटा उन्होंने नहीं लगाया। पीढ़ी-दर-पीढ़ी और दशक-दर-दशक शोर-शराबे के साथ आए और चले गए लेकिन वे किसी तरह की रौ में नहीं बहे, अपने ढंग से, अपनी शर्तों पर, अपनी मान्यताओं पर डटे हुए एक अरसे से वे लगातार लिखते चले आ रहे हैं।

वैचारिक लेखन के अतिरिक्त उन्होंने बहुत-सी कहानियाँ, कुछ ग़ज़लें और ढेर सारे उपन्यास लिखे हैं। पंद्रह उपन्यास और चार कहानी संग्रह प्रकाशित हैं। ग़ज़लों का संकलन संभवतः अभी प्रकाशित नहीं हुआ लेकिन पत्र-पत्रिकाओं में यदा-कदा प्रकाशित उनकी कुछ ग़ज़लें पढ़ने में आई हैं। कुछ ग़ज़लें इनके लंबे संघर्ष की कहानी कह देती हैं। इन ग़ज़लों में रहबर के भीतर और अभ्यांतर की कसमसाहट बड़ी शिद्दत के साथ झलक-झलक उठती है।

'रहबर' की कहानियों में 'गडोलना' और 'साकी' मुझे बेहद पसंद हैं। 'गडोलना' कहानी में बाल-मनोविज्ञान का कलात्मक और व्यंजनात्मक चित्रण है। मनोविज्ञान की अवांछित अभिधारणाओं से ग्रस्त तथाकथित रूप से मनोवैज्ञानिक कही जानेवाली आम कहानियाँ हिंदी में लिखी जाती रही हैं; लेकिन 'गडोलना' उन कहानियों की लीक से अलग हट कर अपने ढंग की एक विशिष्ट कहानी है। 'साकी' कहानी में नादिरशाह-मोहम्मदशाह संवाद के रूप में इतिहास की एक अविस्मरणीय घटना की, बड़े ही मार्मिक, सर्जनात्मक और नाटकीय ढंग से पुनर्रचना की गई है। 'ब्याह' शीर्षक कहानी में कबूतर-कबूतरी के रोमांस द्वारा विवाह-प्रथा पर व्यंग्य किया गया है। स्वयं 'रहबर' इसे अपनी 'खराब कहानी' मानते हैं। 'रहबर' की राय में उनकी सबसे अच्छी कहानी 'झूठ सच' है। इसमें एक मूर्तिकार के 'मोहभंग' का प्रसंग है। रहबर के अनुसार यह कहानी इसलिए सबसे अच्छी है कि इसमें स्थिति, सोच और विचार के बदलाव के साथ सत्य के बदलने की प्रक्रिया स्पष्ट हो जाती है, कलाकार में विचार का विकास होता है और कला संबंधी मिथ्या धारणा का भूत उसके सिर से उतर जाता है।

प्रस्तुत आलेख में हमें 'रहबर' के उपन्यासों के बारे में ही विशेषोल्लेख करना है, अतः उनकी अन्य विधागत रचनाओं का संक्षेप में उल्लेख करने के बाद अब हम उनके उपन्यासों की चर्चा करेंगे।

हंसराज 'रहबर' के प्रमुख उपन्यासों की सूची इस प्रकार है—दिशाहीन, बिना रीढ़ का आदमी, किस्सा तोता पढ़ाने का, पंखहीन तितली, आदिम पुरखे, संकल्प, उन्माद, मुखौटे, कंकर, मिथक की मौत और बोले सो निहाल, इनके उपन्यासकार-व्यक्तित्व की जो उपेक्षा हुई है उसे रेखांकित करते हुए हिंदी की एक एक जानी-पहचानी पत्रिका 'सनीचर' के संपादक श्री ललित कुमार शर्मा 'ललित'

ने लिखा था कि पूँजीवादी प्रेस और पीली पत्रकारिता एवं गुटों में बँटे लोगों की अपाहिज बुर्जुआ सभ्यता की तूती में हंसराज 'रहबर' जैसे अनेक लेखकों को दबा देने का कार्य किया गया। लेकिन रहबर को दबाना सहज नहीं था। मैं श्री ललित के इस अभिकथन से पूरी तरह सहमत हूँ और इस संदर्भ में यह टिप्पणी करना चाहता हूँ कि आज का साहित्यिक परिदृश्य पिछले एक दशक में और अधिक धुँधला हो गया है। बल्कि यूँ कहें कि अँधेरा हो गया है। पहले तो प्रगतिशील कलात्मक प्रतिमानों और प्रतिक्रियावादी कला-संबंधी मिथ्या-धारणाओं के बीच एक द्वंद्व चलता था, टकराव होता था। अब वह द्वंद्व शांत होता जा रहा है। टकराव का वातावरण खत्म होने के आसार दिखाई दे रहे हैं। हिंदी के प्रगतिशील विविध टकरावों से ग्रस्त हालात में बड़े हुए। उनका स्वभाव और चरित्र भी अलग-अलग था। एक पूर्व की ओर चलता था दूसरा पश्चिम की ओर खिंचता। ये एक-दूसरे पर झुँझलाते, लड़ते-झगड़ते; पर साथ रहने पर मजबूर थे। बड़े होने पर उनमें से एक चेहरा सफाचट रहा और दूसरे के चेहरे पर दाढ़ी-मूँछ उग आई। सामंतवाद से चिपके अर्ध-पूँजीवाद की अपविकसित स्थिति का यह रूपक उन सुधारवादी (राजभक्त) नीतियों पर व्यंग्य है जिन्होंने स्वतंत्रता के लिए लड़े जा रहे संग्राम की क्रांतिकारी धार को कुंठित कर दिया और जिसके दुष्परिणाम हम आज तक भुगत रहे हैं। 'बिना रीढ़ का आदमी' प्रतीकात्मक शैली में लिखे गए हिंदी उपन्यासों में अपने ढंग की एक मौलिक और विशिष्ट रचना है।

'मुखौटे' शीर्षक उपन्यास में अनिल नामक चित्रकार व मूर्तिकार का अंतर्द्वंद्व चित्रित है। कलाकार की बेचैनी का कारण उसकी सामाजिक, पारिवारिक और आर्थिक विवशताएँ हैं। सेठ राधारमण और महंत योगेश्वर उसकी कला को माल की तरह बेचते हैं। वे उस पर 'धर्म' और 'प्राचीनता' का मुलम्मा चढ़ाते हैं। कलाकार सेठ राधारमण और महंत योगेश्वर गिरी नाम के इन पाटों के बीच पिसता रहता है। उपन्यास पर प्रसिद्ध प्रगतिशील कवि और नाटककार शील की भूमिका है जो 'आत्म निवेदन' शीर्षक के साथ उपन्यास के प्रारंभ होने से पूर्व पुस्तक में संकलित है। यह भूमिका ध्यान आकर्षित करती है, क्योंकि उपन्यास के बारे में शील जैसे महत्त्वपूर्ण रचनाकार के अभिमत से हमें अवगत कराती है। शील कहते हैं : 'कला की महत्ता प्रकृति के सौंदर्य की तरह उसके सार्वभौम आकर्षण में है। यह उपन्यास इसी सत्य को प्रकट करने का एक अनुपम उदाहरण है।' शीलजी का यह भी कहना है कि उन्हें सर्वप्रथम खलील जिब्रान के उपन्यास 'टूटे हुए पर' को पढ़ते हुए जिस ज्ञान-आनंद की अनुभूति हुई थी वैसी अनुभूति फिर बहुत दिनों बाद हज़ारी प्रसाद द्विवेदी के उपन्यास 'अनाम दास का पोथा' पढ़ते समय हुई और उसी क्रम में तीसरा उपन्यास (हंसराज रहबर का) 'मुखौटे' है जिसे पढ़ते समय उन्हें वैसा ही आभास हुआ। उपन्यास की भाषा सरल, सहज और सुबोध है। इसमें कथा-संगठन और

चरित्र विकास की क्षमता भी उनका ध्यान आकर्षित करती है। पात्रों की कार्यविधि पाठक के कौतूहल को उकसाती है और पाठक उनसे तादात्म्य महसूस करता है। शीलजी का यह अभिमत निस्संदेह मुँहदेखी प्रशंसा नहीं है।

इस उपन्यास की एक प्रमुख विशेषता यह है कि इसमें एक कलाकार के आत्म संघर्ष और बाहरी संघर्ष का सहज और मनोवैज्ञानिक चित्रण है। उपन्यास में लेखक का यह मंतव्य पूरी शिद्दत के साथ अभिव्यक्त होता है कि अच्छा कलाकार होने के लिए एक अच्छा मनुष्य होना ज़रूरी है। यदि कलाकार अच्छा मनुष्य नहीं है तो वह विविध कलाओं के मुखौटे लगाकर कलाकार होने का दंभ भले ही पाल ले, वह सच्चा कलाकार नहीं हो सकता।

'कंकर' उपन्यास एक अपेक्षाकृत अधिक प्रौढ़ कृति है। इसमें सन् 1937-40 के आसपास की सामाजिक और राजनैतिक स्थितियों का चित्रण और विश्लेषण है। विशेष रूप से पंजाब और सामान्य रूप से देश भर में मज़दूर-आंदोलन के प्रारंभ और विकास का जीवंत और कलात्मक चित्रण इस उपन्यास की विशेषता है। मज़दूरों की यूनियनों, उनसे प्रत्यक्ष तथा परोक्ष रूप से जुड़े व्यक्तियों तथा संगठनों के कार्यकलापों और कारगुज़ारियों का अंतरंग तथा बहिरंग प्रस्तुतीकरण यहाँ बार-बार ध्यान आकर्षित करता है। असहयोग आंदोलन तथा चौरी-चौरी की घटना का यहाँ भी उल्लेख है। अक्सर 'रहबर' इस घटना का उल्लेख अपनी कृतियों में बार-बार करते हैं और गांधीजी द्वारा आंदोलन वापस ले लेने की उनकी गलती की बार-बार आलोचना करते हैं। यहाँ भी उसका प्रासंगिक उल्लेख है तथापि लेखक के मन का आक्रोश यहाँ काफी संयत है। उपन्यास में कांग्रेस के जुलूसों का व्यंग्यात्मक चित्रण है। गांधीवादी नीतियों पर छींटाकशी है। उपन्यास का प्रमुख पात्र अशोक है। राजेन्द्र, नारायण, पाराशर, प्रह्लाद और गनी अन्य साथी सहचर हैं। शीला और पद्मा जैसे नारी-चरित्र हैं जो आधुनिक ढंग की प्रगतिशील नारियों के प्रोटोटाइप हैं। इन पात्रों की आपसी बहसें और मिलजुल कर काम करने की कोशिशें उपन्यास की कथा-यात्रा को रोचक, विचारोत्तेजक और जीवंत बना देती हैं। कार्य-व्यापारों की दृष्टि से यह कथा एक चलती-फिरती, दौड़ती, थक कर साँस लेती ज़िंदगी के प्रामाणिक चलचित्र जैसी गत्यात्मक और प्रभावोत्पादक है। स्थितियों का वर्णन और चित्रण एक-दूसरे के पूरक हैं। यहाँ लेखक के विचारपूर्ण विवेचन भी हैं और उनके कलात्मक चित्रण भी। उपन्यास अपने समय के इतिहास को बड़े ही मनोवैज्ञानिक ढंग से रचनात्मक धरातल पर उभारता है। संघर्षरत तथा संघर्ष-विरत व्यक्तियों और बुद्धिजीवियों के अंतर्विरोध, उनके भटकाव, आत्मसंघर्ष और आत्मालोचन, परस्पर वाद-विवाद और मित्रतापूर्ण सरगर्मियों से उपन्यास के अधिकांश अध्याय स्पंदित हैं। उपन्यास छोटे-छोटे अध्यायों में विभाजित है और आद्योपांत पठनीय है। एक बेहतर समाज के निर्माण का स्वप्न लेनेवाले व्यक्तियों के निरंतर वर्गापसरण, व्यक्तित्वांतरण और

क्रमिक रूप से वर्गचेतस होने की सामाजिक प्रक्रिया को यहाँ वांछित तफसीलों के साथ उकेरा गया है। उपन्यास गोर्की की कृतियों की याद दिलाता है।

यूँ तो 'रहबर' का कुल साहित्य उनके सामाजिक चिंतन, अध्ययन, मनन और अनुभावन का प्रतिफल है तथापि 'कंकर' उपन्यास विशेष रूप से उस पूरी अनुभव-यात्रा के सारांश जैसा प्रतीत होता है। रचनाशीलता और मूल्यधर्मिता का यहाँ मणि-कांचन संयोग है। यह एक अपने ढंग की मौलिक और गंभीर यथार्थवादी संरचना है। उपन्यास में वर्णित क्रांतिकारी चेतना और संवेदना संबंधी प्रसंग मन को द्रवित करते हैं, विशेष रूप से तब जब शीला और पद्मा जलियाँवाला बाग में शहीद अपने भाई की तस्वीर को देख कर आंदोलित हो उठती हैं। खुफिया पुलिस की कड़ी नज़र और उनके क्रिया-कलाप के चित्रण से उपन्यास का परिवेश तनावपूर्ण हो उठता है। लेखक के वैचारिक निष्कर्ष यहाँ पात्रों के कथोपकथन तथा लेखक की व्यंग्य-प्रधान टिप्पणियों द्वारा संप्रेषित होते हैं। किताबी ज्ञान की सीमा निर्धारित करते हुए लेखक यहाँ यह मंतव्य अभिव्यक्त करता है कि शब्द अपने आप में कोई महत्त्व नहीं रखते। मनुष्य अपने आचरण द्वारा ही उन्हें शक्ति और अर्थवत्ता प्रदान करता है। ज्ञान ज़िंदगी की कोख से जन्म लेता है तथा मार्क्स, एंगेल्स और लेनिन ने संघर्षरत मज़दूरों के चेहरे पढ़ कर ही अपनी किताबें लिखी होंगी। उपन्यास के अंतिम अध्याय में 'कंकर' शीर्षक चरितार्थ हो जाता है। उपन्यासकार गनी नामक पात्र के बिगुल में 'कंकर' फँस जाने के प्रसंग द्वारा यह सुझाव संप्रेषित करता है कि जब-जब क्रांति का बिगुल बजाने का समय आता है तब-तब राजनेताओं की सुधारवादी नीतियाँ कंकर की तरह बिगुल में फँस कर उसे बेकार कर देती हैं।

'बोले सो निहाल' उपन्यास सामान्य रूप से पंजाब के (1739 से 1765 तक के) कालखंड को और विशेष रूप से सिख-समुदाय के अदम्य और दुर्दम्य जीवन-संग्राम की महाकाव्यात्मक वीरगाथा को औपन्यासिक कृति में ढालने का एक सर्जनात्मक तथा अर्थपूर्ण प्रयास है। ब्रिटिश साम्राज्यवादियों की इस धारणा की यह काट पेश करता है कि भारतीयों में प्रतिरोध की शक्ति और शासन करने की योग्यता नहीं है।

ऐतिहासिक पृष्ठभूमि में लिखा गया यह उपन्यास अपने ध्वन्यात्मक निष्कर्ष में समसामयिक है। यह उस समय के समाज, तत्संबंधी संस्कारों और संस्कृति को तो प्रतिबिंबित करता ही है, साथ ही एक संघर्षशील समुदाय के मौजूदा संघर्ष की ओर भी प्रकारांतर से इशारा कर देता है ताकि हम सांप्रदायिक भेद-भावों और निहित स्वार्थों की राजनीति को नकारते हुए उस संघर्ष के समाजार्थिक कारणों पर बिना किसी पूर्वग्रह के पुनर्विचार कर सकें और इस संघर्ष के औचित्य की पड़ताल करते हुए इस बात की छानबीन कर सकें कि गलती की शुरुआत कब, कहाँ और किस-किस से हुई। आज हमारे साहित्यिक परिदृश्य में कलावादी महत्वाकांक्षाओं के

मारे और मरे जा रहे कलाबाज़ ऐसी रचना को पढ़कर इतना तो सीख ही सकते हैं कि साहित्यकार होने का अर्थ महज़ साहित्यबाज़ी नहीं है। देश और समाज के मौजूदा संकट से आँखें मूँद कर साहित्य रचने का अर्थ मानसिक विलास करना है। आज की पंजाब समस्या के संदर्भ में आँखें खोल देनेवाली इस कृति की वही प्रासंगिकता है जो किसी समय पराधीन भारतीय जनता के लिए 'आनंद मठ' और 'भारत-भारती' जैसी रचनाओं की रही होगी। 'बोले सो निहाल' इस सोच का पुनः अहसास कराता है कि सिख समुदाय एक बहादुर और जुझारू समुदाय है और किसी भी ऐसे समुदाय को ज़ोर-ज़बरदस्ती द्वारा नहीं दबाया जा सकता; सहज सद्भावना परस्पर प्रेम और शांतिपरक सतत संवाद द्वारा ही उसके मन को छुआ जा सकता है और सद्भाव के आधार पर ही उसके खोए विश्वास को लौटाया जा सकता है। सरल, रोचक, सरस और विचारोत्तेजक शैली में 'रहबर' ने सिखों द्वारा अपने अस्तित्व के लिए किए गए संघर्ष और बलिदान की अद्भुत कथा रची है। इस कथा-रचना के लिए लेखक ने काफ़ी तैयारी की है। उसने सिखों के इतिहास का विशद और शोधपरक अध्ययन किया है। इसके साथ रहबरजी के सामाजिक तथा राष्ट्रीय सरोकार और क्रांतिकारी सोच ने 'सोने में सुहागे' का काम किया है। उपन्यास में यह तथ्य बार-बार रेखांकित होता है कि सिख समुदाय कोई संकीर्ण संप्रदाय नहीं है; वह एक वीर समुदाय के जन-आंदोलन की क्रांतिकारी मिसाल है। उपन्यास का प्रमुख पात्र जस्सा सिंह कोई सांप्रदायिक नेता नहीं है; वह ग़रीबों का मसीहा है। दुःखार्त कोई भी हो, हिंदू या मुसलमान अथवा सिख, जो कोई भी फ़रियाद लेकर पहुँचता है, उसकी फ़रियाद की सुनवाई होती है। जस्सा सिंह अपने प्राणों को संकट में डालकर भी फ़रियादी की मदद करता है। वह मुसलमान और हिंदू औरतों को रिहा कराने के लिए संघर्ष करता है। बाइस सौ के करीब औरतें मुक्त कराई जाती हैं; उनमें ढाई सौ के करीब हिंदुस्तानी मुसलमान औरतें थीं। हिंदू औरतों को भी मुक्त कराया जाता है।

एक हिंदू लड़की सावित्री को यवनों से मुक्त कराने के बाद जब भूपसिंह (एक अन्य नौजवान सिख योद्धा) सावित्री को उसके पिता के घर ले जाता है तो पिता उसे अपनी कन्या के रूप में अपनाने से गुरेज़ करता है। भूपसिंह सावित्री के पिता को समझाता है, लेकिन पिता को कुल-मर्यादा का सवाल ज़्यादा अहम लगता है। सावित्री पिता और अपने रक्षक भूपसिंह के संवाद को सुन रही है। एक सिख वीर युवक अपनी जान की बाज़ी लगा कर उसे यवनों के चंगुल से छुड़ा कर लाया है लेकिन ब्राह्मण पिता बेटी को अपवित्र समझकर उसे पहचानने और अपनाने से इंकार कर रहा है। सावित्री क्षुब्ध हो उठती है और पिता से कहती है :

"मतलब यह कि अब मैं तुम्हारी बेटी नहीं रही ?"

ब्राह्मण पिता कहता है :

"हाँ नहीं रही। तुम जहाँ चाहो जा सकती हो !"

"तो मैं तुम्हारे धर्म और तुम्हारी कुल मर्यादा पर थूकती हूँ। थू, थू, थू।"

सावित्री ने तीन बार धरती पर थूका और सिख नौजवान भूपसिंह से कहा– "चलो भैया, मैं इस चंडाल का मुँह भी देखना नहीं चाहती।"

उपन्यास में स्थान-स्थान पर ऐसे प्रसंग हैं जो इस वीर और दुर्दम्य समुदाय के राष्ट्रीय और मानवीय गुणों को उद्घाटित करते हैं।

उपन्यास के चरित्रों में पंजाबी मुसलमान सूफ़ी कवि वारिस शाह का चरित्र विशेष रूप से आकर्षित करता है। वारिस शाह कहता है : "आज मैंने जो कुछ सीखा वह मकतब में नहीं सीख पाया। बुल्ले शाह ठीक कह गए हैं–'फड़ नुकता छड़ किताबां नूँ–मैंने नुक्ता पकड़ लिया है। मैं हीर की कहानी फिर से लिखूँगा। दरअसल वह इस सोच की कहानी होगी जो उथल-पुथल की गोद कोख़ से पैदा हुई है और उथल-पुथल की गोद में परवान चढ़ी है। यार लोग इस सोच के कारण ही मजलिसों में बैठकर इश्क का मज़ा लेंगे। मैं इस कहानी को नया रूप दूँगा। यह कहानी महज़ कहानी नहीं, इस उथल-पुथल से जनम रहे नये पंजाब की भरी पूरी खूबसूरत तस्वीर होगी।" (पृष्ठ 96)

'बोले सो निहाल' में भी रहबर ने उसी सोच के अहसास को लेकर एक ऐतिहासिक कालखंड की कहानी को एक नया रूप दिया है। यह कहानी भी महज़ कहानी नहीं है, कोरा उपन्यास नहीं है, यह उथल-पुथल की कोख़ से जन्म लेनेवाले और उथल-पुथल की गोद में परवान चढ़नेवाले नये पंजाब की भरी-पूरी तस्वीर है। यह तस्वीर देखने में ऐतिहासिक है लेकिन इसका चेहरा वर्तमान से मिलता-जुलता है। समकालीनता और वर्तमानता यहाँ नमूदार हो उठी हैं।

हंसराज 'रहबर' का अभिमत है कि सही सोच की प्रक्रिया ही कला की साधना है। "व्यवहार और विचार ज़िंदगी की गाड़ी के दो पहिए हैं। उनमें कोई छोटा-बड़ा नहीं होता। क्रांतिकारी व्यवहार जितना ऊँचा उठता है, विचार भी ऊँचा उठता है। संघर्ष में स्थूलता झड़ती और सूक्ष्मता पनपती है। उसमें साहित्य और कला का विकास होता है।" (पृष्ठ 99) इस उपन्यास में ऐसे ही साहित्य और ऐसी ही कला का विकास देखने को मिलता है। दल-खालसा की स्थापना से जुड़े 1739 से 1765 तक के संघर्ष की यह वीर-गाथा है। 'खालसा ने पहले मुगलों से लोहा लिया और फिर इरानियों और दुरानियों का मुकाबला किया।' अपने अस्तित्व के लिए, अपनी जिजीविषा के लिए किए गए दुर्धर्ष-संघर्ष में उन्होंने जिस शौर्य और वीरता का परिचय दिया, जो बलिदान दिए, उसी का यहाँ कलात्मक चित्रण है।

'बोले सो निहाल' उपन्यास पर पिछले दिनों मोहन सिंह पैलेस, काफ़ी हाउस के प्रांगण में श्री विष्णु प्रभाकर की अध्यक्षता में 'कला और कलम' के संयोजक डॉ. रमेश सक्सेना द्वारा एक संगोष्ठी आयोजित की गई थी। इसमें मैंने इस उपन्यास

पर आलेख पढ़ा था जो 'रहबर' के लेखन की ही तरह विवादास्पद हो गया। मेरे अत्यंत प्रिय मित्र-द्वय पंकज बिष्ट और असगर वजाहत ने संगोष्ठी के बाद मुझसे अपनी नाराज़गी व्यक्त करते हुए कहा कि विचाराधीन उपन्यास में रहबर ने मुगल शासकों के प्रति एक नकारात्मक रवैया अपनाया है और मुझे इस संबंध में आलेख पढ़ते समय इस मुद्दे पर उनकी आलोचना करनी चाहिए थी। इस तरह की गलतफहमियाँ प्रायः हो जाया करती हैं। उपन्यास को गंभीरतापूर्वक आद्योपांत पढ़ जाएँ तो अहसास हो जाएगा कि 'रहबर' ने ऐसा कोई रवैया नहीं अपनाया। 'रहबर' इस्लाम के प्रति एक सकारात्मक और समुचित रवैया अपनाते हैं, इस उपन्यास में भी और अन्यत्र भी। 'कंकर' उपन्यास के एक पात्र इख़लाक का अपनी प्रेमिका रूही से संवाद करते हुए यह कथन, इस संबंध में, ध्यान देने योग्य है; यह कथन 'रहबर' के दृष्टिकोण को संप्रेषित करता है जो इस प्रकार है—'मुझे इस्लाम के उस इन्कलाबी दौर पर नाज़ है जब हज़रत मुहम्मद ने अरबों की बुतपरस्ती और बोसीदा समाज के ख़िलाफ़ आवाज़ उठाई थी। कुरेशी ताज़रों और बुतपरस्तों ने उस आवाज़ को दबाने की लाख कोशिश की। लेकिन वह आवाज़ दब न सकी, क्योंकि वह किसी शख्स की नहीं, माहौल, हालात और वक्त की आवाज़ थी। गरीब और पसमादा अवाम ने उस आवाज़ को लक्के कहा और इस्लाम के झंडे तले जमा हो गए।… जो लोग महज़ कौमी कामयाबियों को देखते हैं और कहते हैं कि इस्लाम तलवार के ज़ोर से फैला है, वे उसके इन्कलाबी पहलू को भूल जाते हैं। असल चीज़ को नज़रअंदाज कर देते हैं। इस्लाम ने दुनिया को नया ख़्याल और नया फ़लसफ़ा अता किया है। इस फ़लसफ़े को लेकर इंसान आगे बढ़ा है, दुनिया आगे बढ़ी है और तहज़ीब आगे बढ़ी है।'

'बोले सो निहाल' उपन्यास में भी बुल्लेशाह और वारिस के उल्लेख और अन्य कई-एक प्रसंग इस बात की पुष्टि करते हैं कि 'रहबर' इस्लाम के प्रति एक सकारात्मक और उचित रवैया अपनाते हैं।

हंसराज 'रहबर' हमारे समय के एक बेहद प्रासंगिक साहित्यकार हैं। व्यवस्था के दरबार में समासीन प्रतिष्ठित व्यक्तियों को उन्होंने ललकारा है और राजनैतिक संगठनों की (चाहे वे पूँजीवादी हों या गैर-पूँजीवादी) खुलकर आलोचना की है। वे किसी की भी राय से प्रभावित नहीं होते, किसी भी प्रलोभन से समझौता नहीं करते। अपनी मस्ती, अपने निजी विचारों और स्वच्छंद प्रवृत्तियों के सहारे एक विजन पगडंडी पर वे अकेले चलते रहे हैं और अकेले चलते रहेंगे। उन पर अक्सर यह आरोप लगाया जाता रहा है कि उनका अधिकांश लेखन नकारात्मक है। ऐसा कहना उचित नहीं है।

'तिलक से आज तक', 'योद्धा स्वामी विवेकानंद', 'भगत सिंह : एक जीवनी', 'राष्ट्रनायक गुरुगोविंद सिंह', 'प्रेमचंद, जीवन और कृतित्व', 'प्रगतिवाद पुनर्मूल्यांकन'

जैसी पुस्तकें उनके सकारात्मक तथा स्वीकारात्मक लेखन की महत्त्वपूर्ण मिसालें हैं। हिंदी का बहुत-सा लेखन कलात्मक होते हुए भी कीटग्रस्त है। 'रहबर' का लेखन साफ़, सुथरा और सामाजिक चेतना-संपन्न है। उनकी जीवन-दृष्टि काम-ग्रस्त भी नहीं जैसी कि हमारे कई लेखकों की है। रहबर का साहित्य पठनीय और शिक्षाप्रद है। उससे हमें आगे बढ़ने की स्वस्थ प्रेरणा और शोषण-मुक्त नए समाज के निर्माण का संदेश मिलता है। उनकी भाषा में उर्दू और हिंदी के मिलेजुले स्वरूप का जीवंत प्रवाह है। शैली में कलावादी आतंक या बू नहीं है। कलावंत या कलाबाज़ होने की वे न तो मुद्राएँ ओढ़ते हैं और न ही उस तरह के मुखौटे लगाते हैं। अगर वे बहुत से नेताओं, लेखकों, बुद्धिजीवियों से सहमत नहीं हो पाते तो यह कोई गुनाह नहीं है। साहित्य, समाज और राजनीति के प्रति उनका दृष्टिकोण व्यापक है; संकीर्ण वे लोग हैं जो आलोचक 'ग्लासनोस्त' और 'पेरिस्त्रोइका' की गिरफ़्त में हैं। नितांत प्रतिक्रियावादी ढंग की कविताओं, कहानियों और उपन्यासों को रचनात्मक उपलब्धि कह कर मंडित किया जा रहा है। सारी रचनात्मकता अंधेरे कमरों के दरवाज़ों और उन कमरों के पंखों से टकराकर दम तोड़ती चिड़ियाओं के परिदृश्य तक सीमित होकर रह गई है। इस माहौल में श्रेष्ठ प्रगतिशील रचनाकार भीतर-ही-भीतर क्षुब्ध हैं और विकृत प्रवृत्ति के स्पष्ट और प्रच्छन्न प्रतिक्रियावादी लेखकों की बन आई है। वे निस्संकोच अपनी छद्म रचनात्मकता और संवेदन-शून्य प्रतिभा का बिगुल बजा रहे हैं। एक तरह से प्रगतिशील रचनाधर्मिता अग्निपरीक्षा के त्रासद दौर से गुज़र रही है। ऐसे में किसे पड़ी है कि कोई आलोचक अस्सी बरस की आयु में प्रवेश कर रहे वयोवृद्ध साहित्यकार हंसराज 'रहबर' के कथा-साहित्य को पढ़े और फिर, उस पर लिखे। एक आलोचक-प्रोफेसर ने तो उन्हें (तथा अस्सी बरस के ही एक अन्य लेखक श्री विष्णु प्रभाकर को) भी हाल ही में हुई जनवादी लेखक मंच द्वारा आयोजित 'रचना और संगठन' विषयक गोष्ठी में, जीते-जी मृतक घोषित कर दिया। यह घटना कोई पहली बार नहीं घटी। मुक्तिबोध के प्रतिद्वंद्वी एक प्रतिक्रियावादी लेखक-पर्यटक ने महाकवि निराला को भी एक बार इसी मुद्रा में मृतक घोषित किया था।

रहबर के प्रारंभिक उपन्यासों में कला के प्रति असावधानी बरती गई है लेकिन परवर्ती उपन्यासों में उनकी कला विकसित, परिमार्जित, परिपक्व और उत्कृष्ट होती गई है। 'कंकर' उपन्यास गोर्की की कृतियों की याद दिला देता है। अब 'दिशाहीन' उपन्यास को लें।

'दिशाहीन' उपन्यास में 'बगावत' या 'क्रांतिधर्मिता' के साथ खिलवाड़ करनेवाले युवक-युवतियों पर व्यंग्य किया गया है। स्वेच्छाचारी आचरणों में प्रतिबिंबित होनेवाली तथाकथित क्रांतिधर्मिता समाज-विरोधी आचरण और अराजक स्थितियों में परिणत होती है। यह एक तरह का भटकाव है जिसके फलस्वरूप व्यक्ति

वर्गचेतस सर्वहारा होने की बजाय दिशाहारा हो जाता है। ऐसा जीवन अंततः विडंबना और विद्रूप का विषय बनता है। उपन्यास का उद्देश्य भटकी हुई नौजवान पीढ़ी को सावधान करते हुए भटकाव के रास्ते से हटा कर सही दिशा की ओर लाना है। उपन्यास रोचक भी है और शिक्षाप्रद भी। लेखक रचना-धर्म की शर्त पर संदेश-बखान नहीं करता। लाला श्री चंद का व्यक्तित्व एक जटिल और संश्लिष्ट चरित्र है जो आज के समय की विशेषता है। वह समसामयिक सेठों का प्रोटोटाइप भी है। ऋषिकेश के निकट कदलीवन निवासी स्वामी भैरवनाथ सरस्वती के शिष्य स्वामी एकनाथ का चरित्र भी समसामयिक धार्मिक संदर्भों को उजागर कर देता है। इसी प्रकार का एक नारी-चरित्र भी है जो श्रद्धा-माता के रूप में हर नगर के किसी न किसी मुहल्ले में मिल ही जाएगा तथा धर्म के नाम पर धंधा करनेवाली प्रौढ़ाओं की भरसक याद दिलाएगा। दूसरी ओर 'भाभी' का चरित्र हमारे समाज में अक्सर पाई जानेवाली उन ममतामयी वृद्धाओं का स्मरण करा देता है जो माता शब्द को वस्तुतः चरितार्थ करती हैं। इस उपन्यास में शायद कथाकार यह मंतव्य ध्वनित करता है कि सामाजिक व्यवस्था को बदले बिना पारिवारिक रिश्तों में सुधार लाना संभव नहीं है। पारिवारिक व्यवस्था में क्रांति कर देने की व्यक्तिगत आकांक्षाएँ और प्रयास प्रायः अराजकतापूर्ण स्थितियों की ओर ले जाते हैं।

'मिथक की मौत' में एक अमीर अविवाहित युवती चूहों और बिल्लियों से खेलती है। उनके 'विवाह' पर धन का अपव्यय करती है। धन का बढ़ जाना मनुष्य को फूहड़ उत्सववादिता का शिकार बना देता है, इसी तथ्य को इस उपन्यास में कलात्मकता और व्यंग्य के साथ कथाबद्ध किया गया है। प्रगतिशील कथाकार और विश्वभर के अधिकांश उपन्यासों के गंभीर अध्येता रमाकांत का कहना था कि इस उपन्यस में हंसराज 'रहबर' का कथाकार अपनी पूरी ऊर्जस्विता के साथ सामने आता है। लेकिन 'पंखहीन तितली' को रमाकांत ने 'रहबर' की एक 'अति साधारण कृति' की संज्ञा दी थी। 'किस्सा तोता पढ़ाने का' के बारे में रमाकांत का कथन है कि यह कृति एक सशक्त व्यंग्य-कृति के रूप में अपेक्षित ढंग से विकसित नहीं हो पाई। (देखें, 'संघर्षशील लेखन की भूमिका : रहबर'—संपादक धर्मेन्द्र गुप्त; लेखकीय मूल्य शीर्षक के अंतर्गत रमाकांत की टिप्पणी।)

तथापि 'किस्सा तोता पढ़ाने का' की व्यंग्य-धर्मिता को नज़रअंदाज़ नहीं किया जा सकता। एक मामूली परिवार असामाजिक कार्य करके रईस हो जाता है और फिर मुनाफ़ाखोरी, धंधेबाज़ी, निर्धन जनता के शोषण और सत्ता के साथ साँठ-गाँठ करता हुआ देश का एक प्रतिष्ठित 'घराना' बन जाता है। तीन पीढ़ियों के अंतराल के बाद सेठ परिवार देश की सांस्कृतिक साहित्यिक, और कलात्मक गतिविधियों का संचालन और नियंत्रण करने लगता है, इस पूरी प्रक्रिया को रचनात्मक कथा में ढाल कर 'रहबर' ने एक गंभीर सांस्कृतिक भूमिका अदा की है। यहाँ रहबर ने अपने

समकालीन उन रचनाकारों से भी छेड़छाड़ की है जो ऐसे सेठ 'घरानों' के यहाँ 'तोते पढ़ाने' जैसी चाकरी करते-करते स्वयं उनके कनक-पिंजरों की शोभा बढ़ाते हैं। इन्हीं 'तोतों' को पुरस्कारों/सम्मानों द्वारा महान् कलाकार घोषित किया जाता है और रहबर जैसे सामाजिक लेखक और जागरूक को उसका उचित देय भी मिल नहीं पाता। यह उपन्यास लेखक की इसी व्यथा-कथा का औपन्यासिक दस्तावेज़ है।

'किस्सा तोता पढ़ाने का' एक मध्यम वर्गीय लेखक के सामाजिक अधःपतन की भी कथा कहता है। यह उन सृजनधर्मी बुद्धिजीवियों पर व्यंग्य करता है जो यश और धन की लिप्सा से ग्रस्त होकर सेवाश्रित हो जाते हैं और उनके यहाँ सृजन-विरोधी चाकरी करने लगते हैं। पतन इतना गहरा और सोचनाक होता है कि वे धीरे-धीरे इसी सृजन-विरोधी चाकरी को अपनी कलात्मक-विशिष्टता अथवा संवेदन-वैशिष्ट्य (ID'IOSYNCRASY) के रूप में महिमामंडित करते हैं। यह उपन्यास कला के छद्म-मूल्यों का दुशाला ओढ़ लेने की मुद्राओं को दिगंबर करता है। ऐसा कलाकार सृजन-विरोधी कर्म और सुविधा-भोगी दिनचर्या में रमता हुआ भोगविलास और अनाचार में लिप्त होकर अपने पारिवारिक और सामाजिक दायित्व से उदासीन होता जाता है। फिर इसी उदासीनता पर वह 'पराचेतना की निर्द्वंद्वता' या 'मौन समाधि' का मुखौटा लगाता है। चूँकि सेठ-परिवार कलात्मक, सांस्कृतिक गतिविधियों को काले बाज़ार में अर्जित पूँजी द्वारा नियंत्रित और संचालित कर रहा होता है, वह इस चाकर कलाकार को अपने कला संबंधी समारोहों में पुरस्कृत और सम्मानित करता हुआ प्रचारित और विज्ञापित करता रहता है। नतीजा यह होता है कि मनीष नाम का यह चाकर, चाटुकार और मितभाषी कलाकार अपने समय के एक 'विशिष्ट और अद्वितीय' कलाकार के रूप में साहित्य के मंच पर थोप दिया जाता है। स्वतंत्रता के बाद हमारे बहुत से आश्रित बुद्धिजीवियों और रचनाकारों के सांस्कृतिक पतन की इस शर्मनाक त्रासदी को रहबर ने पैनी सूझ-बूझ और जागरूक जीवन-दृष्टि के साथ चित्रित किया है। उर्दू-हिंदी मिश्रित व्यंग्यात्मक गद्य की यह शैली बालमुकुंद गुप्त और प्रेमचंद की परंपरा की याद दिलाती है। ग़म की यह कहानी मज़े ले-ले कर अपने लहज़े में कही गई है।

'बिना रीढ़ का आदमी' का लेखक हमारे सामाजिक और राजनैतिक परिदृश्य को केंद्र में रखकर अपने समय की एक प्रतीकात्मक कथा कहता है। संक्षेप में कहानी इस प्रकार है (जो कि पुस्तक के फ्लैप पर भी मुद्रित है) : 'हमारी बूर्ज्वा राजनीति के गर्भ से दो जुड़वाँ बच्चों ने जन्म लिया, उनकी पीठें आपस में जुड़ी हुई थीं। उनका अलग-अलग होना संभव नहीं था। इसलिए दोनों इसी साहित्य, समाज और राजनीति को एक-दूसरे से काटते हैं।' रहबर इन तीनों विषयों में अंतर्निहित संबद्धता को पहचानते हैं। इसीलिए राजनीति और समाज उनकी रचनाओं में देश-काल-व्यापी संदर्भों के साथ उपस्थित रहते हैं। वे अपनी आत्मकथा लिख चुके हैं, जिसके 'मेरे

सात जन्म' शीर्षक से चार खंड प्रकाशित हो चुके हैं। यह आत्मकथा मात्र आत्मकथा न होकर उस युग की कथा है जिसमें 'रहबर' एक भरपूर और सार्थक ज़िंदगी जीते रहे हैं। दूसरे शब्दों में यह इस सदी के अविभाजित भारत की साझी-संस्कृति की एक महाकाव्यात्मक गाथा है।

'रहबर' जैसे लेखकों का जो समाज मूल्यांकन नहीं करता वह आत्महत्या करता है। 'रहबर' के व्यक्तित्व और कृतित्व में खामियाँ हैं; यहाँ कौन है जिसमें खामियाँ नहीं हैं ? चाटुकारों और मठाधीशों का आए दिन अभिनंदन हो और 'रहबर' अस्सी साल तक उपेक्षित रहें, यह हमारे लोकतांत्रिक समाज की विडंबना है। यही कारण है कि 'रहबर' से 'हंसराज' साक्षात्कार करने के लिए विवश थे। यही कारण है कि 'रहबर' अपने बारे में कहने के लिए अभिशप्त होते हैं कि प्रेमचंद के बाद मैंने ही कहानी को आगे बढ़ाया है। (देखें नवभारत टाइम्ज़, दिनांक 8 मार्च, 1992, रविवार्ता में 'हंसराज की रहबर' से एक वार्ता)।

उर्दू के समसामयिक कवि कृष्ण मोहन की एक कविता को उद्धृत करना अप्रासंगिक न होगा :

'एक मैं वो है, जिसे
दुनिया समझती है कि है
एक मैं वो हूँ, जिसे
मैं खुद समझता हूँ कि हूँ
एक मैं वह है कि जो
दरअस्ल है।'

एक रहबर वो है जिसे दुनिया बहुत कम करके आँक रही है। एक रहबर वो है जिसे रहबर कुछ ज़्यादा करके आँक रहे थे। लेकिन एक रहबर है कि जो दरअस्ल है।

व्यंग्य का सर्जनात्मक कर्म

(हरिशंकर परसाई के संदर्भ में)

हरिशंकर परसाई ने परिमाण और गुण दोनों ही दृष्टियों से एक जनवादी कथाकार के दायित्व की पूर्ति की है। व्यंग्य-कथा ने आज हिंदी में एक विशिष्ट विधा के रूप में जो अपनी पहचान बनायी है, इसका नब्बे प्रतिशत श्रेय परसाई की रचनाओं को है। व्यंग्य-रचना उनके लिए देश-विदेश के अनेकानेक व्यंग्यकारों की तरह मात्र 'फनी थिंग्ज'[1] (हास्यजनक विषय-वस्तु) नहीं है; वह 'विद्रूप का उद्घाटन', 'पर्दाफाश', 'करारी चोट', 'गहरी मार' या सिर्फ झकझोर देने[2] की प्रक्रिया का एक लंबा सिलसिला ही नहीं है; यह तो गहरे और व्यापक 'सामाजिक-राजनैतिक अर्थ-संकेतों'[3] की संप्रेषक सर्जनात्मक प्रक्रिया का एक अंग है। ऐसी सर्जनात्मक प्रक्रिया तभी तक जीवंत और सार्थक रह पाती है जब तक कि वह समष्टि से अपनी ऊर्जा ग्रहण करती रहे। यह सर्जनात्मक प्रक्रिया व्यापक और गहन जीवन-बोध, वैज्ञानिक विश्वदृष्टि, रचनाकार की आस्था और विश्वास पर निर्भर रहती है। अपने आर्थिक, सामाजिक, राजनैतिक और सांस्कृतिक परिवेश के प्रति एक साथ संवेदनात्मक और आलोचनात्मक संवाद स्थापित करती हुई, उसके प्रति क्रियावान, प्रतिक्रियावान होती हुई, उसकी विसंगतियों के व्यापक और गहन अहसास को एक तर्कसंगत परिणति प्रदान करती हुई वह हमें और अधिक जागरूक और मानवीय बने रहने का सुझाव देती है। सामंती, अर्द्ध-सामंती, अर्द्ध-पूँजीवादी और पूँजीवादी मानसिकता से उत्पन्न विकृत रुचियों को गुदगुदाने की बजाय वह आदमी की चेतना को प्रखर और धारदार बनाने में अपनी सांस्कृतिक-साहित्यिक भूमिका का निर्वाह करती है। व्यंग्य-रचना की ऐसी सर्जनात्मक प्रक्रिया से भी कुछ 'आत्ममुग्ध स्वतंत्रचेता' बुद्धिजीवियों को उपदेश की गंध आती है (क्योंकि उनकी नासिकाएँ व्यक्तिवाद के विषाणुओं को सूँघ-सूँघकर लगभग सड़ गई हैं)। ऐसे परिभू स्वयंभू-ओं को आचार्य मम्मट के इस वाक्य की

---

1. सदाचार का तावीज़, कैफियत, भारतीय ज्ञानपीठ प्रकाशन, 1971, पृ. संख्या 5
2. वही
3. वही

याद दिलाना अप्रासंगिक न होगा—"""व्यवहार विदे, शिवेतर क्षतये। कांता सम्मतयो उपदेश युजे" साथ ही ऐसे 'बुद्धिजीवी' अक्सर वही होते हैं जो (परसाई के ही शब्दों में) "किसी के प्रति दायित्व का कोई अनुभव नहीं करते। वे सिर्फ अपने को मनुष्य मानते हैं और सोचते हैं कि हम कीड़ों के बीच रहने के लिए अभिशप्त हैं। ये लोग तो कुत्ते की दुम में पटाखे की लड़ी बाँधकर उसमें आग लगाकर कुत्ते के मृत्यु-भय पर भी ठहाका लगा लेते हैं।"[1] शायद इसी तरह की मानसिकता एक समय रूस में भी वहाँ के 'बुद्धिजीवियों' पर हावी हो गई थी जिसका हवाला देते हुए मैक्सिम गोर्की ने अपने 'व्यक्तित्व का विघटन' शीर्षक निबंध में लिखा था—"हमारे देश में एक नयी किस्म का लेखक पैदा हुआ है—एक पब्लिक मसखरा, एक विदूषक किस्म का लेखक, जो सस्ते मनोरंजन के भूखे फिलिस्टाइन लोगों की विकृत रुचियों को गुदगुदाने का काम करता है। ऐसा व्यक्ति 'देश' की नहीं 'पब्लिक' की सेवा करता है। उसकी सेवा ऐसे आदमी की सेवा नहीं है जिसे अपनी साक्षी देने और अपना निर्णय सुनाने के लिए आमंत्रित किया गया है; बल्कि, उसकी सेवा इस प्रकार की है जैसे एक मेढक-भक्षी गरीब आदमी अपने मालिक की खिदमतगारी करता है। वह पब्लिक में अपने-आपको ही मुँह बिचकाता है और स्वयं अपना मखौल उड़ाता है।"[2]

निश्चय ही ऐसे 'व्यंग्य-लेखकों' की रचना-प्रक्रिया और परसाई की सर्जनात्मक प्रक्रिया में एक गुणात्मक अंतर है। उदाहरण के लिए 'गेहूँ का सुख' शीर्षक उनकी एक छोटी-सी व्यंग्य-रचना है। लेखक अपने घर से ही प्रारंभ करता है—"भाई ने ठेले पर से बोरे उतरवाकर बरामदे में रखवाये और एक हाथ कमर पर रख दूसरे से पसीना पोंछते हुए कुछ इस तरह मेरी ओर देखा मानो कह रहा हो"आज देखो मेरी सामर्थ्य ! तुम कभी इतना गेहूँ लाये ? ठीक कहता है। मुझसे कभी यह नहीं बना। जो-जो मुझसे कभी नहीं बना, यह भाई कर दिखा रहा है।" इसके बाद बातचीत का सिलसिला काले बाजार में गेहूँ के बोरों की ओर हमारा फोकस ले जाता है—"एक जून का आटा अँगोछे में बाँधकर चलनेवाले को सजा हो जाती थी और उधर हजारों बोरे गेहूँ रातोंरात सीमा पार हो जाता था।" यहाँ आकर लेखक सामाजिक अन्याय के एक वर्ग-विशिष्ट पक्ष की ओर हमारा ध्यान आकर्षित करता है—"न्याय को अंधा कहा गया है—मैं समझता हूँ, न्याय अंधा नहीं काना है, एक ही तरफ देख पाता है।" व्यंग्य यहाँ तक पहुँचते-पहुँचते एक सार्थक परिणति का रूप लेने लगता है। यानी न्याय की पक्षधरता देखिए, वह अँगोछे में आटा बाँधकर ले जानेवाले ग़रीब को नहीं बख्शता, क्योंकि उसे एक आँख से ही दिखाई देता है, लेकिन अपने दाहिनी तरफ का कालाबाजार उसे दिखाई नहीं देता। अतः न्याय अंधा

1. सदाचार का तावीज़, कैफियत, भारतीय ज्ञानपीठ प्रकाशन, 1971, पृ. 10
2. 'व्यक्तित्व का विघटन' : गोर्की। अनुवादक : शिवदान सिंह चौहान, श्रीमती विजया चौहान। राजकमल प्रकाशन, दिल्ली; 1969; पृ.सं. 72

नहीं है, काना है। इसी के पीछे एक और महत्त्वपूर्ण अर्थ-संकेत है। प्रायः यह धारणा रही है कि काने की एक रग फालतू होती है। जो अंधा है, वह सहानुभूति का अधिकारी हो जाता है, लेकिन काना, वह तो काइयाँ भी होता है। विद्यमान न्याय-प्रणाली के प्रति कोई सहानुभूति रखने की जरूरत नहीं है। वह एक तरह के काइयाँपन पर आधारित है। इसके बाद लेखक भूलोक से स्वर्गलोक का दृश्यावलोकन कराता हुआ कहता है—"आदम इस न्याय धर्म का शिकार हुआ। स्वर्ग के निवासियों को गेहूँ खानेवाले से इतनी नफरत क्यों हुई ? ''स्वर्ग के वासियों ने सोचा होगा कि आदमी को गेहूँ का चस्का लग गया है; अब यह गेहूँ पैदा करेगा, खेत जोतेगा, अनाज बोयेगा, फसल काटेगा—यानी परिश्रम करेगा। वे स्वयं तो बिना खुद पैदा किया खाद्य खाते थे। जिन्हें पसीना सिर्फ गरमी और भय से आता है, वे श्रम के पसीने से बहुत डरते हैं। स्वर्ग के आलसी, निठल्ले, परोपजीवी निवासी कर्मी मनुष्य से डरे होंगे और घबड़ाहट में उसे बाहर निकाल दिया होगा।" रचनाकार प्रकारांतर से यह व्यंजित कर रहा है कि 'स्वर्गलोक' की कल्पना आलसी, निठल्ले और परोपजीवी वर्ग ने की थी। इसके अतिरिक्त यह भी व्यंजित किया गया है कि श्रम के पसीने से डरे हुए 'देवताओं' और अपने परिश्रम से अपनी जीविका अर्जित करनेवाले आदमियों का संघर्ष बहुत पुराना है।

लेखक पुनः अपने घर की ओर लौटता है—"गेहूँ के बोरे ने जादू कर दिया। कल भाई-बहन में किसी बात पर खटपट हो गई थी। आज दोनों ने बोरे का एक-एक सिरा पकड़कर घसीटा तो मन मिल गया। बोरा सेतु बन गया।" व्यंग्य यह है कि यह गेहूँ का बोरा ही मानव और मानव के बीच सेतु बन सकता है क्योंकि इसका अभाव ही संघर्ष को जन्म देता है। अन्न का अभाव ही बहुतेरे क्लेशों का एक प्रमुख कारण है।

अंत में रचनाकार की टिप्पणी एक विशिष्ट अर्थ-संकेत की वाहक है—"कुछ लोग गेहूँ की बात को 'भौतिक' कहकर मुँह चिढ़ाते हैं। अगर भौतिक बुरा है तो सबसे बड़ी भौतिक क्रिया तो जन्म धारण करना है। तो भाई, भौतिकता से पिंड छुड़ाने के लिए मरते क्यों नहीं ? उपनिषद् का वह ब्रह्मचारी मूर्ख नहीं था, जिसने छूटते ही कहा कि अन्न ब्रह्म है। लेकिन अब कुछ लोग गेहूँ से गुलाब की ओर इस तरह ले जाते हैं, जैसे गेहूँ ज़रूरत से ज़्यादा हो गया, इसलिए गुलाब की खेती करनी चाहिए।" यहाँ गुलाब के बहाने बूर्ज्वा सौंदर्य-चेतना और गेहूँ के बहाने मानव की आत्यंतिक आवश्यकता के बीच के अंतर्विरोधों को व्यंजित किया गया है। गुलाब के मुकाबिले परसाई गेहूँ को तरजीह देते हैं। गेहूँ की बालों से लहलहाते खेतों का सौंदर्य गुलाब की क्यारियों के सौंदर्य से निस्संदेह उन्नत स्तर का होता है। यही वह अंतर है जो दो तरह की मानसिकताओं को अलग कर देता है। परसाई के व्यंग्यों में गुलाबी मानसिकता का मज़ाक उड़ाया जाता है। गेहूँ यहाँ मानव-समाज की

आवश्यकताओं को तरज़ीह देनेवाली सामाजिक चेतना का प्रतीक बन जाता है। 'भौतिक चेतना' कहकर मुँह बिचकानेवाले 'अध्यात्मचेताओं' की खबर लेते हुए परसाई उपनिषद् के ही ब्रह्मचारी का हवाला देते हैं "⋯जैसे गेहूँ ज़रूरत से ज़्यादा हो गया⋯" कहते हुए उस राजनीति की ओर इशारा करते हैं जो जनता का ध्यान असली मुद्दों और आवश्यक समस्याओं से हटाती हुई तथा फालतू और अनावश्यक किस्म की समस्याओं में उलझाये रखती हुई अपना उल्लू सीधा करती जाती है।

इस प्रकार 'गेहूँ का सुख' शीर्षक व्यंग्य-रचना का उदाहरण देते हुए, बानगी के तौर पर, मैंने यह स्पष्ट करने की कोशिश की है कि परसाई की सचेतन और व्यापक व्यंग्य-रचनाओं में किस प्रकार एक सिलसिलेवार बातचीत की-सी विधा होती है, बोलचाल की भाषा में बातचीत का यह सिलसिला किस प्रकार व्यक्ति से समष्टि की यात्रा तय करता हुआ एक तर्कसंगत परिणति का स्वरूप ग्रहण कर लेता है और इस यात्रा में मार्ग के दोनों ओर पड़नेवाले, सारे जीवन-संदर्भों को ध्वनित करता हुआ तथा एक कुशल योद्धा की तरह अपने अनुभव-कोष के तूणीर से व्यंग्यों की बाणवर्षा करता हुआ अग्रसर होता है। इन जीवन-संदर्भों में 1. व्यक्तिगत सुख-दुःख, राग-द्वेष, 2. पारिवारिक और सामाजिक समस्याएँ 3. राजनैतिक, आर्थिक, धार्मिक, और अन्य प्रकार के अनेकानेक प्रसंग शामिल होते हैं। इस यात्रा के अंतिम पड़ावों के रूप में रचनाकार नये युग के क्रांतिकारी जीवन-मूल्यों को संप्रेषित करता है।

परसाई की व्यंग्य-रचनाओं में व्यंजित अर्थ-संकेतों को ग्रहण करने के लिए एक जागरूक मानसिकता की अपेक्षा रहती है। वरना अक्सर ऊपरी और सतही छींटाकशी का आनंद तो मिल जाता है लेकिन अभिप्रेत अर्थ-संकेतों की ओर पाठक का ध्यान नहीं जाता। उनकी प्रत्येक व्यंग्य-रचना की तह में मानवीय करुणा और मानवीय कल्याण के गंभीर अहसास की अंतर्धारा होती है। "Reader will have to prepare himself" का आधुनिक पाश्चात्य साहित्य-सिद्धांत यहाँ पूरी तरह लागू होता है। बहरहाल पाठक के लिए सिर्फ इतनी तैयारी करना पर्याप्त होता है कि उसकी गुलाबी मानसिकता टूट जाए और वह गेहूँवाली मानसिकता अपना ले। यह कोई आश्चर्य की बात नहीं है; निराला ने 'कुकुरमुत्ता' की रचना हिंदी पाठकों की गुलाबी मानसिकता को तोड़ डालने के लिए ही तो की थी !

मानवीय करुणा और मानवीय कल्याण के गंभीर, गहरे और व्यापक अहसास की अंतर्धारा के उल्लेख के रूप में उनकी दो व्यंग्य-कथाओं 'इंस्पेक्टर मातादीन चाँद पर' और 'मन्नू भैया की बारात' के उदाहरण देना अप्रासंगिक न होगा। 'इंस्पेक्टर मातादीन चाँद पर' अपने सतही रूप में पुलिस की ज्यादतियों (Police excesses) की ओर देश की जनता का (और देश के कर्णधारों का) ध्यान ले जानेवाली एक व्यंग्य-कथा है जो फैंटेसी की शैली में लिखी गयी है। अपने-आपमें सतही तौर पर सही, यह भी कोई कम महत्त्वपूर्ण उपलब्धि नहीं है। लेकिन, इस व्यंग्य-कथा की

सार्थक परिणति उस मानवीय करुणा और मानवीय कल्याण के गंभीर, गहरे और व्यापक अहसास के संप्रेषण में है जो उक्त कथा की अंतिम पंक्तियों में व्यंजित की गई है—''आपके मातादीन ने हमारी पुलिस को जैसा कर दिया है, उसके नतीजे ये हुए हैं—कोई आदमी किसी मरते हुए आदमी के पास नहीं जाता, इस डर से कि वह कत्ल के मामले में फँस जाएगा। बेटा बीमार बाप की सेवा नहीं करता। वह डरता है, बाप मर गया तो उस पर कहीं हत्या का आरोप नहीं लगा दिया जाए''बच्चे नदी में डूबते रहते हैं और कोई नहीं बचाता, इस डर से कि उस पर बच्चों को डुबाने का आरोप न लग जाए।''

जरा पाठक गौर करें कि देश की आम जनता कितने भयावह संत्रास में जी रही है। (वो बात भला क्या बिगड़ेगी जो बात यहाँ तक आ पहुँचे) यदि थोड़ी भी मानवीय संवेदना हो तो समाज की यह स्थिति हृदय को हिला देती है। मानवीय करुणा का यह अहसास एक अर्थपूर्ण आक्रोश की दिशा में सक्रियता प्रदान करता है।

इसी तरह 'मन्नू भैया की बारात' शीर्षक व्यंग्य-कथा के ऊपरी कलेवर में बारातियों का उचक्कापन ही उभरता है; लेकिन कन्या के पिता की मृत्यु पर जो कारुणिक अवसाद उभरता है, वह किसी भी बेटीवाले के लिए 'रोदिति ग्रावाऽपि, गलति वज्रस्य हृदयम्' से कुछ कम नहीं है। भारतीय परिवारों में विवाह के महोल्लास की पृष्ठभूमि में कन्या का पिता कितना अभागा होता है, इस तथ्य का जितना गहरा अहसास यह व्यंग्य-कथा कराती है, समीक्षा की शैली में उसका संकेत कर पाना भी असंभव प्रतीत होता है।

विषय-वस्तु की व्यापकता और विविधात्मकता की दृष्टि से परसाई की व्यंग्य-रचनाओं का एक विराट संसार है। मानव, समाज और प्रकृति (जिसमें मानव-प्रकृति भी शामिल है) से संबंधित शायद ही कोई ऐसा विषय हो जिस पर उनका ध्यान नहीं गया। धर्म, दर्शन, राजनीति संबंधी सभी समस्याओं पर उनका ध्यान जाता है। धर्मांधता, मतांधता, विचारांधता ('संस्कारों की लड़ाई', 'भारत को चाहिए जादूगर और साधू'), छद्म कर्मशीलता, और झूठे प्रकृति-प्रेम ('आचार्य जी, एक्सटेंशन और बागीचा'), और छद्म बुद्धिजीविता ('बुद्धिवादी') की उन्होंने कड़ी और निर्मम आलोचना की है। सुविधाभोगी थैलीशाहों ('असुविधाभोगी'), जमाखोरों ('जमाखोर की क्रांति'), भ्रष्ट और अवसरवादी राजनैतिक नेताओं ('राजनीति का बँटवारा'), जन-जीवन से कटे भ्रष्ट प्रोफेसरों ('बेताल की छब्बीसवीं कथा'), कुत्ते की तरह फेथफुल ब्यूरोक्रैटों ('साहब महत्त्वाकांक्षी'), चुनाव के दिनों में नयी नस्ल की तरह पैदा होनेवाले राजनैतिक कार्यकर्त्ताओं ('धर्मक्षेत्रे कुरुक्षेत्रे'), सेक्स-त्रस्त साधुओं ('राग-विराग'), देशद्रोहियों, समाज-विरोधी तत्त्वों ('चावल से हीरे तक') और प्रतिक्रियावादियों की उन्होंने निर्भय होकर भर्त्सना की है। झूठी प्रतिष्ठा ('लघुशंका

न करने की प्रतिष्ठा'), झूठी साहित्यिकता ('अमरता'), महत्वाकांक्षा ('साहब महत्त्वाकांक्षी'), झूठी देशभक्ति ('देश के लिए दीवाने आये'), उत्सववादिता ('अकाल-उत्सव') आदि जैसी कितनी ही मनुष्य और समाज की कमज़ोरियों की उन्होंने आलोचना की है। अपने देश-काल और समाज का कोई ऐसा क्षेत्र नहीं बचा होगा जिसकी विसंगतियों और विडंबनाओं का उन्होंने चित्रण न किया हो। मनोवृत्तियों की तह में जमे हुए हर तरह के पाखंड को उन्होंने अपनी कलम से कुरेदा है। किसी व्यंग्य-रचना में आलोचना का केंद्र व्यक्ति है ('एक तृप्त आदमी') तो किसी में पूरा मोहल्ला है ('एक लड़की, पाँच दीवाने'); किसी में नगर ('कर कमल हो गये') तो किसी में पूरा देश ('पेट का दर्द और देश का')। रचना-सामग्री का इतना व्यापक आयाम शायद ही किसी समकालीन कथाकार ने संजोया हो। कहीं-कहीं तो एक ही व्यंग्य-कथा के अंतर्गत एक ही स्वीप (Sweep) में व्यापक से व्यापकतर उड़ानें भरती हुई उनकी प्रतिभा आश्चर्यचकित कर देती है। पेट के दर्द से शुरू करते हैं और देश के दर्द पर खत्म करते हैं। लेकिन संवाद का सिलसिला नहीं टूटता और तर्क की संगति बनी रहती है।

विधा और स्वरूप दोनों ही दृष्टियों से उन्होंने बहुविधात्मक और बहुरूपात्मक व्यंग्य-साहित्य की सृष्टि की है। विधा की दृष्टि से यदि देखें तो कुछ व्यंग्य-रचनाएँ निबंधपरक हैं जैसे 'भूत के पाँव पीछे' शीर्षक पुस्तक में संकलित रचनाएँ तो कुछ रचनाएँ टिप्पणियों के रूप में हैं, जैसे 'अपनी-अपनी बीमारी'। कुछ इंटरव्यूपरक हैं, जैसे 'सज्जन, दुर्जन और कांग्रेस जन', 'प्रजावादी समाजवादी', 'लोहियावादी समाजवादी'। कुछ संस्मरणपरक, जैसे 'बारात की वापसी'। कुछ लघु कथात्मक, जैसे 'हनुमान की रेलयात्रा'। कुछ मिनी कथाएँ भी हैं (लघुतम आकार की ऐसी कुछ छोटी-छोटी कथाएँ मंटो ने भी लिखी थीं)—जैसे 'मित्रता', 'देवभक्ति', 'जाति', 'लिफ्ट', 'खेती' आदि। ये 'सदाचार का तावीज' में संकलित हैं। कुछ लंबी कहानी हैं, जैसे 'एक लड़की पाँच दीवाने'। कुछ लघु उपन्यास, जैसे 'ज्वाला और जल', 'तट की खोज', 'रानी नागफनी की कहानी' आदि-आदि। स्वरूप की दृष्टि से भी इन व्यंग्य-रचनाओं के अनेक प्रकार हैं। फैंटेसीपरक कथाएँ, जैसे 'प्रेमियों की वापसी' जिसमें नायक-नायिका प्रेम करने की स्वतंत्रता न मिलने पर आत्महत्या कर लेते हैं लेकिन स्वर्गलोक में प्रेम करने की स्वतंत्रता से ही ऊबकर वापस भूलोक में आना चाहते हैं। कुछ कथाएँ मिथक और पुराण प्रसंगात्मक हैं, जैसे—'लंका विजय के बाद', 'सुदामा के चावल'। कुछ बैताल कथाओं की शैली में हैं—जैसे 'बैताल की छब्बीसवीं कथा' आदि। कुछ कथाओं में फैंटेसी और मिथक के मिश्रित प्रयोग हैं—जैसे 'भोलाराम का जीव', 'त्रिशंकु बेचारा'। लघु प्रेमाख्यानों के रूप में भी कुछ प्रयोग किए हैं। आधुनिक भारतीय फिल्मों की चलताऊ कथानक-रूढ़ियों पर एक महत्त्वपूर्ण व्यंग्य-कथा ('एक फिल्म कथा') है जो फिल्मी कथानक के ही रूप में अभिकल्पित

है। इस कहानी को पढ़ने के बाद फिल्मों के कथानक संबंधी सारे टोटकों और नुस्खों की कुंजी मिल जाती है और फिर कोई आधुनिक फिल्म देखने की ज़रूरत नहीं रह जाती। कुछ कहानियाँ दिनचर्यात्मक विवरणों के रूप में लिखी हैं—जैसे 'दस दिन का अनशन'। कहानियों के इतने तरह-तरह के प्रयोग हिंदी में और किसी भी कहानीकार ने नहीं किये।

कुल मिलाकर बड़ी-छोटी रचनाओं की गिनती करें तो उन्होंने लगभग एक हजार से ज्यादा व्यंग्य-रचनाएँ की हैं। प्रत्येक रचना सर्जनात्मक क्षमता और मूल्यवत्ता का पारदर्शी क्रिस्टल है। परिमाण और गुण दोनों ही दृष्टियों से उन्होंने एक महान् रचनाकार के दायित्व की पूर्ति की है।

निष्कर्ष रूप में यह कहा जा सकता है कि परसाई ने अपनी रचनाओं द्वारा मानव-समाज के कलुष और अशिव पक्ष को क्षत-विक्षत करने की भरसक कोशिश की है। व्यक्तिगत, पारिवारिक, सामाजिक जीवन के सभी क्षेत्रों से अनुभवों को बटोरते हुए, इस प्रक्रिया में अपने पैने आब्जर्वेशनों का इस्तेमाल करते हुए, अपनी जागरूक और वैज्ञानिक विश्वदृष्टि द्वारा उन्हें एक तर्क-संगत परिणति प्रदान करते हुए और इस पूरे प्रॉसेस में अपनी प्रतिभा का उत्तरोत्तर विकास करते हुए व्यंग्य-लेखन के क्षेत्र में उन्होंने एक ऐसी सिद्धावस्था प्राप्त कर ली है जिसका मूल्यांकन करना अतिशयोक्ति कहला सकता है। क्योंकि, जीवनकाल में ही लेखक का मूल्यांकन करना हिंदी की परंपरा के अनुकूल नहीं है; ऐसे किसी भी मूल्यांकन को 'स्तुति', 'पक्षपात' या 'प्रशस्ति' आदि के फतवे दिए जा सकते हैं। तथापि यह तो कहा ही जा सकता है कि पूँजीवादी-अर्द्धसामंती माहौल में मानव के निरंतर होते हुए अवमूल्यन को इस रचनाकार ने बड़े सार्थक और सटीक ढंग से चित्रित किया है। प्रेमचंद ने कहा था कि साहित्य समाज की आलोचना है। इस दृष्टि से हरिशंकर परसाई हमारे समकालीन समाज के सबसे समर्थ समालोचक हैं। इस आलोचना करने के जो जोखिम होते हैं, उन्हें उन्होंने निर्भय होकर आगे बढ़ते हुए अंगीकार किया है। शाहेवक्त की भी उन्होंने कड़ी-से-कड़ी आलोचना की है। 'उखड़े खंभे' शीर्षक उनकी प्रसिद्ध व्यंग्य-कथा में उस ऐलान का संदर्भ है जो भूतपूर्व प्रधानमंत्री श्री जवाहरलाल नेहरू ने मुनाफाखोरों के खिलाफ किया था। इस व्यंग्य-कथा में जब मुनाफाखोरों को बिजली के खंभे से लटकाए जाने की घोषणा की जाती है तो रातोंरात सब खंभे उखाड़ दिए जाते हैं। मुनाफाखोरों को दंड देने के श्री नेहरू के हवाई साहस की जो परिणति हुई वह इतिहास के तर्क को देखते हुए स्वाभाविक ही थी। इसी प्रकार 'अकाल-उत्सव' शीर्षक फैंटेसी में रचनाकार को अनेक दुःस्वप्न आते हैं। ऐसी ही एक दुःस्वप्न में भूखी जनता "विधान सभा और संसद की इमारतों के पत्थर और ईंटें काट-काटकर" खाती हुई दिखाई देती है। 'भोलाराम का जीव' शीर्षक फैंटेसी में हम देखते हैं कि रिटायर्ड कर्मचारी भोलाराम की मृत्यु हो चुकी

है। स्वर्गलोक में धर्मराज परेशान हैं कि भोलाराम के प्राण-पखेरू उड़ने के पाँच दिन बाद भी उसका जीव स्वर्गलोक में नहीं पहुँचा। बाद में भू-लोक की खाक छान लेने के बाद नारद मुनि यह पता लगाने में सफल होते हैं कि भोलाराम का जीव तो उसके दफ्तर की उस फाइल में अटका है जिस पर अभी भोलाराम की पेंशन का मामला तय होना है। मामला तय नहीं हो पा रहा क्योंकि भोलाराम की ओर से पेंशन संबंधी आवेदन पर कोई 'वज़न' नहीं रखा गया था। 'वज़न' (रिश्वत) न रखे जाने के कारण कितने ही ऐसे कागज़ अफ्सरों की मेज़ों से उड़-उड़कर इस देश के वायुमंडल में उड़ रहे हैं।

व्यंग्य करने की उनकी-सी क्षमता हिंदी के दूसरे किसी भी समकालीन लेखक में नहीं है। इस दृष्टि से कुछ समर्थ वाक्यों की बानगी देना अप्रासंगिक न होगा। 'चुनाव के ये अनंत आशावान' शीर्षक रचना में कहते हैं—"नेतागिरी आवाज के फैलाव का नाम है।" 'धर्मक्षेत्रे कुरुक्षेत्रे' शीर्षक रचना में कहते हैं—"मतदान का 'पवित्र' अधिकार जिसे कहते हैं उसे यह रिक्शावाला हाथ पर काला धब्बा लगाना कहता है।" 'भेड़ें और भेड़िए' शीर्षक रचना में बूढ़ा सियार (जो बूढ़े पूँजीवादी राजनैतिक नेता का प्रतीक है) जब आकाश की ओर देखता है तो उस पर टिप्पणी करते हुए कहते हैं—"बूढ़ा सियार अब ध्यानमग्न हो गया। उसने एक आँख बंद की। नीचे के होंठ को ऊपर के 'दाँत' से दबाया और एकटक आकाश की ओर देखने लगा जैसे विश्वात्मा से कनेक्शन जोड़ रहा हो।" 'पाठक जी का केस' शीर्षक व्यंग्य-कथा में पाठक जी अपने केस के लिए अनुष्ठान कर रहे हैं। वे रोज नियम से सुबह-शाम दो-दो घंटे पूजा करते हैं। पड़ोसी की तबीयत खराब हो जाए 'वे पूजा के बीच नहीं उठते चाहे दुनिया इधर-की-उधर हो जाए' लेकिन दफ्तर के साहब (सेक्रेटरी साहब) का बुलावा आने पर उनकी पूजा भंग हो जाती है। पत्नी उनके इस तरह भगवान की पूजा छोड़कर उठ जाने पर कैफियत देने का कमज़ोर प्रयत्न करती है तो पाठक जी दाँत पीसकर कहते हैं—"क्या भगवान-भगवान लगा रखा है ! 'केस' भगवान के पास है कि सेक्रेटरी के पास ?" और अफसर से मिलने के लिए चल देते हैं। 'शहादत जो टल गई' में एक 'क्रांतिकारी' कवि पर टिप्पणी करते हुए कहते हैं—"उन्हें कविता में क्रांतिदेवी के उरोज दीखते थे। एक दिन उन्होंने कविता पढ़ी तो ऐसा लगा कि आज उन्हें क्रांतिदेवी मिल जाए तो बलात्कार कर लेंगे।" क्रांतिकारी लफ़्फ़ाजी पर इससे अधिक तीखा व्यंग्य और क्या हो सकता है ! 'गुड़ की चाय' शीर्षक व्यंग्य-रचना में कहते हैं कि "दाने-दाने पर काला बाजारवाले का नाम लिखने लगा है।" एक पुराने प्रचलित मुहावरे का आधुनिक संदर्भ में इससे अधिक सर्जनात्मक इस्तेमाल और क्या होगा ! 'दूसरे के ईमान के रखवाले' में आनेवाली घटनाओं का संकेत देते हुए कहते हैं—"बिहार के भूखों की आँखों में भी पीड़ा के साथ लाल डोरे दिखने लगे हैं।" इसी न्यंग्य-रचना में एक

स्थान पर सवाल करते हैं कि "अगर सब मिथ्या माया है, तो मठ की गद्दी के लिए शंकराचार्य हाईकोर्ट में मुकदमा क्यों लड़ते हैं ?" इससे अधिक अर्थपूर्ण और सवाल क्या होगा ? 'सज्जन, दुर्जन और कांग्रेस जन' शीर्षक व्यंग्य-रचना में 'भैया साहब' नाम के एक कांग्रेसी नेता पर टिप्पणी करते हुए कहते हैं—"भैया साहब का ब्राह्मणवाद जनसंघ के हिंदूवाद के खिलाफ एक कवच है।" यह 'भैया जी' नाम का पात्र उनकी रचनाओं में बार-बार आया है, तो यह अचानक नहीं है। 'भैया जी' शुद्ध 'गांधीवादी' हैं। 'खादी जी' की पूजा करते हैं। उनके घर में 'तकली जी' और 'चरखा जी' भी हैं। 'पगडंडियों का जमाना' में कहते हैं कि 'अच्छी आत्मा फोल्डिंग कुर्सी की तरह होनी चाहिए।' झूठी नैतिकता पर इससे बेहतर व्यंग्य क्या होगा ! "सोचना एक रोग है, जो इस रोग से मुक्त हैं, वे धन्य हैं" ('भारत को चाहिए : जादूगर और साधु') और "आदमीयत पानी बनकर निकल रही है, पता नहीं खून बनकर कब निकलेगी।" ('देश के लिए दीवाने आए') जैसे अर्थवान वाक्य वही लिख सकते हैं।

'एक और जन्म-दिन' में जन्म-दिन मनाने के लिए लालायित रहनेवाले सामाजिक, राजनैतिक और साहित्यिक नेताओं की खिल्ली उड़ाते हुए स्वयं को भी शामिल कर लेते हैं। फिर सांप्रदायिक शक्तियों पर व्यंग्य करते हुए कहते हैं—"कुछ लोग फिरकापरस्त होते हैं, मैं 'फिकरापस्त' हूँ। फिकरा जवान पर आ गया तो निकल जाता है, और उसके नुकसान मैं भुगतता हूँ।" 'फिकरापस्त' कहकर आत्मालोचन भी करते हैं। 'नुकसान भुगतता हूँ' कह कर अपनी निर्भयवृत्ति को भी व्यंजित करते हैं। साथ ही सांप्रदायिक शक्तियों द्वारा उन पर जो प्रहार किए गए हैं, उन घटनाओं की ओर भी संकेत कर जाते हैं। उनकी व्यंग्य करने की क्षमता इतनी परिपूर्ण है कि वह अनेक स्तरों पर विभिन्न अर्थ-संकेतों की व्यंजक होती है। यहाँ व्यंग्य के कई लेअर्ज (Layers) होते हैं और उन सभी के बीच एक तर्क-संगति (Logical consistency) होती है।

इस प्रकार हम देखते हैं कि परसाई की व्यंग्य-कथाओं में पतनोन्मुख बुर्जुआ और पैटी-बुर्जुआ मनःस्थितियों को गुदगुदाने को कोशिश नहीं होती। ये व्यंग्य-सचेतन और व्यापक अर्थ-संकेतों की गूँज के साथ प्रतिध्वनित होते हैं। 'हास्यरस', 'फन', 'व्हिट' या 'सैटायर' कहकर उन्हें व्याख्यायित नहीं किया जा सकता। जैसा कि एक पश्चिमी विद्वान् ने गेटे के संबंध में कहा था—उनका साहित्य-सृजन सूर्य की तरह आलोकित तो करता है लेकिन निकम्मे बुद्धिजीवियों की चुरुट जलाने के काम नहीं आता। चटपटे मजाकों और फूहड़ हास्यों का वहाँ अभाव मिलेगा। मिर्च-मसालेदार किस्सागोई की मिसाल वहाँ ढूँढ़ने पर भी नहीं मिलेगी। जिस हास्य की सृष्टि के लिए रचना को ही हास्यास्पद होना पड़े, उसे व्यंग्य-रचना मान लेना व्यंग्य से उसकी वह प्रतिष्ठा भी छीन लेना है जो प्राचीन साहित्य-चिंतकों ने उसे दी थी। हिंदी में

आज यही हो रहा है। व्यंग्य की शक्ति उसकी सार्थक व्यंजना-प्रधान शैली में होती है। यह व्यंजना-प्रधान शैली जीवन-मूल्यों की संप्रेषक होती है ऐसी किसी भी व्यंग्य-रचना में सामाजिक यथार्थ ध्वनित होता है। सीधे-सादे वाक्यों में जटिल और व्यापक अर्थ-संकेत छिपे होते हैं। परसाई की अधिकांश रचनाएँ ऐसी ही हैं। साथ ही परसाई की सर्जनात्मक प्रक्रिया सामाजिक दायित्व से मुँह मोड़नेवाले, अपने को 'तटस्थ', 'निष्पक्ष' कहकर सभी तरह के जोखिमों से अपने को बचाकर भी लेखक बने रहनेवाले और इस प्रकार शोषित गरीब जनता को उनके हाल पर छोड़कर अपने सफेदपोश मांसपिंडों को बूर्ज्वा कलातंत्र के 'सिंहासनों' (शृंगालासनों ?) पर प्राणांत होने तक आरूढ़ किये रहनेवाले तथाकथित कलाबाजों और 'बुद्धिजीवियों' की मुद्राएँ नहीं ओढ़ती; पुरानी, नयी या किसी और तरह की कहानी के प्रवर्तक कहलाने का भी दम नहीं भरती। इसके बावजूद परसाई ने परंपरित कथा-रूपों के विकास और नये-से-नये कथा-रूपों के अन्वेषण तथा निर्माण में एक महत्त्वपूर्ण भूमिका अदा की है। 'एक जोरदार लड़के की कहानी' शीर्षक व्यंग्य-कथा में वे आधुनिक चालू किस्म की 'रचना-प्रक्रिया' पर तीखा व्यंग्य करते हैं। हिंदी के कई कहानीकार ऐसी रचना-प्रक्रिया की गिरफ्त में हैं। कलावादी नुस्खों (नये या पुरानों) को उन्होंने हमेशा हेय दृष्टि से देखा है क्योंकि उनकी दृष्टि इन बातों से ऊपर रही है। एक व्यापक, सामाजिक विश्वदृष्टि संपन्न इस रचनाकार ने अनुचित के विरुद्ध उचित का, ह्रास के विरुद्ध विकास का, मृत्यु के विरुद्ध जीवन का, सामंतवाद-पूँजीवाद के विरुद्ध साम्यवाद का हमेशा पक्ष लिया है। व्यक्ति की मानसिकताओं की स्पष्ट और रहस्यात्मक पर्तों से लेकर समष्टि के अनेक ज्ञानात्मक संवेदनों, घर-परिवार से लेकर समाज की व्यापकतम इकाइयों के विविध कार्यकलापों की उन्होंने व्यंग्यात्मक समीक्षा की है। मुक्तिबोध की कविता कभी खत्म नहीं होती थी, परसाई के व्यंग्य भी सार्थक बातचीत के एक ऐसे सिलसिले की शुरुआत करते हैं, जो कभी खत्म नहीं होगी।

परसाई के ललित, विचारपरक तथा पत्रात्मक निबंध

मुक्तिबोध असाधारण गांभीर्य के रचनाकार हैं और परसाई सहज व्यंग्य के। कला, शैली और अभिव्यक्ति-पद्धति की दृष्टि से ये दोनों रचनाकार एक-दूसरे के विपरीतात्मक हैं। मुक्तिबोध जटिल अनुभूतियों की ऐसी फंतासी रचते हैं कि मस्तिष्क की शिराओं में तनाव भर देते हैं, संगीन रूप से गंभीर मनःस्थिति में ले जाते हैं और एक आधुनिक चिकित्सक की तरह बिजली के झटके देते हुए पाठक की मानसिक रुग्णता का उपचार करते हैं। दूसरी ओर परसाई इस पद्धति के ठीक विपरीत जटिल अनुभूतियों का सहजीकरण करते हुए मस्तिष्क की शिराओं को तनाव-मुक्त कर देते हैं और पाठक को सहज मनःस्थिति में ले आते हैं। लेकिन, दोनों साहित्यकार अपने प्रभाव और प्रत्यायन में एक ही लक्ष्य की पूर्ति करते हैं कि वे पाठकों को अपने परिवेश, प्रतिवेश, परिदृश्य और परिप्रेक्ष्य के प्रति अधिकाधिक जागरुक और अधिकाधिक ईमानदार बनाते चलते हैं। दोनों साहित्यकारों की तुलनात्मक समीक्षा से यह निष्कर्ष उभरता है कि कला, सामाजिक मूल्यों और सरोकारों से प्रतिबद्ध हो तो किसी विशिष्ट शैली या खास अंदाज की मोहताज नहीं है। क्लिष्ट और जटिल से लेकर सरल और सहज कलारूपों में वह अभिव्यक्ति के नये-से-नये आयाम और प्रतिमान ढूँढ़ लेती है। इसी से यह निष्कर्ष भी उभरता है कि जो कलाकार अपने वर्तमान के साथ जूझता है, अपनी व्यक्तिगत जिंदगी और अपने पूरे समाज की जिंदगी के अंतर्विरोधों से मुँह-दर-मुँह होता है, वह उस सारे घटना जगत् में घट रहे, विकसित और गुणांतरित होते हुए एक घटना-व्यापार को अधिक गहराई और व्यापकता के साथ समझ लेता है और भावी-संभावी घटनाओं का पूर्वानुमान कर लेता है। तभी तो 'दूसरे के ईमान के रखवाले' शीर्षक निबंध में आनेवाले समय का पूर्वानुमान करते हुए परसाईजी ने लिखा था कि—"बिहार के भूखों की आँखों में बीड़ी के साथ लालडोरे दिखने लगे हैं।" इसी प्रकार 'ठिठुरता हुआ गणतंत्र' में जनता के द्वारा न आकर दफ्तरों के द्वारा जो समाजवाद आ रहा है, उसकी पूर्वकल्पना कर प्रकारांतर से जनता को आगाह कर दिया था। इसी प्रकार 'गुड़ की चाय' शीर्षक निबंध में उन्होंने एक प्रचलित मुहावरे का समसामयिक संदर्भों में सर्जनात्मक इस्तेमाल करते हुए यह पूर्वघोषणा कर दी थी कि—दाने दाने पर काला

बाज़ारवाले का नाम लिखने लगा है।

हिंदी के ऐसे दोनों महत्त्वपूर्ण, सामाजिक सरोकारों से प्रतिबद्ध साहित्यकारों की लगभग समग्र रचनावलियाँ प्रकाशित कर राजकमल प्रकाशन और रचनावलियों के संपादकों ने एक सराहनीय काम किया है। परसाई रचनावली का खंड-3 इनमें एक बेहद महत्त्वपूर्ण दस्तावेज़ है। क्योंकि इस रचनावली में संकलित परसाई के ललित और विचारपरक निबंध तथा पत्र परसाई-साहित्य के काफी महत्त्वपूर्ण अंश का प्रतिनिधित्व करते हैं। 'कंधे श्रवण कुमार के', 'लिटरेचर ने मारा है, तुम्हें', 'निंदारस', 'प्रेमचंद के फटे जूते', 'कबिरा आप ठगाइये', 'कर-कमल हो गए', 'ठिठुरता हुआ गणतंत्र', 'पेट का दर्द और देश का', 'बेचारा भला आदमी', 'मुखड़ा क्या देखे फोटू में', 'पहिला सफेद बाल', 'विकलांग श्रद्धा का दौर', 'दुर्घटना रस', 'नीलकंठ', 'दूसरे के ईमान के रखवाले', 'पिटने-पिटने में फर्क', 'शिकायत मुझे भी है', 'सड़क बन रही है', जैसे निबंध और 'नया महाप्राण चाहिए', 'जैनेन्द्र का अदर्शन', 'एक लाख का इनाम', 'नयी कहानी और धंधेवाले', 'बीमार मुक्तिबोध और हम', 'मुक्तिबोध मौत और महानता', 'भारत पाक युद्ध और मेरी तलवार', 'लघु पत्रिकाएँ' आदि पत्र परसाई के लेखन की विविध बानगियों को शक्तियों और सीमाओं के साथ प्रस्तुत कर देते हैं।

परसाईजी के उक्त निबंधों में सामंती, आभिजात्य और पूँजीवादी रुचियों पर करारे व्यंग्य किए गए हैं। इस दृष्टि से 'स्नान', 'मुखड़ा क्या देखे फोटू में', 'विज्ञापन में बिकती नारी', 'गेहूँ का सुख', 'पवित्रता का दौरा', 'कर-कमल हो गए' जैसे निबंध उल्लेखनीय है। 'गेहूँ का सुख' में घर की राजनीति से लेकर देश और विदेश की राजनीति व्यंग्य का विषय बनती है।

'कंधे श्रवण कुमार के' में पुरानी पीढ़ी के शिलाधर्मी होने और नई पीढ़ी पर बोझ बने रहने और नई पीढ़ी के उस बोझ को अब और अधिक न ढोने की आकांक्षा से जुड़ी आधुनिक समस्या को बड़े सहज और कलात्मक ढंग से व्यंजित किया गया है। कहते हैं–"राजनीति, साहित्य तो बड़े प्रकट क्षेत्र हैं। अप्रकट रूप से भी, विभिन्न क्षेत्रों में श्रवण कुमार काबंड़ उतारने के लिए हिला रहे हैं। वे किन्हीं विश्वासों की आरी से चिरने को तैयार नहीं है।" इस निबंध में न तो पुरानी पीढ़ी को बख्शा गया है और न ही नयी पीढ़ी को। परसाईजी की व्यंग्य शैली दुधारी तलवार की तरह होती है। वे दोनों पक्षों के द्वंद्व में बख्शते किसी को नहीं हैं। लेकिन, ऐसा वह इसलिए नहीं करते हैं कि उन्हें दोनों तरफ एक तरह का काइयाँपन नजर आता है। परसाई की दुधारी तलवार जैसी व्यंग्य शैली की यह एक प्रतिनिधि रचना है। लेकिन दोनों पक्षों के द्वंद्व में इस बात का ध्यान रखते हैं कि किस पक्ष का किस गुण और मात्रा तक औचित्य है। उसी गणित के अनुपात में वे फिर उसी सीमा तक उक्त पक्ष को व्यंग्य का शिकार बनाते हैं। उदाहरण के लिए "विभिन्न क्षेत्रों

में श्रवण कुमार काबड़ उतारने के लिए हिला रहे हैं।'' 'हिला रहे हैं' कहकर यद्यपि नई पीढ़ी पर व्यंग्य किया गया है, तथापि पुरानी पीढ़ी की ज्यादतियों को देखते हुए नयी पीढ़ी को यथापेक्षित सहानुभूति भी मिली है—''श्रवण कुमार के कंधे दुःखने लगे हैं। वह काबड़ को उतार कर रखने चला।'' इसी प्रकार, 'स्नान' शीर्षक निबंध में खूब नहानेवाली और बिल्कुल न नहानेवाली दोनों तरह की अतिवाद-ग्रस्त मानसिकताओं पर दुधारी तलवार चलाई गई है।

सामंती रुचि से ही जुड़ी 'पैर पुजबाने वाली' मानसिकता को 'विकलांग श्रद्धा का दौर' शीर्षक निबंध में आत्मालोचना जैसी शैली में बड़े निर्मम ढंग से उद्घाटित किया गया है। कहते हैं—''मैं बड़ी तेजी से श्रद्धेय हो रहा हूँ, जैसे कोई चालू औरत शादी के बाद बड़ी फुर्ती से पतिव्रता होने लगती है।'' फिर श्रद्धेय होने की मानसिकता अकर्मण्यता से जुड़ी है। बड़ी मनोवैज्ञानिक सूझबूझ के साथ व्यंग्यकार ने इस प्रवृत्ति को भी उघाड़ा है। कुछ 'होल टाईम' श्रद्धेय हो चुके हैं। यानी वे चुक गए हैं। कुछ लोग अभी आधे चुक चुके हैं। इसी को लक्ष्य कर कहते हैं कि मैं अभी 'पार्ट टाइम' श्रद्धेय ही हूँ।'

'नया महाप्राण चाहिए' में इसी समस्या से जुड़ी साहित्यकारों की श्रद्धेय होने के लिए आतुर मानसिकता का उद्घाटन हुआ है। श्रद्धेय होने की देशव्यापी मानसिकता का यह साहित्यिक संस्करण है। इस पत्रात्मक निबंध में ऐसी मानसिकता के पीछे सामाजार्थिक और राजनैतिक लाभ-लोभ की ओर भी इशारा किया गया है—''अगर ठीक ढंग से यानी व्यावसायिक ढंग से उपयोग किया जाए, तो महाप्राण का पद बड़े लाभ का है। निराला को तो कुछ नहीं आता था। उससे पद का उपयोग करते ही नहीं बना। अगर तरकीब से काम लेता तो पैसा पा सकता था। संसद का सदस्य हो सकता था, प्रतिनिधि मंडलों में विदेश जा सकता था। सम्मान और इनाम पा सकता था। इसीलिए तो 'कुछ लघुप्राण' योजनाबद्ध तरीके से 'महाप्राण' बनने के प्रयत्न में लगे हैं।''

साहित्यिक मनोवृत्तियों के पीछे भी सामाजार्थिक और राजनैतिक लाभ-लोभ की आकांक्षाएँ होती हैं जो पहले प्रच्छन्न रूप में और फिर स्पष्ट होकर नग्न रूप में प्रगट होकर सारी सौंदर्य-चेतना और शालीनता को ताक पर रख देती हैं। 'बीमार मुक्तिबोध और हम', 'नयी कहानी और धंधे वाले', 'कहानी ऑक्सीजन पर', 'सचेतन कहानी', 'मुक्तिबोध मौत और महानता', 'उर्वशी प्रसंग' जैसे निबंधों में इन्हीं मनोवृत्तियों से जुड़ी मानसिक पर्तों को उघाड़ा गया है। कहानी संबंधी निबंधों में हिंदी के कहानीकारों और उनसे जुड़े आलोचकों/समीक्षकों की स्थापित होने संबंधी उठा-पटक, उखाड़-पछाड़ का भी बड़े ही मनोवैज्ञानिक ढंग से बखिया उधेड़ा गया है। कुल मिलाकर यह कह सकते हैं कि हिंदी साहित्य के लगभग अधिकांश खेमों में जो शीतयुद्ध चल रहे हैं, निबंधों में उनके संक्षिप्त डाकूमेंट्री टाइप चलचित्र देखने

को मिल जाते हैं।

साहित्यिक मसलों से जुड़े निबंधों में 'लघु पत्रिकाएँ' शीर्षक निबंध विशेष रूप से ध्यान खींचता है। व्यावसायिक बड़ी पत्रिकाओं की दुर्दशा तो किसी से छिपी नहीं है, लघु-पत्रिकाओं के पीछे भी जो मानसिकता है, उसका प्रामाणिक लेखा-जोखा इन निबंधों में मिलता है—"यह शौक व्यक्तिगत भी होता है और सामूहिक भी। जब सामूहिक होता है, तब 10-15 लोग मिलकर कहते हैं—चलो यार, पत्रिका निकालें। जैसे चार यार कहते हैं—चलो यार, झूला झूलें। इसके विपरीत कुछ लोग अतिशय दायित्व बोझ से मरे जा रहे हैं। इसलिए लघु पत्रिका निकालने में लगे हैं। वे बड़े भोलेपन से घोषणा करते हैं कि हाय, आज साहित्य के क्षेत्र में कितनी गंदगी है। हाय, लेखकों के कितने गुट हैं, हाय लेखक एक-दूसरे पर कैसे प्रहार करते हैं। हाय, नैतिक मूल्यों का कितना पतन हो गया है।" और जैसा कि प्राकृतिक नियम है, एक अतिवाद दूसरी तरह के अतिवाद को जन्म देता है। अतः अक्सर देखा यह गया है कि ऐसी लघु पत्रिकाएँ भी 'यशःप्रार्थी लिफ्ट' बनकर रह जाती हैं।"

साहित्यिक तो नहीं लेकिन साहित्य के शैक्षणिक पक्ष से जुड़ी एक समस्या है, शोध प्रबंध लिखना और लिखाना। छायावादी काव्य में नारी विषय शोधकर्त्ता ने इसलिए चुना कि उसे प्रसाद की दो पंक्तियाँ याद हैं—"नारी तुम केवल श्रद्धा हो, विश्वास रजत-नग-पग-तल में।" 'साहित्य शोध प्रक्रिया' शीर्षक निबंध में निबंधकार ने हिंदी साहित्य पर आये दिन जो शोध प्रबंध लिखे और लिखवाए जाते हैं, उनकी अच्छी-खासी छीछालेदर की है।

यह कहना अतिशयोक्ति न होगी कि हिंदी साहित्य के लेखन, अध्ययन और अध्यापन से जुड़ी लगभग सभी समस्याओं और दुर्दशाओं पर परसाईजी ने अपनी कलम चलाई है और अधिकांश स्थलों पर उनके तीर निशाने पर बैठे हैं।

साहित्यिक नेतागिरी के बाद अब सामाजिक नेतागिरी का भी जायज़ा ले लें चूँकि यह भी हमारे आधुनिक समाज की एक बड़ी महामारी है। 'चुनाव के ये अनंत आशावान' शीर्षक निबंध में इसी महामारी का उल्लेख है। इस निबंध में नेतागिरी की अत्यंत सारगर्भित परिभाषा दी गई है—"नेतागिरी आवाज के फैलाव का नाम है।" लेकिन बोलने में ही नहीं सुन लेने में भी माहिर हैं। किसी को कुछ सुनाई दे या न दे पर नेता लोग जनता की आवाज सुन ही लेते हैं। व्यंग्यकार पूछता है कि ये लोग "जनता की आवाज कैसे सुन लेते हैं। किस वेव-लैंथ पर आती है यह ? मैं भी जनता में रहता हूँ, बहरा भी नहीं हूँ, पर जनता की आवाज मुझे कभी सुनाई नहीं पड़ती।" इसी निबंध में सैद्धांतिक मतभेदों से ग्रस्त देश के समूचे राजनैतिक परिदृश्य पर एक बेहद अर्थपूर्ण टिप्पणी की गई है "भारतीय राजनीति की कितनी बड़ी ट्रेजडी है कि जिस पार्टी में दो आदमी हों, उन्हीं में सैद्धांतिक मतभेद हो जाए।" नेता के अपने पेट का दर्द देश का दर्द बनकर प्रचारित होता

है। 'देश का दर्द और पेट का' निबंध में नेताओं की इसी मानसिकता का मज़ाक उड़ाया गया है।

इस प्रकार हम देखते हैं कि इन निबंधों में आजादी के बाद का सांस्कृतिक, आर्थिक, सामाजिक, राजनैतिक और कुला मिलाकर कहें तो देश का समूचा परिदृश्य चित्रित हुआ है। यह चित्रण बेहद सर्जनात्मक और व्यंग्यात्मक है। फिर भी परिदृश्य एक परिप्रेक्ष्य को व्यंजित करता हुआ आँखों के समक्ष चल-चित्रित होता है। परिप्रेक्ष्य यहाँ पार्श्व-संगीत की तरह कभी मंद तो कभी तीव्र, कभी उदात्त तो कभी अनुदात्त स्वरों में ध्वनित होता रहता है। यह परिप्रेक्ष्य एक अत्यंत जागरूक (Conscious) और ईमानदार (Conscientious) आदमी की तलाश और टटोल को, उसकी निराशा और आशा को, उसकी पराजय और विजय को पाठक के मानस पर अंकित करता रहता है। पाठक के मानस पर यह अंकन इन व्यंग्य-रचनाओं के बाहरी चल-चित्रण से अलग हैं जो उसका आंतरिक और अंतर्निहित प्रभावन और प्रत्यायन है। यानी व्यंग्य-रचनाओं के चित्रण से पाठक के मानस पर दो क्रियाएँ होती हैं। एक को स्थूल प्रभाव या ऊपरी प्रभाव कह सकते हैं। लेकिन इस ऊपरी प्रभाव के पड़ते ही पाठक की चेतना की अंतर्निहित पर्त पर भी एक प्रभाव पड़ता है। वह प्रभावमात्र परिदृश्य का नहीं है; वह प्रभाव परिप्रेक्ष्य (Perspective) के साथ चलचित्रित होनेवाले परिदृश्य के कारण पाठक के मानस पर उभरनेवाले उन सूक्ष्म बिंबों का है जो उसे एक जागरूक (Conscious) और ईमानदार (Conscientious) आदमी की परिकल्पना के रूप में बेचैन करने लगते हैं। यानी परिदृश्य में जो हो रहा है, वह कुरूप है, अशुभ है, अशिव है, और उसी पर व्यंग्य हो रहा है, इससे पाठक हँसता है, प्रसन्न होता है लेकिन उसकी चेतना की भीतरी पर्त इस हँसी और इस प्रसन्नता के तुरंत बाद आंदोलित होकर उसके लिए बेचैन हो उठती है, जो होना चाहिए, जो सुंदर हो, शुभ हो, शिव हो ! अर्थात् परसाई की ये व्यंग्य-रचनाएँ 'जो हो रहा है' (Being) की व्यंग्यात्मक आलोचना करते हुए 'जो होना चाहिए (Becoming)'—उसका एक सपना जगा जाती है। अतः इन व्यंग्य रचनाओं की संप्रेषण-प्रक्रिया 'जो हो रहा है' तक सीमित नहीं है, 'जो होना चाहिए' उसे भी वह अपने पाठक तक संप्रेषित कर जाती है। परसाई की व्यंग्यात्मक ओर सर्जनात्मक व्यंग्य-रचनाओं का यह पक्ष परिदृश्य के साथ-साथ परिप्रेक्ष्य को भी संप्रेषित करता है। इन व्यंग्यों में परिदृश्य वही है, 'जो हो रहा है' यह चित्रित होता है लेकिन 'जो होना चाहिए', वह परिप्रेक्ष्य है। यह परिप्रेक्ष्य चित्रित नहीं होता लेकिन ध्वनित हो जाता है। (परसाई के साहित्य (काव्य) की आत्मा यह ध्वनि है)। इस ध्वनि को न सुन पाना परसाई साहित्य को मात्र चर्म-चक्षुओं से पढ़ने जैसा होगा। इसलिए मैं प्रसिद्ध कथाकार भीष्म साहनी की इस राय से सहमत नहीं हूँ कि व्यंग्य लेखक परसाई का ध्यान 'समाज के नकारात्मक पक्ष की ओर ज्यादा रहता है, भौंडे, पाखंडी, उचक्के, स्वार्थी लोगों पर

व्यंग्यकार की नज़र ज्यादा रहती है संघर्षरत लोगों का सकारात्मक जीवन उनकी रचनाओं का विषय नहीं बनता' (देखें 'आँखन देखी', संपादक कमलाप्रसाद, भीष्म साहनी का लेख, पृष्ठ 357)। दरअसल वह नकारात्मक पक्ष तो हमारा परिदृश्य ही है जिसे परसाई जैसा यथार्थवादी लेखक आदर्शीकृत या महिमामंडित नहीं कर सकता। लेकिन अपने परिप्रेक्ष्य द्वारा परसाई उस सकारात्मक पक्ष को चित्रित भले ही न करते हैं, ध्वनित ज़रूर कर देते हैं। श्रेष्ठ साहित्य का प्रभावन और प्रत्यायन चित्रण तक सीमित नहीं होता वह अपने परिप्रेक्ष्य द्वारा उस प्रभावी परिणाम की पूर्वयोजना को भी सुनिश्चित कर लेता है, जो पाठक की चेतना में एक आंदोलन जगा देती है। 'गोदान' का होरी सिर्फ सहता है, संघर्ष नहीं करता। यह उस समय के भारत का परिदृश्य है। प्रेमचंद उसे संघर्षशील दिखाकर आदर्शीकृत नहीं करते हैं, लेकिन जिन परिस्थितियों में होरी को खून की उल्टी होती है, वह दम तोड़ देता है। उस चित्रण में सिर्फ परिदृश्य ही नहीं उभरता। एक परिप्रेक्ष्य भी ध्वनित होता है जो पाठक की भीतरी चेतना में बेचैनी भरता हुआ उसे आंदोलित कर देता है। पाठक की भीतरी चेतना में उठनेवाला यह आंदोलन अनायास नहीं है। प्रेमचंद ने अपने परिप्रेक्ष्य को ध्वनित करते हुए पाठक की चेतना में होनेवाले आंदोलन को सुनिश्चित किया है। श्रेष्ठ लेखक अक्सर ऐसा सुनिश्चय करते हैं। नकारात्मक पक्ष के परिप्रेक्ष्यपूर्ण चित्रण द्वारा वे सकारात्मक पक्ष के लिए पाठक की चेतना को आंदोलित करते हैं। परसाई भी अक्सर यही करते हैं। 'मातादीन चाँद पर' और 'मुन्नू भैया की बारात' जैसी कई रचनाओं में यह तकनीक अपने चरमोत्कर्ष पर है। स्वयं भीष्म साहनी भी अपने 'तमस' उपन्यास और 'अमृतसर आ गया' जैसी श्रेष्ठ कहानियों में नकारात्मक पक्ष के परिप्रेक्ष्यपूर्ण चित्रण द्वारा पाठक की चेतना में सकारात्मक पक्ष के लिए आंदोलन उत्पन्न कर देते हैं। इस प्रक्रिया को सुनिश्चित करना कोई आधुनिक शुरुआत नहीं है। तुलसी ने इसी तकनीक का इस्तेमाल दूसरे (विपरीत) ढंग से किया था। 'रामराज्य' जैसे सकारात्मक पक्ष के चित्रण द्वारा उन्होंने अपने युग के राज्य के (नकारात्मक पक्ष के) प्रति जनता के मन में एक विरक्ति एक उदासीनता, एक उपेक्षा और एक अलगाव की भावना को बढ़ावा दिया था। भीष्म साहनी स्वयं इस तकनीक के प्रयोक्ता हैं। वे इसे जानते भी हैं तभी तो वे अपने उसी लेख में प्रकारांतर से कह जाते हैं—'लेकिन जीवन का सकारात्मक पक्ष जिसके बल पर देश आगे बढ़ते हैं और राष्ट्रीय जीवन तथा व्यक्तिगत जीवन में सार्थकता आती है, इस नकारात्मक पक्ष से अलग नहीं होता। वास्तव में उस सकारात्मक पक्ष के बोध से ही परसाई के व्यंग्य तीखे बन जाते हैं और उनमें सार्थकता आती है उसी की प्रेरणा से वह समाज के रुग्ण और जीर्ण तत्त्वों का सफलता से भंडाफोड़ करते हैं।' (वही)

उदाहरण के लिए 'देश का दर्द और पेट का' शीर्षक निबंध में परिदृश्य का

नकारात्मक पक्ष यह चित्रित होता है कि नेताओं के पेट का दर्द ही देश का दर्द बनकर विज्ञापित और प्रचारित हो रहा है। लेकिन परिप्रेक्ष्य के रूप में यह सकारात्मक पक्ष भी व्यंजित हो जाता है कि इस 'देश का असली दर्द लाखों गरीब लोगों को भरपेट भोजन न मिल पाने के कारण उनके पेट में उठनेवाला दर्द है। नेता के पेट में दर्द ज्यादा खा लेने के कारण है। कुल मिलाकर देश के दर्द की यही समस्या है।

विधा की दृष्टि से ये निबंध बातचीत की टुकड़ियों, संस्मरणात्मक प्रसंगों, कथा-प्रकरणों, लतीफों, उद्धरणों का एक मिलाजुला कश्कोल है। लेकिन इन सभी साहित्य-रूपों पर बातचीत का अंदाज़ हावी रहता है। निबंध पढ़ते समय लगता है कि परसाईजी एक जीवंत अंदाज़ में हमारे साथ कोई रोचक ढंग की बातचीत कर रहे हैं। इस दृष्टि से इन निबंधों में 'बातचीत का रस' है; इसे परंपरित शब्दावली में बतरस भी कह सकते हैं (बतरस लालच लाल की मुरलि रही लुकाइ। सौंह कहै भौंहन हँसे, देन कहै, नटि जाइ) जैसे पाठक गोप-गोपिकाएँ और परसाईजी कन्हैया हैं और बातचीत का सिलसिला चल रहा है। कृष्ण-गोपी, गोपी-संवाद के विचारधारात्मक अध्यात्मिक अर्थ हैं। परसाई-पाठक संवाद के भी सामाजिक-आध्यात्मिक और विचारधारात्मक अर्थ हैं। 'बतरस' शब्द का प्रयोग मैंने रीतिकालीन रूढ़ अर्थ में नहीं, शुद्ध लोक-जीवन और जन-प्रचलित अर्थ में किया है। लगभग उसी अर्थ में जिस अर्थ में अमृतलाल नागर के संवादों का जिक्र करते हुए डॉ. रामविलास शर्मा ने कहा था कि उनके संवादों में जीवन का रस मिलता है। परसाई के बातचीत की शैली में लिखे गये इन निबंधों में भी पाठकों को जीवन-रस मिलता है। इस रस में संजीवनी बूटी की गंध घुलीमिली होती है जो हमें लक्ष्मण-मूर्छा से मुक्ति दिलाती है।

परसाई भारतीय जनता के लेखक हैं। सच्चे अर्थों में वे लोक-साहित्य के प्रणेता हैं उसी तरह जैसे नागार्जुन जन-कवि हैं। लोक-साहित्य की परंपरा बहुत पुरानी है। उसी पुरानी परंपरा के वे आधुनिक संस्करण हैं। जैसे हम याद करते हैं कबीर और रहीम के दोहे, सूर के पद, तुलसी की चौपाइयाँ, मीरा के गीत, गिरधर की कुंडलियाँ। उसी तरह आनेवाली पीढ़ियाँ याद किया करेंगी—परसाई के व्यंग्य। फिर वे चाहे निबंध हों या कहानियाँ इससे कोई ख़ास फ़र्क नहीं पड़ता। हमारी स्वस्थ और उज्ज्वल लोक-साहित्य की परंपरा के सबसे अधिक चमकवाले नक्षत्र हैं। परिमाण और गुण दोनों ही दृष्टियों से उन्होंने एक श्रेष्ठ लोक-साहित्य स्रष्टा के दायित्व को पूरा किया है। प्रेमचंद ने कहा था कि साहित्य हमारे समाज की आलोचना है। परसाई का साहित्य भी आजादी के बाद के हमारे भारतीय समाज की सर्जनात्मक और व्यंग्यात्मक आलोचना है।

कलम का सिपाही और अमृतराय

जागरूक कथाकार, सुधी प्रगतिशील आलोचक, निबंधकार और प्रेमचंद के प्रामाणिक जीवनीकार के रूप में अमृतराय के योगदान को भुलाया नहीं जा सकता। 'समरगाथा' और 'आदि विद्रोही' जैसी अनूदित कृतियाँ भी कथा साहित्य के एक बेहतरीन अनुवादक के रूप में उनके समर्थ गद्यकार होने को प्रमाणित करती हैं और मूल औपन्यासिक कृतियों का-सा आनंद देती हैं। पद्य की कसौटी अगर गद्य है तो गद्य की कसौटी अनुवाद है। लेकिन 'कलम का सिपाही' जैसी जीवनी हिंदी में दूसरी नहीं है। जब तक प्रेमचंद की जीवनचर्या के प्रति जिज्ञासा बनी रहेगी, 'कलम का सिपाही' जैसी पुस्तक की भी प्रासंगिकता बनी रहेगी।

इस जीवनी की पहली विशेषता यह है कि यह एक लेखक-पिता पर एक लेखक-पुत्र द्वारा लिखी गई किताब है। एक पुत्र यदि अपने पिता पर कोई किताब लिखता है तो वह दूसरे व्यक्तियों द्वारा लिखी गई किताब से अलग ढंग की होगी ही क्योंकि वह अधिक अंतरंगात्मक होगी। लेकिन यहीं एक खतरा होता है कृति के कम प्रामाणिक और कम तटस्थ होने का। यहीं असली परीक्षा होती है और अमृतराय उस परीक्षा में असफल नहीं हुए। 'कलम का सिपाही' बीसवीं सदी के भारत के महानतम लेखक (प्रेमचंद) के जीवन की वैयक्तिक, पारिवारिक और सामाजिक दिनचर्या को जितनी अंतरंगता के साथ चित्रित करती है, उतनी ही तटस्थता के साथ विश्लेषित भी करती है। अमृतराय की शैली में जहाँ अंतर्निहित व्यक्तिगत वेदना छिपाए नहीं छिपती, वहीं उनके सामाजिक सरोकार भी बराबर व्यंजित होते रहते हैं। अमृतराय की व्यक्तिगत वेदना और उनके सामाजिक सरोकार--इन दोनों का सामंजस्य और पारस्परिक टकराव--यह सिलसिला ही इस जीवनी को सर्जनात्मक बनाए रहता है, और यही वह कारण है कि जीवनी एक महाकाव्यात्मक और सर्जनात्मक विशालकाय उपन्यास का-सा रूप ले लेती है। यानी लगता है कि हम अपने समय का एक महत्त्वपूर्ण उपन्यास पढ़ रहे हैं। व्यक्तिगत पीड़ा और सामाजिक सरोकार के ये दोनों सूत्र कृति की भूमिका से ही परस्पर उलझने-सुलझने लगते हैं :

'लेकिन जब इसी पीड़ा और उद्वेग में अचानक यह गुर मेरे हाथ लगा कि इस व्यक्ति (प्रेमचंद) के जीवन को उसके देश और समाज के जीवन से तो जोड़कर देखो, तब जैसे सारे बंद दरवाजे यकबयक खुल गए और इस अतिसामान्य जीवन को एक नया आशय, एक नयी अर्थवत्ता मिल गई।'

(कलम का सिपाही, भूमिका से)

तटस्थता का ही तकाज़ा है कि अमृतराय आधुनिक भारत के सबसे बड़े लेखक के जीवन को अतिसामान्य जीवन कहकर पाठकों से अपने पिता का परिचय कराते हैं लेकिन उनके सामाजिक सरोकारों का भी यह तकाज़ा है कि वे प्रारंभ में ही अपने पाठकों को प्रेमचंद के जीवन से हासिल की गई इस उपलब्धि से भी वंचित रहने देना नहीं चाहते कि कोई भी अतिसामान्य जीवन एक नये आशय और एक नयी अर्थवत्ता को पा लेता है बशर्ते कि वह अपने देश और समाज के जीवन से जुड़ जाता है। प्रेमचंद अतिसामान्य से अतिविशिष्ट हुए तो इस तरह हुए कि उनका जीवन पूरे देश और पूरे समाज के जीवन की एक अत्यंत महत्त्वपूर्ण इकाई बन गया। अमृतराय की यह जीवनी इस दृष्टि से हिंदी साहित्य की एक श्रेष्ठ कृति बन गई है क्योंकि वह प्रेमचंद की जीवनी को अपने देश और अपने समाज की संजीवनी की एक इकाई के रूप में विवेचित करती है। ज़ाहिर है कि प्रेमचंद की यह जीवनी अपने युग, अपने परिवेश, अपने प्रतिवेश, अपने परिप्रेक्ष्य, अपने देश और अपने समाज की गाथा बन गई है। आज़ादी से पहले का इतिहास अपने विभिन्न अंतर्विरोधों और अंतःसंबंधों के साथ छोटे-छोटे शाट्स (Shots) में जैसे फिल्मा दिया गया हो। इन शाट्स के बीच-बीच में जो गैप्स (Gaps) हैं वे जैसे पाठकीय परिकल्पनाओं के लिए गुंजाइश छोड़ते जाते हों और यह सुझाव दे रहे हों कि प्रेमचंद की उस सामाजिक ज़िंदगी का कुल मिलाकर लगभग यही ख़ाका है ! इनमें रंग जो आप चाहें, भर लें !!

इस कृति की दूसरी विशेषता यह है कि हम यहाँ प्रेमचंद को निरंतर बाधाओं के बीच डूबते-उतराते और इस प्रकार विकसित होते हुए उनके व्यक्तित्व के विकास को देखते हैं। जबकि श्री विष्णु प्रभाकर द्वारा शरतचंद्र पर और यहाँ तक कि डॉ. रामविलास शर्मा द्वारा निराला पर लिखी गई जीवनियों में हम प्रारंभ से ही शरत् और निराला को एक विशिष्ट व्यक्ति (अथवा लेखक) के रूप में देखते हैं, अमृतराय की इस जीवनी में प्रेमचंद नाम का पात्र प्रारंभ में अति सामान्य व्यक्ति है, धीरे-धीरे लहरों के थपेड़े खाकर उसे हम विकसित होते हुए देखते हैं। एक जीवनी और जीवनीकार के लिए यह बात बड़े महत्त्व की है कि वह एक व्यक्तित्व को 'फिनिश्ड प्रोडक्ट' (Finished Product) के रूप में न दिखाकर एक विकसित होते हुए जीवन

के रूप में चित्रित कर सके। क्योंकि प्रेमचंद हों, निराला हों या शरत्; जन्म से कोई विशिष्ट नहीं होता। अपने देश और समाज से जुड़कर ही कोई व्यक्ति महत्त्वपूर्ण और सार्थक होता है, उसके बिना नहीं; फिर वह चाहे साहित्यकार हो या राजनैतिक नेता। उदाहरण के लिए 'आवारा मसीहा' को पढ़ते समय मुझे लगता है कि शरत् शुरू से ही 'आवारा' कम और 'मसीहा' अधिक थे, लेकिन 'कलम का सिपाही' को पढ़ते समय ऐसा नहीं लगता।

'कलम का सिपाही' में अमृतराय समस्त उपलब्ध सामग्री को पाठकों के सामने अपनी अर्थगर्भी और निष्कर्ष-व्यंजक टिप्पणियों द्वारा इस तरह पेश करते हैं कि कहीं भी पाठक की सहजबुद्धि (कॉमनसेंस) को झटका नहीं लगता। विश्वसनीयता और प्रामाणिकता की रक्षा करता हुआ प्रेमचंद की जीवन-कथा का यह सिलसिला सामग्री के चयनात्मक इस्तेमाल, सुलझी हुई जागरूक व्यंजनात्मक शैली, खिचड़ी-नुमा उर्दू-हिंदी मिश्रित (हिंदुस्तानी) भाषा तथा रोचक, शिक्षाप्रद और सूचनाप्रद तथ्यों द्वारा अपने पाठकों से जो सुरुचिपूर्ण संवाद कायम करता है वह कृति के अंत तक बरकरार रहता है। एक टिप्पणीकार के रूप में अमृतराय की पिता के प्रति ममत्व भरी संवेदना, एक पुत्र के रूप में उनकी निजी वेदना, समाज के प्रति गहरा और व्यापक सरोकार, जागरूक विवेक-दृष्टि और सर्जनात्मक गद्य का बहा ले जानेवाला प्रवाह—ये सभी गुण एक साथ मिलकर एक ऐसी नयी विशेषता उत्पन्न कर देते हैं कि उसे पढ़कर ही पहचाना जा सकता है। इस संबंध में दो-तीन उदाहरण देना अप्रासंगिक न होगा।

प्रसंग है, प्रेमचंद की माता के देहावसान का :

> *'नवाब के आठवें साल में वह चल बसीं और उसी दिन नवाब जिसे माँ पान के पत्ते की तरह फेरती थी, डिठौना लगाकर घर से निकलने देती थी और आँचल में छिपाये फिरती थी, कभी सर्दी के कभी गर्मी से और कभी सिहानेवालों की डीठ से, देखते-देखते सयाना हो गया··नवाब की दुनिया घर के नाते सूनी हो गई··सूनी दुनिया में बराबर कौन रह सकता है। ज़िंदगी खुद उसे भरने का उपाय कर देती है जैसे कि हर घाव वह भर देती है।'*
>
> (पृष्ठ 22-23)

पूरे कारुणिक प्रसंग को भावमयता के साथ चित्रित करने के तुरंत बाद अमृतराय अश्रुप्लावित भावुकता का परिचय नहीं देते जैसा कि ऐसे मर्मांतक प्रसंगों के चित्रण में इसकी आशंका रहती है। जब जागरूक विवेक और सामाजिक सरोकार होता है तो दुनिया कभी सूनी नहीं होती और 'ज़िंदगी खुद उसे भरने का उपाय कर देती है जैसे कि हर घाव वह भर देती है।'

एक और उदाहरण। इस बार प्रसंग प्रेमचंद के अंतिम समय का है, उनकी

अंतिम जीवन-यात्रा का। अमृतराय प्रेमचंद के बेटे हैं, इसलिए ऐसे प्रसंग के चित्रण में मर्मव्यथा छिप नहीं सकती, प्रकट होकर रहेगी तथापि सामाजिक सरोकार यहाँ भी व्यंजित होता है, आरोपित या प्रदर्शित रूप में नहीं, अतंर्निहित और स्वतःस्फूर्त रूप में; सायास नहीं बिल्कुल अनायास :

'जहाँ मन में इतने गहरे विश्वास का पाथेय हो वहाँ यात्रा से फिर भय कैसा। जन्म भर के यात्राभीरू प्रेमचंद को अपनी इस अंतिम यात्रा से तनिक भय नहीं लग रहा है।

भय तो उनके लिए है जिन्हें छोड़कर वह जा रहे हैं। युद्ध की छाया गहरी होती जा रही है...'

(पृष्ठ 608)

पंक्तियों को ध्यान से देखें तो पायेंगे कि इन पंक्तियों में अमृतराय की पिता के लिए मर्मांतक व्यथा और उनकी व्यक्तिगत वेदना छटपटा रही है लेकिन साथ-साथ सामाजिक सरोकार उस व्यथा को, उस वेदना को संयत किए हुए है। प्रेमचंद की मृत्यु युद्ध की छाया में प्रसंगांतरित हो गई है। इसलिए मैंने कहा कि व्यक्तिगत वेदना की अंतरंगता और सामाजिक सरोकार से लैस जागरूकता जैसे विरुद्धों का सामंजस्य और टकराव इस कृति को ऐसी नयी विशेषता से भर देते हैं कि उसे पढ़कर ही पहचाना जा सकता है। इस संबंध में इस संक्षिप्त आलेख में अधिक उदाहरण प्रस्तुत नहीं किए जा सकेंगे तथापि कृति के पृष्ठ 130, 133, 139, 144, 372, 549, 570, 576, 577 और 600 पर ऐसे अनेक अंश हैं जो उपर्युक्त अभ्युक्ति की पुष्टि करेंगे। इन अंशों को पढ़ने से स्पष्ट होता है कि अमृतराय विविध स्थितियों और मनःस्थितियों के एक सार्थक टिप्पणीकार के रूप में अपने को प्रस्तुत करने में सफल रहे हैं।

व्यक्तिगत और पारिवारिक प्रसंगों के चित्रण में अमृतराय जिस तटस्थता का परिचय देते हैं वह उस तटस्थता से भिन्न कोटि की है जिसका परिचय आत्ममुग्ध और व्यक्तिवादी लेखक अकसर दिया करते हैं। यह तटस्थता अपने प्रति और अपनों के प्रति निर्ममता बरतती है लेकिन समाज के प्रति पक्षधरता का रवैया अपनाती है। उदाहरण के लिए अमृतराय मुंशी दयानारायण निगम को लिखे गये प्रेमचंद के उस पत्र को भी उद्धृत करते हैं जिसमें प्रेमचंद कुछ रुपल्लियाँ सूद पर देने की बात कहते हैं। इसी उद्धरण का लाभ उठाकर बहुत से प्रेमचंद-विरोधी समीक्षक प्रेमचंद को सूदखोर बताकर अपनी मौलिक खोज का ढिंढोरा पीटते हैं। मजबूरी में एक गरीब आदमी अगर पचास-सौ रुपये किसी को उधार देता है और उपयुक्त सूद पर कुछ समय बाद वापस ले लेता है तो उसे सूदखोर बताना ऐसा ही है जैसे कभी-कभार एक-दो पैग पी लेनेवाले को शराबी कहना। खैर, प्रसंग यहाँ प्रेमचंद की वकालत

करने का नहीं है। यहाँ तो प्रसंग सिर्फ यह है कि ऐसे नाजुक प्रसंगों के उल्लेख में भी अमृतराय ने एक ईमानदार जीवनीकार की तटस्थता का परिचय दिया है।

डॉ. रामविलास शर्मा द्वारा रचित 'निराला की साहित्य साधना' (खंड-I) भी हिंदी की एक श्रेष्ठ जीवनी है। एक तरह से वह अभी तक लिखी गई जीवनियों में सबसे ज्यादा महत्त्वपूर्ण है क्योंकि उसमें निराला के व्यक्तित्व और कृतित्व के अंतःसंबंधों को अपेक्षाकृत अधिक विश्लेषणात्मकता, अधिक जटिल-संश्लिष्टता और अधिक विवादात्मकता के साथ व्याख्यायित किया गया है; लेकिन, जहाँ तक तटस्थता का सवाल है डॉ. रामविलास शर्मा भी निराला के प्रति उस सीमा तक तटस्थ नहीं हो पाते जिस सीमा तक अमृतराय प्रेमचंद के प्रति हो पाए हैं। 'आवारा मसीहा' के लेखक विष्णु प्रभाकर शरत् के प्रति तटस्थ नहीं हो पाते बल्कि कहीं-कहीं तो गलदश्रु भावुकता और महिमाबखान-प्रवृत्ति का परिचय देते हैं। अमृतराय प्रेमचंद के पुत्र होकर भी ऐसा नहीं करते जबकि ऐसे खतरे की आशंका यहीं अधिक थी, क्योंकि पुत्र का पिता के प्रति तटस्थ हो पाना एक कठिन परीक्षा है। यह तटस्थता जीवनी-लेखन के लिए बहुत बड़ी अनिवार्यता है। तटस्थता के निर्वाह के कारण ही कोई भी जीवनी वस्तुपरक गुणवत्ता, प्रामाणिकता और विश्वसनीयता का परिचय दे पाती है। लेकिन तटस्थता से यहाँ आशय है (जैसा कि पहले कह चुका हूँ और इस बात पर बल देना चाहता हूँ, इसीलिए दोहरा रहा हूँ) अपने प्रति, अपनों के प्रति, विषय (जीवनी के विषय) के प्रति और तथ्यों के प्रति तटस्थ होना। यह तटस्थता व्यक्तिवादियों और आत्ममुग्ध स्वयंप्रभुओं की उस तटस्थता से बिल्कुल भिन्न है जो सामाजिक सरोकारों के प्रति भी 'तटस्थ' होती है। यह तटस्थता सामाजिक सरोकारों के प्रति पक्षधरता का परिचय देती है। अमृतराय की तटस्थता ऐसी ही तटस्थता है।

यदि इस निष्कर्ष का कोई यह अर्थ लगाए कि जीवनीकार अमृतराय के मन में अपने महान् पिता (प्रेमचंद) के प्रति कोई प्यार नहीं था, कोई दर्द नहीं था तो उसे 'कलम का सिपाही' को एक बार फिर पढ़ लेना चाहिए। अमृतराय की शैली में उक्त तटस्थता को बरकरार रखती हुई एक छटपटाहट है, एक तड़प है जो बहुत धीमे से शांत और संजीदा ढंग से, निश्छल और शिशुवत लहजे में अपना प्यार, अपना दर्द बताती तो नहीं लेकिन व्यंजित कर देती है। सामाजिक सरोकार की चेतना के संस्पर्श से वह प्यार और दर्द उदात्त हो उठा है इसलिए उसके मूल स्वरूप को पहचानना कठिन तो है लेकिन असंभव नहीं है।

इसी संदर्भ में 'मेरी रचना प्रक्रिया' शीर्षक से दिए गए एक इंटरव्यू में अमृतराय ने अपनी शैली में अंतर्निहित इस छटपटाहट की ओर इस प्रकार संकेत किया है :

'मुझसे रचना तभी और इसीलिए होती है कि मुझे अंदर से कुछ तंग करता है... कठिन कसक, तड़प और कसमसाहट होती है अपने भीतर की चीज़ को बाहर निकाल देने में। रचना के दौर में मैं रचना के हालात में रहता हूँ। उसी में जीता हूँ और रचना करता हूँ।'

(देखें, 'कहानीकार' अंक 94, वर्ष 18, पृष्ठ 94, वाराणसी)

विश्वसनीयता और प्रामाणिकता केवल तथ्यों पर ही आधारित नहीं होतीं। तथ्यों की संपूर्णता या अपूर्णता पर आधारित तो होती ही हैं, साथ ही, वाचक या लेखक की मानसिकता में अंतर्निहित मनूशाओं, मनोदशाओं, मन के आशयों, निष्कर्षों, तथ्यों के प्रस्तुतीकरण की भंगिमाओं, चुनाव और छिपाव, चित्रण के अंदाज तथा स्थितियों के आकलन और उन पर की गई टिप्पणियों से भी व्यंजित और संप्रेषित होती रहती है। इन सभी दृष्टियों से 'कलम का सिपाही' एक विश्वसनीय और प्रामाणिक कृति है, इसमें संदेह नहीं।

मार्मिक प्रसंगों के चयन और चित्रण में अमृतराय कलात्मक सूझ का परिचय देते हैं। प्रेमचंद की माता की मृत्यु, पिता की मृत्यु, संतान की मृत्यु जैसे प्रसंगों के चित्रण में; 'मोटेराम शास्त्री' कहानी को लेकर उठे वितंडावाद के चित्रण में; अवध उपाध्याय और श्रीनाथ सिंह द्वारा लगाए अनुकरण संबंधी आरोपों के विवरण में और ऐसे अन्य कई प्रसंगों के वर्णन में कलात्मक सूझबूझ का परिचय बराबर मिलता रहता है। इन प्रसंगों में प्रेमचंद की यातनाग्रस्त और वाद-विवाद-ग्रस्त परिस्थितियों और मनःस्थितियों का तटस्थ और मार्मिक ढंग से अंकन हुआ है।

लेकिन इस सबका यह अर्थ नहीं है कि इस कृति में कोई दोष है ही नहीं। कोई भी कृति सर्वांग गुण संपन्न या दोषमुक्त नहीं हो सकती; कुछ उद्धरण संपादित और संक्षिप्त रूप में दिए जा सकते थे, कुछ उद्धरण न भी दिए जाते तो जीवनी की गुणवत्ता और बढ़ जाती। कुछ प्रसंग ऐसे भी हैं जिनका ज़िक्र किए बिना भी प्रेमचंद की जीवन कथा के आरंभ, मध्य, विकास और अंत में कोई बाधा न पड़ती। इस दृष्टि से डॉ. रामविलास शर्मा की निराला विषयक जीवनी में भी कुछेक अनावश्यक और अप्रासंगिक आ गए हैं। विष्णु प्रभाकर की 'आवारा मसीहा' में भी ऐसे अंशों की कमी नहीं है जिन्हें निकाला जा सकता था, संक्षिप्त किया जा सकता था अथवा संपादित किया जा सकता था। 'निराला की साहित्य साधना (प्रथम खंड)' फिर भी अपेक्षाकृत एक अधिक सुसंबद्ध कपैक्ट (Compact) जीवनी है। 'कलम का सिपाही' में कहीं-कहीं झोल है; लगभग एक-सी घटनाओं का दोहराव है। उद्धरणों का विस्तार है। निष्कर्ष और विवेचन संबंधी अस्पष्टता और उलझाव है लेकिन सर्वत्र नहीं, कहीं-कहीं। तटस्थता का तकाज़ा कहीं-कहीं इतना ज्यादा है कि अखरता है। उदाहरण के लिए निराला के बाद हिंदी के तीसरे कबीर नागार्जुन को 'कलम का

सिपाही' शीर्षक ही पसंद नहीं आया। उन्हें यह नागवार गुज़रा कि कोई भी व्यक्ति, फिर वह प्रेमचंद का सुपुत्र ही क्यों न हो, प्रेमचंद के प्रति इतनी अनौपचारिकता बरते; अतएव, उन्होंने प्रेमचंद को अधिक सम्मान देते हुए 'कलम का सिपाही' की बजाय 'कलम के सिपाही' शीर्षक एक आलेख तैयार किया और उसे प्रकाशित कराया।

लेख का उपसंहार करने से पहले ज़रा अमृतराय द्वारा लिखी गई इस जीवनी की भाषा पर भी विचार कर लें। यह भाषा इफरात, मुदर्रिस, तुफैल, दिलबस्तगी, दबदबा, तनख्वाह, तालीम, इब्तदाई जैसे आमफ़हम उर्दू शब्दों का प्रयोग करती हुई, बोरियाबकचा, लस्टम-पस्टम, सटर-पटर, लटपट, यकबयक जैसे बोलचाल के देशज और स्थानीय शब्दों के इस्तेमाल का मज़ा लूटती और लुटाती हुई प्रेमचंद की उर्दू-हिंदी मिश्रित हिंदुस्तानी की याद दिला देती है। अमृतराय प्रेमचंद की भाषा का अनुकरण नहीं करते, अनुसरण करते हैं; उनका अंदाज अपना है, मौलिक है, ताज़गी और रवानगी से भरा है—

> चिबल्लेपन की इंतहा नहीं (पृष्ठ 20) चोपी लग-लगकर मुँह फदका रहता···तो फिर पना भी शुरू हो जाता (पृष्ठ 20)
>
> × × ×
>
> एक छोटी सी गिलसिया थी, वही उसका नपना था
>
> (पृष्ठ 23)
>
> × × ×
>
> मुंशीजी यह किसका गुणगान कर रहे हैं। कहाँ की बात ! जब मरूँगा तब मर जाऊँगा, मरने के पहले नहीं मर सकता।
>
> शरीर थोड़ा छीज रहा है ज़रूर लेकिन शरीर का छीजना, मन का छीजना तो नहीं। उसमें तो आज भी वही जोश है, हौसला है, गुस्सा है, मुहब्बत है, नफ़रत है, झुँझलाहट है, दर्द है, सब कुछ तो वही है। कहीं तो कोई बासीपन नज़र नहीं आता, वही तड़प, वही भूख नयी बातों के लिए, वही अम्लान जिज्ञासा सत्य की, वही विद्रोह जड़पुरातन से···' (पृष्ठ 527)
>
> × × ×
>
> 'झगड़ा, मोल लेना ठीक बात नहीं है। अपने काम से काम रखना चाहिए। लेकिन आँखों के आगे सरीहन् बेइनसाफ़ी हो रही हो तो इंसान चुप भी कैसे रहे। जुल्म देखकर उस आदमी को जैसे फिर किसी बात का होश नहीं रह जाता था और तैश खाकर, तिलमिलाकर कूद पड़ने के अलावा फिर और कुछ न सूझता।' (पृष्ठ 40)
>
> × × ×

यह भाषा 'पंडिताऊ हिंदी' नहीं है। 'मौलवियाऊ उर्दू' भी नहीं है। घरेलू बोलचाल की प्रचलित पदावलियों से भरपूर यही वह खिचड़ी भाषा है जिसकी प्रेमचंद हिमायत किया करते थे। खड़ी बोली के इसी हिंदुस्तानी स्वरूप को प्रतिष्ठा और मान्यता दिलाने के लिए वे ताउम्र संघर्ष करते रहे लेकिन जिसे हिंदी के (और उर्दू के भी) अधिकांश परवर्ती लेखकों ने भुला दिया है :

> 'खिदमतें अंजाम देनी होती होंगी।' (पृष्ठ 16)
>
> × × ×
>
> 'ताहम ऐसा लगता है...' (वही)
>
> × × ×
>
> 'रूसी साहित्य में उनकी दिलचस्पी पुरानी है। कहानी-उपन्यास में रूस का मुकाबला कोई देश नहीं कर सकता। चेखोव छोटी कहानियों का बादशाह है। तुर्गनेव के कलम में बड़ा दर्द है। गोर्की किसानों मज़दूरों का अपना लेखक है। तॉलस्तॉय सबके ऊपर है। उसकी हैसियत शाहंशाह की है...' (पृष्ठ 487)

उपसंहार

कुल मिलाकर यह कहा जा सकता है कि यह जीवनी इस ढंग से लिखी गई है कि प्रेमचंद की ज़िंदगी अपने समय की उथल-पुथल का पैमाना बन गई है। जीवनी की शुरुआत में ही ई. 1885 के आसपास के भारत का रोमांचक विवरण है (पृष्ठ 77)। विवेकानंद के आविर्भाव का ऊर्जस्वी वर्णन है (पृष्ठ 78)। फिर गोखले और तिलक के समय के द्वंद्व का चित्रण है। इन दोनों नेताओं के संघर्ष के स्वरूप और उसकी अंतर्वस्तु के फ़र्क को रेखांकित किया गया है जिसने हमारे स्वतंत्रता आंदोलन को दो अलग दिशाओं में मोड़ दिया और अपने-अपने ढंग से प्रभावित किया। इन दोनों के प्रभाव से अभिभूत प्रेमचंद के अंतर्विरोधी व्यक्तित्व का तटस्थ अंकन किया गया है (पृष्ठ 79)। मेकाले और गांधी के उद्धरणों का इस संदर्भ में सटीक इस्तेमाल किया गया है। अधिकांश जीवनी में मुंशी दयानारायण निगम और प्रेमचंद के बीच पत्रव्यवहार का सर्जनात्मक उपयोग है। इन दो महान् मित्रों का आपसी प्रेम, लंबी दोस्ती और स्थायी साहचर्य अपने समस्त मनमुटावों के साथ इस जीवनी का बेहद प्रासंगिक और मूल्यवान अंश है। इस जीवनी में अमृतराय अपना और अपने पिता का रोना नहीं रोते, जैसाकि बहुत से जीवनी-लेखक और आत्मकथा लेखक अक्सर किया करते हैं। अमृतराय पारिवारिक और सामााजिक परिस्थितियों का वस्तुपरक आकलन और मूल्यांकन करने की ईमानदार और जागरूक कोशिश करते दिखाई देते हैं और इस प्रयास में आत्म-संयम और सजगता का भी परिचय देते हैं। जहाँ-जहाँ

ऐसे अवसर आते हैं वे प्रेमचंद की मानव सुलभ कमज़ोरियों का ज़िक्र करते हैं। वे न तो उक्त कमज़ोरियों को छिपाते हैं और न ही उनका महिमा-बखान करते हैं। वे बिना किसी संकोच के प्रेमचंद पर आर्यसमाज का प्रभाव दिखलाते हैं। तिलक, गोखले और गांधी के प्रसंग में प्रेमचंद की मानसिकता पर पड़ते हुए अंतर्विरोधी प्रभावों का ज़िक्र करते हैं। पूरी जीवनी में वे न तो प्रेमचंद को महिमामंडित करते हैं और न ही आत्मबखान के अवसरों का दुरुपयोग करते हैं जबकि और बहुत-से लेखक परोक्ष ढंग से या प्रत्यक्ष ढंग से ऐसा कर गुज़रते हैं। उन्होंने व्यक्ति प्रेमचंद को उनके समाज के साथ, उसकी समष्टि के साथ पूरी तरह से अभिव्यक्त करने की कोशिश की है; यह अलग बात है कि कोई भी मानवीय प्रयास कभी पूर्ण या संपूर्ण नहीं हो सकता। 'कलम का सिपाही' में अमृतराय ने उन मानवीय मूल्यों और उन सामाजिक सरोकारों को संप्रेषित किया है जिनके लिए प्रेमचंद जिए, मरे और अमर हो गए।

संघर्ष और सौंदर्य के रचनाकार : नागार्जुन

जीवन-शैली और साहित्य-भाषा के आपसी रिश्ते कितने घनिष्ठ होते हैं, इस रहस्यात्मक पहेली को नागार्जुन के साहित्य के संदर्भ में बूझा और बुझाया जा सकता है। नागार्जुन की जन-जीवन संबंधी अंतर्ग्रस्तता (Involvement) उनके साहित्य को दमदार, धारदार और व्यंजनात्मक बनाती है। श्री प्रभाकर माचवे ने ठीक ही कहा है—'चाक्षुष प्रत्यक्ष कबीर, निराला, नागार्जुन की कविता की ठोस यथार्थवादी जमीन है।' लेकिन चाक्षुष ही क्यों समग्र एंद्रियबोध इन तीनों कवियों की कविता को वह यथार्थवादी आधार देता है कि इनके साहित्य की भाषा बहते हुए निर्मल नीर की तरह प्रवाहशील हो उठी है। ऐसी भाषा कोरी या किताबी शब्द-साधना से हासिल नहीं होती। उसे पाने के लिए ज़िंदगी के समंदर में (भवसागर में) कूदना ही पड़ता है। उधार लिए गए अनुभवों, विचारों और संदेशों की पूँजी यहाँ छूँछी पड़ जाती है। जीवन-समर से कतरा कर साहित्य का समर नहीं लड़ा जा सकता। साहित्य में अभिव्यक्त होनेवाला अनुभव और (उस अनुभव की) भाषा जिसमें कि वह सना होता है, एक व्यक्ति द्वारा गढ़ी गई नहीं होती, एक व्यक्ति के लिए नहीं होती; वह तो उस समाज की आकांक्षाओं, इच्छाओं, ज़रूरतों और तक़ाजों तथा संघर्षों व सौंदर्यों की सामाजिक अभिव्यक्तियों का सशक्त और सर्जनात्मक माध्यम होती है जिससे रचनाकार जुड़ा है (यानी, उसका एक हिस्सा है)। इसीलिए हर व्यक्तिगत अनुभव भी सामाजिक अनुभव का ही एक अंग है। इस अंग-अंगी संबंध (Part and whole relationship) को नज़रअंदाज़ करने या दरकिनार करने के अपने खतरे हैं। कबीर, निराला और नागार्जुन के साहित्य की स्रोत-सामग्री (Source material) यही सामाजिक अनुभवों की संपदा है। व्यक्तिगत अनुभव इन्हीं का एक हिस्सा है। व्यक्तिगत अनुभव और सामाजिक अनुभव को एक-दूसरे से काउंटर-पोज़ करना ऐसा ही है जैसे व्यक्ति को समाज के (अथवा समाज को व्यक्ति के) विरुद्ध खड़ा करके कोई जायज़ा लेना।

अनुभव संघर्ष से हासिल होते हैं और सौंदर्य की प्रतीति कराते हैं। अनुभव का स्रोत संघर्ष है और सौंदर्य की प्रतीति का स्रोत अनुभव है। अतः संघर्षों से कतराकर सच्चे सौंदर्य का साक्षात्कार न तो स्वयं किया जा सकता है और न ही

दूसरों को कराया जा सकता है :

'खड़ी हो गई चाँप कर कंकालों की हूक
नभ में विपुल विराट-सी शासन की बंदूक

× × ×

जली ठूँठ पर बैठ कर गई कोकिला कूक
बाल न बाँका कर सकी, शासन की बंदूक।'

'कंकालों की हूक' से भुखमरी के लिए किए गए (और किए जा रहे) संत्रास का बिंब उभरता है; 'शासन की बंदूक' से आतंक का। संत्रास और आतंक एक ही सिक्के के दो पहलू हैं। सिक्का खोटा है, झूठ पर आधारित सत्ता के दमन चक्र-सा। कविता का सौंदर्य संघर्ष की इसी तस्वीर में से प्रस्फुटित होता है।

नागार्जुन के साहित्य में भाषा की सर्जनात्मकता मनुष्य के संघर्ष के साथ-साथ मनुष्य और प्रकृति के आपसी रिश्ते से भी अपनी ऊर्जा लेती है। मनुष्य का प्रकृति के साथ जो रिश्ता है, वह आदिम है और अद्यतन भी। संघर्षपरक है और रागात्मक भी। नागार्जुन के जन-जीवन संबंधी प्रेक्षण (Observations) जितने प्रामाणिक होते हैं उतने ही प्रकृति-संबंधी प्रेक्षण भी।

'कौए ने खुजलाई पाँखें बहुत दिनों के बाद'

प्रकृति संबंधी पैने प्रेक्षण के साथ-साथ अर्थ-गर्भत्व और लक्षणामूला ध्वनि (लाक्षणिक व्यंजना) की ओर भी बरबस ध्यान आकर्षित होने लगता है।

नागार्जुन और उनकी भाषा–देखने में दोनों सीधे-साधे लगते हैं लेकिन इतनी सतर्कता और व्यंजनात्मकता और वह भी एक-साथ सोने में सुहागे की तरह :

'टूटे सींगोंवाले साँडों का
यह कैसा चक्कर था
इधर दुधारू गाय खड़ी थी
उधर सरकसी बक्कर था'

ये पंक्तियाँ दो शक्तिशाली राजनैतिक नेताओं के चुनाव के परिदृश्य को मूर्तिमान कर रही हैं। श्रीमती इंदिरा गांधी और श्री राजनारायण की चुनाव-टक्कर में दो शक्तियों के द्वंद्व का चक्कर घूम गया था :

'समझ न आएगा बरसों तक
कैसा काला चक्कर था'

सहज और सर्जनात्मक, मारक और धारदार तथा व्यंजनात्मक भाषा संघर्ष-भरे

अनुभवों और उनके प्रामाणिक चित्रण से ऐसे प्रस्फुटित होती है जैसे अंधेरे को चीरती हुई उषा से उसकी रश्मियाँ।

भाषा और अनुभव–अनुभव और भाषा अलग-अलग नहीं मिलते, एक-दूसरे से सने हुए ही मिलते हैं :

'कई दिनों तक लगी भीत पर
छिपकलियों की गश्त'

यह भाषा और अनुभव एक-दूसरे से जुड़े हैं। संघर्ष और सौंदर्य का रचनाकार छिपलियों की गश्त में जिजीविषा के लिए किए जा रहे छिपकलियों के संघर्ष को देख लेता है। 'कौए ने खुजलाई पाँखें बहुत दिनों के बाद' में भी वह कौए के जिजीविषा संबंधी संघर्ष को देख लेता है। संघर्षशील रचनाकार ही इस संघर्ष की कोशिशों पर नज़र रख पाता है। इसी से वह प्रकृति के जीव-जंतुओं के बीच हो रहे संघर्ष का साक्षात्कार कर लेता है। इसी संघर्ष के साक्षात् परिदृश्यों द्वारा वह प्रकृति के क्रिया-व्यापार में निहित सौंदर्य की प्रतीति करा देता है। अकाल के कारण जनता घर-बार छोड़कर अनाज की तलाश में कहीं-कहीं भटक रही है। घर सुनसान पड़े हैं। घर में कोई नहीं है तो दीपक भी नहीं जलते। दीपक नहीं जलते तो मच्छर भी नहीं आते। अतः छिपकलियाँ परेशान होकर भीत पर गश्त लगाती रहीं। भाषा, अनुभव, संघर्ष और सौंदर्य के अपने अंतःसबंध हैं जो कविता को सहज और सर्जनात्मक बना रहे हैं।

'चलो चलो हम धरना देंगे
दिल्ली के दरबार में
भूखहरन टिकिया बिकती है
वहाँ सुपर-बाजार में'

'भूखहरन टिकिया' और 'सुपर बाज़ार' में उसका बिकना ! बाज़ारू दृश्य कह कर इन प्रयोगों को साधारण मत समझिए ! ये प्रयोग व्यंग्यात्मक तो हैं ही व्यंजनात्मक भी हैं। ग़ालिब के समय से, उसकी समय-चेतना से और उसकी संघर्ष-सौंदर्य-परक अनुभूति से समकालीन कवि नागार्जुन के समय का, उसकी समय-चेतना का और संघर्ष-सौंदर्यपरक अनुभूति का मिलान कीजिए और बदलाव का जायज़ा लीजिए :

'तुम शहर में हो तो हमें क्या ग़म जब उठेंगे,
ले आएँगे बाज़ार से जाकर दिलो जाँ और'

ग़ालिब के अंदाज़ेबयाँ से नागार्जुन के अंदाज़ेबयाँ तक आते-आते काव्य की

चेतना और समय की चेतना में कितना कुछ अदल-बदल गया है। सवाल उर्दू-हिंदी का नहीं, यहाँ के मनुष्य की संघर्ष-यात्रा और उसी की सौंदर्यानुभूति के बदलते हुए और बदले हुए मिजाज़ और अंदाज़ का है।

महारानी एलिज़ाबेथ द्वितीय के भारत-आगमन के अवसर पर लिखी गई नागार्जुन की ये पंक्तियाँ भी कम व्यंग्यात्मक और कम व्यंजनात्मक नहीं हैं :

'आओ रानी हम ढोएँगे पालकी
यही हुई है राय जवाहरलाल की'

महाराजा के इंग्लैंड से भारत-आगमन के अवसर पर लिखे गए कवींद्र-रवीन्द्र के राष्ट्रगान की निम्न पंक्तियों से उपर्युक्त पंक्तियों की तुलना ना भी करें तो भी दोनों कवियों की पंक्तियों को साथ-साथ रख कर पढ़ने में कोई हर्ज नहीं है, क्योंकि इससे भी दोनों कवियों की संघर्ष-सौंदर्यपरक भावानुभूति और भावाभिव्यक्ति के अंतर का और इस प्रकार बदलते हुए (और बदले हुए) अंदाज़ और मिजाज़ का जायज़ा तो लिया ही जा सकता है।

नागार्जुन की संघर्ष-सौंदर्यपरक भावाभिव्यक्ति व्यंग्यात्मक और व्यंजनात्मक ही नहीं है, वह बिंबात्मक भी है।

'बाल झबरे, दृष्टि पैनी
फटी लुंगी, नग्न तन
किंतु अंतर्दीप्त था आकाश-सा
उन्मुक्त मन'

नागार्जुन ने महाकवि निराला के 'महाप्रयाण' के अवसर पर जो कविता लिखी थी उसी की पंक्तियाँ हैं ये। कविता में प्रारंभ से ही बिंबों का सिलसिला शुरू हो जाता है। शीर्षक से ही एक संघर्षपरक बिंब उभरने लगता है। 'भारती सिर पीटती है' शीर्षक है इस कविता का। फिर झबरे बालोंवाले, पैनी दृष्टि से देखनेवाले, फटी लुंगी पहन कर नंगे बदन घूमनेवाले, अंतर्दीप्त और उन्मुक्त मन लिए आकाश को ताकनेवाले महाकवि निराला के संघर्ष-सौंदर्य से ओत-प्रोत व्यक्तित्व का चित्रण है। सौ-सौ हवन करना, पवन का घुटकर रह जाना, लक्ष्मी चरणों का घोड़े के खुरों की तरह शारदा के वक्षस्थल पर पड़ना, शंखध्वनि के कोलाहल में स्मारकों के द्रव्य का लुट जाना आदि बिंबों का अभूतपूर्व सिलसिला है। कविता एक साथ कई-कई बिंबों का अंबार लगाती हुई, ऐसे कि सारा घटनाचक्र साकार होकर गीली आँखों में तैर-तैर उठता है।

नागार्जुन के काव्य में संघर्ष की अभिव्यक्ति की तो चर्चा प्रायः की जाती है जो समुचित और स्वाभाविक ही है तथापि उनके काव्य में सौंदर्य की अभिव्यक्ति

की ओर बहुत कम ध्यान दिया गया है। निराला की ही तरह नागार्जुन सौंदर्य और संघर्ष के महत्त्वपूर्ण कवि हैं। नागार्जुन के भीतर एक कालिदास-प्रेमी मन है जो बार-बार उनकी कविताओं में झलक जाता है। मध्य प्रदेश प्रगतिशील लेखक संघ द्वारा इंदौर में आयोजित एक समारोह में मुझे उनकी सोहबत करने का अवसर मिला तो वहाँ आकाशवाणी, इंदौर के लिए एक इंटरव्यू लेते समय मैंने उनसे उनके कालिदास-प्रेमी मन के बारे में पूछा। नागार्जुन का उत्तर था कि जब हम संघर्ष को महत्त्व देते हैं तो आख़िर किसलिए ! सौंदर्य और प्रेम जैसे श्रेष्ठ मानव-मूल्यों के ही लिए !! सौंदर्य और प्रेम की रक्षा के लिए हम संघर्ष के रास्ते पर अग्रसर होते हैं, जहाँ-जहाँ उसके लिए संघर्ष हो रहा होता है, वहाँ-वहाँ कूद पड़ते हैं। यदि हमारे मन में प्रेम और सौंदर्य की भावनाएँ नहीं होतीं तो हम संघर्ष के लिए कभी तत्पर न होते। यह भावना जितनी गहरी और व्यापक होती है, संघर्ष के प्रति हमारा इन्वाल्वमेंट भी उतना ही गहरा होता है और हमारे संघर्ष का दायरा भी उतना ही व्यापक होता जाता है। लेकिन कुछ लोग या तो इस सत्य को समझते नहीं हैं या फिर जानबूझ कर उसकी ओर से आँख मूँद लेते हैं। प्रसंग-वश कविवर मैथिलीशरण गुप्त की इन पंक्तियों का याद आ जाना स्वाभाविक ही है :

'इसी हेतु है जन्म टंकार का
न टूटे कभी तार झंकार का'

नागार्जुन के काव्य-गांडीव से निकलनेवाली टंकार को तो सभी सुन लेते हैं, उसकी ओर तो बहुतों का ध्यान गया है लेकिन उनके सौंदर्य-प्रेमी हृदय की वीणा से जो झंकार निकलती है उसकी ओर बहुत कम लोगों का ध्यान गया है। नागार्जुन का सौंदर्य-प्रेमी मन ही उनसे यह लिखा सकता था कि :

'कालीदास सच सच बतलाना !
....
अज रोया या तुम रोये थे ?'

'बसंत की अगवानी', 'बादल को घिरते देखा है', 'चातक', 'जया', 'कालिदास', 'यह दंतुरित मुस्कान', 'सिंदुर तिलकित भाल' जैसी कविताओं में, 'धन धिन धा धमक-धमक मेघ बजे', 'शशि से शरमाना सीख गए शिशु घन कुरंग', 'मन कहता है छू ले कदंब' तथा 'अतुल अमित अंकुरित बीज घर पावस तुम्हें प्रणाम' जैसे गीतों में उनका सौंदर्य-प्रेमी मन सहज, स्वाभाविक और नैसर्गिक भावाभिव्यक्तियों का कारण रहा है।

एक अरसे बाद परदेस से स्वदेश लौटनेवाले व्यक्ति के मन में अपने घर और गाँव के लिए जो प्रेम और सौंदर्य की भावनाएँ घुमड़-घुमड़ कर उमड़ती हैं, उनकी

अभिव्यक्ति (आदिम युग से लेकर आज तक) कविता का एक मार्मिक विषय रहा है। नागार्जुन ने इसी मार्मिक विषय पर एक महत्त्वपूर्ण कविता लिखी है—'बहुत दिनों के बाद।' प्रेम और सौंदर्य की जैसी कलात्मक अभिव्यंजना इस कविता में हुई है, समकालीन कविता में अन्यत्र दुर्लभ है। कला अपनी सादगी में कितनी श्रेष्ठ होती है, इसका यह एक उदाहरण है—पहले कविता पढ़ जाएँ फिर उस पर टिप्पणी करेंगे।

'बहुत दिनों के बाद
अब की मैंने जी भर देखी
पकी सुनहली
फसलों की मुस्कान
बहुत दिनों के बाद

× × ×

बहुत दिनों के बाद
अबकी मैं जी भर सुन पाया
धान कूटती किशोरियों की
कोकिल कंठी तान
बहुत दिनों के बाद

× × ×

बहुत दिनों के बाद
अबकी मैंने जी भर सूँघे
मौलसिरी के ताजे-टटके फूल
बहुत दिनों के बाद

× × ×

बहुत दिनों के बाद
अबकी मैं जी भर छू पाया
अपनी गँवई पगडंडी की
चंदनवर्णी धूल
बहुत दिनों के बाद

× × ×

बहुत दिनों के बाद
अबकी मैंने जी भर
तालमखाना खाया गन्ने चूसे जी भर
बहुत दिनों के बाद !'

'सौंदर्य और प्रेम' की भावनाओं को 'अबकी बार' कवि ने समग्रता के साथ

जिया है। लेकिन ऐसा 'बहुत दिनों के बाद' संभव हो सका है। बहुत दिनों के बाद—इसलिए, चूँकि ऐसे अवसर बार-बार नसीब नहीं होते, क्योंकि जीवन-संघर्षों से भरा है। 'बहुत दिनों के बाद' पंक्ति में पूरे जीवन-संघर्ष को असंलक्ष्य-क्रम-ध्वनि के द्वारा ध्वनित कर दिया गया है। अभिधेयार्थ और ध्वन्यार्थ के बीच की यात्रा इतनी तेज़ी से तय हो जाती है कि सहृदय पाठक इस क्रम को संलक्षित नहीं कर पाता, इसीलिए असंलक्ष्य-क्रम-ध्वनि है। भारतीय काव्य-शास्त्र में रसानुभूति को ही असंलक्ष्य-क्रम-ध्वनि भी कहा गया है। प्रेमानुभूति और जीवन-सौंदर्य के (समग्रता के साथ) उपभोग की इस कविता में जीवन-संघर्ष भी अपनी समग्रता के साथ ध्वनित होता है। इसीलिए 'बहुत दिनों के बाद' पंक्ति की प्रत्येक छंद के प्रारंभ और अंत में आवृत्ति की गई है। यानी, प्रेम और सौंदर्य के उपभोग की संभावनाएँ दोनों ओर से घिरी हैं, आदि में भी संघर्ष है और अंत में भी। शांतिपूर्ण उपभोग की संभावनाएँ कहाँ हैं ? जीवन में कभी-कभार ही ऐसे अवसर मिलते हैं। 'बहुत दिनों के बाद' पंक्ति की आवृत्तियों का यही आशय है। प्रेम और सौंदर्य का यह उपभोग अबकी बार समग्रता के साथ संभव हो सका है, तभी तो उस सौंदर्य को कानों ने, आँखों ने, हाथों ने, जिह्वा ने, होठों ने भोगा है :

'अबकी मैं जी भर सुन पाया'
'अबकी मैंने जी भर देखी'
'अबकी मैं जी भर छू पाया'
'अबकी मैंने जी भर तालमखाना खाया'
'गन्ने चूसे जी भर'

उस सौंदर्य को जी भर देखा, जी भर सूँघा, जी भर छूआ, जी भर चूसा। यानी, सौंदर्य को समग्र ऐंद्रिय संवेदनों के साथ, सारी इंद्रियों के द्वारा भोगा। रूप, रंग, रस, स्पर्श और गंध के सभी सुख लिए। सौंदर्य के ऐसे समग्र उपभोग को रचना में चरितार्थ करनेवाली कोई दूसरी कविता समकालीन काव्य के अंतर्गत मैंने नहीं पढ़ी। सौंदर्य का ऐसा समग्र उपभोग तो कामायनी और निराला की कविताओं में भी (एक ही कविता में अथवा एक ही प्रसंगस्थल पर) शायद ही मिले। नागार्जुन की यह कविता प्रमाणित कर देती है कि वे संघर्ष के ही नहीं सौंदर्य के भी अद्वितीय रचनाकार हैं। 'बहुत दिनों के बाद' और 'अबकी' जैसे पदों की आवृत्ति प्रेम और सौंदर्य की अनुभूति को और गहरा एवं तीव्र बना देती है क्योंकि इन आवृत्तियों के कारण पृष्ठभूमि में संघर्ष की ध्वनि उतनी ही बार गूँजती है। 'जी भर' पद की आवृत्तियाँ इस बात को शिद्दत के साथ रेखांकित करती रहती हैं कि ऐसा अवसर अबकी बार ही मिला कि जी भर कर प्रेम और सौंदर्य को भोगा। इसके पूर्व जब कभी अवसर मिला तो जी भर कर उपभोग न हो सका। हर बार अतृप्त होकर ही

लौटना पड़ा। इसलिए लौटना पड़ा कि कहीं-न-कहीं कोई-न-कोई संघर्ष छिड़ गया और कवि को तो वहाँ जाकर उस संघर्ष में शामिल होना ही था। नागार्जुन के काव्य के बारे में चर्चा करने के बाद उनके गद्य लेखन पर भी किंचित् विचार करना अप्रासंगिक न होगा। इंदौर आकाशवाणी से प्रसारित साक्षात्कार के दौरान नागार्जुन ने मुझसे कहा था।

> 'देखिए सूत्र की तरह बात मत उठाइए। लेकिन एक बात नोट करिए कि जो कवि गद्य-लेखन से जी चुराएगा, वह लंगड़ा साहित्यकार कहलाएगा। जैसे कि पोलियो होता है या सुखड़ी रोग होता है—माने, बाँहें पतली हैं। मुँह ठीक है। पेट ठीक है या पेट बड़ा है। टाँगें सींकिया हैं। ये अपाहिजपन का नमूना है। सामवयहीनता के लक्षण। साहित्य में विकलांग बनकर बड़ा नहीं बना जा सकता। महान कवि बनने के लिए गद्य और प्रथम श्रेणी का गद्य लिख लेना भी अनिवार्य बात है।'
> ('आकाशवाणी' पत्रिका, 1-15 नवंबर, 1985)।

नागार्जुन ने पर्याप्त गद्य लिखा है। वे विख्यात उपन्यासकार हैं। 'वरुण के बेटे', 'बाबा बटेसर नाथ' और 'रतिनाथ की चाची' उनके महत्त्वपूर्ण उपन्यास हैं। 'बाबा बटेसरनाथ' के कारण ही संभवतः नागार्जुन के प्रिय-सहृदय उन्हें 'बाबा' कहना ही पसंद करते हैं। 'बाबा बटेसरनाथ' जिस शैली में अपनी व्यथा-गाथा कहते हैं, बाबा नागार्जुन के आत्मकथन की शैली उससे काफी मिलती-जुलती है। यह शैली एक कुटुंब के बीच बैठे कहानी सुनाते वयोवृद्ध की बोलचाल के आत्मीय लहजे के निकट है। नागार्जुन के ही शब्दों में 'बटेसर बाबा' घने पत्तों, गुंथी टहनियों और आड़ी-तिरछी डालोंवाला शांति-निकेतन था। हर तरह के लोगों का आश्रय-स्थल था। 'रतिनाथ की चाची' नागार्जुन के बाल्यजीवन की आत्म-कथा जैसा लगता है। पति द्वारा उत्पीड़ित एक ग्राम्या नारी का चरित्र उभरता है जो नागार्जुन की माँ की 'कहानी' कहता है। 'कहानी' करुणा और वेदना के संसार को नमूदार कर देती है। उपन्यास स्वयं बोलता है, किसी बाहरी साक्ष्य की ज़रूरत नहीं। नागार्जुन के उपन्यासों में जीवन और जिजीविषा के लिए किए गए संघर्ष संबंधी जो प्रामाणिक विवरण चित्रित हुए हैं वे उन्हें हिंदी के एक प्रामाणिक कथाकार के रूप में प्रतिष्ठित करते हैं। कपोल-कल्पित किस्सा गो वे नहीं हैं। जिस वस्तु का वे ज़िक्र करते हैं, ऐसी तफसील के साथ ब्यौरेवार और जानदार वर्णन करते हैं कि स्पष्ट अहसास हो उठेगा कि उस वस्तु को उन्होंने पैनी आँख से देखा है, जाँचा और परखा है; पूरी तहों के साथ। संपूर्ण बारीकियों सहित। 'रतिनाथ की चाची' उपन्यास में ननिहाल के बाग के आमों का वर्णन, एक उदाहरण है। ऐसे उदाहरण अनेक हैं। ऐसे में नागार्जुन की बहुज्ञता निराला की याद तो दिलाती ही रहती है, कभी-कभी वह

कविवर बिहारी लाल की भी याद दिला देती है। बिहारी लाल हिंदी कविता में बहुज्ञता के एक अपने ढंग के प्रतिमान हैं। कथा-साहित्य में आनेवाले ये विवरण इतिवृत्त बनकर नहीं आए, रचना का तंतु बनकर आए हैं। उदाहरण के लिए रतिनाथ के ननिहाल में बाग के आमों का वर्णन मातृहीन बालक के मनोजगत् को बड़ी अंतर्वेदना और संवेदना के साथ चित्रित करता है। माँ दुनिया में नहीं रही लेकिन ननिहाल तो है। ननिहाल में सुंदर बाग है और बाग में किसम-किसम के आम हैं। ऐसी संघर्ष-भरी दुनिया में कुछ-न-कुछ सौंदर्य और प्रेम बचा रहता है। यह क्या कम सुकून देता है ?

'We shall grieve not rather find strength in what remains behind'.

(W. WorDs$worth)

नागार्जुन की कहानियों पर हिंदी पाठकों का तो ध्यान गया है लेकिन आलोचकों और समीक्षकों ने उनका नोटिस बहुत कम लिया है। यों भी उन्होंने अधिक कहानियाँ नहीं लिखीं। 'आसमान में चंदा तैरे' शीर्षक से वर्ष 1982 में उनके सुपुत्र शोभाकांत ने कुछ कहानियाँ खोजकर एक संकलन तैयार किया जिसमें कुल बारह कहानियाँ हैं। इन कहानियों में भी नागार्जुन संघर्ष और सौंदर्य को एक साथ चित्रित और ध्वनित करने की उच्च कोटि की कला का परिचय देते हैं। कुछ कहानियाँ ऐतिहासिक हैं लेकिन प्रसाद की कहानी कला के ठीक विपरीतात्मक शैली में (एंटिथेटिकल)। प्रसाद की ऐतिहासिक कहानियों की भाषा, शिल्प, तकनीक और कुल मिलाकर फार्म व कटैंट (Form and content) अभिजात ढंग का है लेकिन नागार्जुन की कहानियों में अभिजात-अभिरुचि भंग होती है और यथार्थवादी व्यंग्य उभरता है। तथापि नागार्जुन की सामाजिक कहानियाँ प्रसाद की ही सामाजिक कहानियों की मानिंद करुणा और व्यंग्य का कश्कोल हैं। दोनों रचनाकारों की कहानियों में कवित्व का संपुट विद्यमान रहता है। नागार्जुन की ऐतिहासिक कहानियों में प्रसादजी की कहानियों की तरह अतीत का बखान और ऐतिहासिक रोमांस नहीं होता, अपितु इतिहास के धुँधले और उलझे हुए संदर्भ स्पष्ट होकर सुलझ जाते हैं। ये कहानियाँ अतीत की भूलभुलैया में यथार्थ की तलाश का एक सर्जनात्मक प्रयास हैं। राहुल सांकृत्यायन की कहानियों की ही तरह इनमें इतिहास द्वंद्वात्मक और भौतिक होकर जीवंत यथार्थ की तरह मूर्तिमान और नमूदार हो उठता है। काश नागार्जुन ने ऐसी कहानियाँ अधिक संख्या में लिखी होतीं। 'विशाख-माता' में बिंबसार और प्रसेनजित के समकालीन धनंजय सेठ की पुत्री का आत्मकथ्य उभरता है; कहानी इस तथ्य को रेखांकित करती है कि प्राचीन समय में भी राजाओं, शासकों, राजपुरुषों, प्रशासकों और सेठों के बीच लगभग वैसा ही गठबंधन था जैसा कि वह आज नज़र आता है। केवल स्वरूप बदलता है किंतु अंतर्वस्तु वैसी ही है। विशाखा

का एक सेठ-पुत्र से विवाह होता है तो कोसलराज बराती के तौर पर शामिल होते हैं। चौमासा भर बरात बहू के पिता के यहाँ खातिर कराती है। कुछ दिनों बाद बरात के लिए ईंधन कम पड़ जाता है तो विशाखा का बाप धनंजय सेठ आज्ञा देता है—'जाओ ! हस्तिशाला, अश्वशाला, गोशाला काफी हैं। उन्हें उजाड़ कर जलाओ ! इससे भी पूरा न पड़े, तो गोदाम खोलकर मर्जी मुताबिक मोटे कपड़े ले लेना, तेल के मटके निकाल लेना। तेल भिगो-भिगो कर कपड़े जलाना !'

इस आवभगत के बाद भी विशाखा की ससुर से नहीं पटी। पंचायत बैठी। विशाखा निर्दोष पाई गई। पर उसने पति के संग जाने से इंकार कर दिया। राज़ी हुई तो इस शर्त पर कि बौद्ध भिक्षु संघ की सेवा करेगी। ससुर नंगे साधुओं की सेवा करता और विशाखा बौद्ध भिक्षुओं की। धर्मों का आपसी टकराव पारिवारिक-फलक पर प्रतिबिंबित होता है। विशाखा नौ करोड़ रुपए की लागत पर श्रावस्ती के पूर्वी द्वार पर बौद्ध महाविहार बनवाती है। तथापि महाविहार में भिक्षुओं की हालत तो देखिए—'कपड़े के अभाव में नहाते कम थे। बरसात में नंगा नहाते थे। भिक्षुणियाँ वेश्याओं के साथ एक ही घाट पर नंगी नहाती थीं। वे भिक्षुणियों को ताना मारती और कहतीं—मौज करो आर्याओ !''' बुढ़ापे में थोड़ा बहुत धर्म कर लेना ! अभी क्या पड़ा है ?'

नागार्जुन अतीत को महिमामंडित नहीं करते। इतिहास का गौरव-बखान नहीं करते। स्थितियों को आदर्शीकृत नहीं करते। ऐतिहासिक रोमांस नहीं रचते। अतीत की पर्तों में निहित और अंतर्निहित यथार्थ को ढूँढ़ निकालते हैं, उसे पहचान लेते हैं। इतिहास की रंगीनी में छिपे काले और सफेद धब्बों को चित्रित कर देते हैं। कला की दृष्टि से यह लेखन मात्र ऐतिहासिक साहित्य नहीं है। राहुल सांकृत्यायन के साहित्य की ही तरह यह ऐतिहासिक यथार्थवादी साहित्य की रचना है। लेकिन नागार्जुन ने ऐसा साहित्य कम मात्रा में लिखा है। उनका अधिकांश लेखन सामाजिक यथार्थवादी लेखन है। सामाजिक यथार्थवादी यानी समकालीन समाज से कथावस्तु लेकर यथार्थवादी रचना करना।

दूसरी ऐतिहासिक कहानी है—'हर्षचरित का पॉकेट एडिशन'। शीर्षक से ही संकेत मिल जाता है कि कहानी व्यंग्य-प्रधान है। कन्नौज के महाराज ग्रहवर्मा की हत्या हो चुकी है। उनके सिंहासन पर उनके साथ बैठनेवाली प्राणेश्वरी राज्यश्री राज्यश्री के भाग्य का विपर्यय होता है। बड़ी मुश्किलों और संघर्षों के बाद वह बौद्ध आश्रम तक पहुँचती है। राज्यश्री के भाई स्थाणीश्वर के महाराजाधिराज हर्षवर्धन का संकल्प है कि वे दुष्टों का दमन करेंगे और बहन राज्यश्री को सिंहासन पर बैठाएँगे। किंतु राज्यश्री हताश हो चुकी है। उसका मन पिता और पति की याद में खोया हुआ है। बौद्ध आश्रम में भिक्षुणी सुनंदा के पास बैठी वह उन खोए दिनों की याद कर रही है जब उसके पिता राजाधिराज प्रभाकरवर्धन बेटी के मुख से 'कुमार

संभव' के श्लोकों का सस्वर और रागात्मक पाठ सुनकर अभिभूत एवं विभोर हो जाया करते थे। नागार्जुन का सौंदर्य और कालिदास प्रेमी मन यहाँ भी दिगंबर हो उठा है। राज्यश्री के जीवन के पिछले दो-तीन वर्ष तूफ़ानों के बीच गुज़रे हैं। 'माता-पिता की मृत्यु', शत्रुओं द्वारा बड़े भाई और पति का वध, 'जेल का जीवन', फरार होना, अर्द्धविक्षिप्तावस्था, जल मरने की तैयारी··· फिर बौद्ध आश्रम में निवास। ऐसी स्थिति में वीतरागिनी राज्यश्री के मनोभावों का चित्रण व्यंजनात्मक है लेकिन व्यंग्यात्मक भी। बचपन में इच्छा थी कि भिक्षुसंघ में दीक्षा लेकर भिक्षुणी का जीवन बिताऊँगी। लेकिन मन की किसी पर्त के नीचे प्रतिशोध की चिंगारियाँ दबी-दबी भी सुलग रही हैं। ऐसे में भाई हर्षवर्धन शशांक के विषदंत तोड़ देने की प्रतिज्ञा करता है, अपनी बहन राज्यश्री का माथा छूकर शपथ लेता है कि गौड़ाधिप शशांक के जीवन का अंत करके लौटूँगा तो राज्यश्री (सिर मुड़ाने और काषाय वस्त्र धारण करने की मनोकामना रखनेवाली तथागत की निष्ठावती शिष्या) बेहद प्रसन्न होती है। इसी प्रकार जब सूचना मिलती है कि शत्रु पददलित हो चुका अब राज्यश्री विजित कान्यकुब्ज की निर्वासिता नहीं अपितु उत्तरापथ की राजेश्वरी है तो कुछ क्षणों के लिए तो सोचती है कि अब सिर मुड़ाने और काषाय वस्त्र धारण करने की लालसा क्या अधूरी रह जाएगी ? इस आजीवन निरामिष आकांक्षा का क्या होगा ? लेकिन यही सोचते-सोचते, धूमधाम के साथ वह कन्नौज के सिंहासन पर बैठ जाती है और फूली नहीं समाती। इसीलिए कहा कि नागार्जुन की ऐतिहासिक कहानियों में जो यथार्थ चित्रित हुआ है, रस्मी तौर पर ऐतिहासिक नहीं है, वह द्वंद्वात्मक भी है और प्रामाणिक भी। संघर्ष और सौंदर्य के रचनाकार की यही विशेषता भी होती है।

नागार्जुन की सामाजिक कहानियों की इसी संदर्भ में विवेचना कर लेना अप्रासंगिक न होगा।

एक कहानी है—'असमर्थ दाता' अनुभूतियाँ प्रामाणिक हों इससे कौन इंकार करेगा ? लेकिन अनुभूतियाँ किस कोटि की हैं, इस पर भी ध्यान दिया जाना चाहिए ! कुकर्मियों की भी अनुभूतियाँ प्रामाणिक होती हैं लेकिन उनका चित्रण अनुदात्त होता है। गटर के कीड़े की तरह कहानीकार उनके चित्रण में अनुलिप्त होता है। नागार्जुन ऐसा नहीं करते। एक कोटि की प्रामाणिक अनुभूतियाँ ऐसी भी होती हैं कि रचना अनायास उदात्त हो उठती है।

नौ-दस साल की लड़की मैली कुचैली वेशभूषा में भीख माँग रही है। उसकी माँ बीमार है। उसे इकन्नी देकर रचनाकार को चैन नहीं मिला। वह उसकी बीमार माँ का हाल जानने के लिए उसके पीछे हो लेता है लगभग उसी तरह, जैसे दास्तोएवस्की नताशा के पीछे हो लेता है (Insulted and Humiliated शीर्षक उपन्यास में) नागार्जुन उस बालिका की माँ की कुटिया में दाखिल होते हैं। उस 'बिल्डिंग' में सहस्राक्ष इंद्र जैसी आँखोंवाले बहुरुपिए चिथड़ों के ढेर में से कराहने

की आवाज़ आ रही थी। नागार्जुन उस रोगग्रस्त नारी के कपाल पर हाथ रखते हैं। इस स्थिति पर मुझे एक ताज़ा शेर याद आ गया है।

'उसने जलती हुई पेशानी पै जब हाथ रखा,
रूह तक आ गई तासीर मसीहाई की।'

(परवीन शाकिर की एक ग़ज़ल की दो पंक्तियाँ। यह ग़ज़ल मेहदी हसन ने राग दरबारी में गाई है)

अब पुनः कहानी पर लौटें। नागार्जुन कुटिया में घुसकर बालिका की ज्वर-ग्रस्त माता की पेशानी पर हाथ रखते हैं तो क्या होता है ?

'बिना गाढ़ परिचय के ही किसी के अंतस्थल की झाँकी लेने के लिए उत्सुक हो जाना अनधिकार चेष्टा है, किंतु उस बेहयाई की याद अब भी रोंगटे खड़े कर देती है। भावुकता के प्रवाह में आत्म-विस्मृत होकर उस अनाथा से कितनी देर तक—कौन-कौन सवाल करता रहा—और उसने अपने 'असत्य के प्रयोग' कितनी हद तक बतलाए—जाने दीजिए, उनसे तो एक महान् उपन्यास की रचना हो सकती है।'

बालिका से बचाकर रचनाकार (कहानी का वाचक ! अथवा लेखक ही कहें तो हर्ज क्या है ?) अपने आँसू पोंछ लेता है। रूमाल की एक खूँट में बँधी हुई पूँजी बालिका के हाथ में देकर निस्तेज अपराधी-सा किसी गली की ओर बढ़ जाता है। कहानी में लेखक विपन्न होने के नाते अपनी असमर्थता और विवशता के अहसास को व्यंजित कर देता है। निराला की 'देवी' कहानी में यही अहसास पूरी शिद्दत के साथ व्यंजित होता है 'मैं महाकवि होकर भी इस एक अभागी का भाग्य नहीं बदल सकता।'

नागार्जुन की सामाजिक यथार्थवादी कहानियाँ निराला की कहानियों की याद दिलाती हैं।

'तापहारिणी' शीर्षक कहानी में देखते हैं कि कई मर्द कलिमल हारिणी भगीरथी में स्नान कर रहे हैं लेकिन तापहारिणी उनका ताप हर नहीं पा रहीं क्योंकि वे लोलुप और भूखी निगाहों से एक नहाती हुई नारी को देख रहे हैं। अपराजिता (नहाती हुई नारी) फुसफुसा कर कहती है—'सभी मुझे घूर रहे हैं, चलो चलें।' तो पति देवता परिहास करते हुए कहता है—'वैशाख की अक्षय तृतीया को लोग जलपूर्ण घट का दान करते हैं कि प्यासे आदमी जी भर पानी पियेंगे और आज जेठ की तृतीया है, कितनी प्यासी आँखें तुम्हारी ओर आशा लगाए हुए हैं।' परिहास में व्यंग्य सहज-स्पष्ट है। पति देवता स्वयं (कहानी का वाचक) नागार्जुन ही हैं। कहानी के अंत में रचनाकार चुटकी लेते हुए कहता है—'लेकिन उस दिन जब तक अपरा (अपराजिता) ने घाट नहीं छोड़ा, तब तक वहाँ से कोई बिदा नहीं हुआ। मुझे उस समय गोर्की का उपाख्यान याद आ गया जिसमें सत्ताइस पात्र थे—छब्बीस मर्द

और एक औरत।'

'जेठा' शीर्षक एक और कहानी है जो सामाजिक संघर्षों से उपजे वेदनापूर्ण प्रसंग को कलात्मकता के साथ अभिव्यंजित करती है। यह कहानी भी निजी जीवन के संदर्भों से कहीं न कहीं संपृक्त है। जेठा एक मातृहीन लड़का है। लंबा कद, हँसमुख चेहरा। मुस्कराने की कला सीखनी हो तो कोई उससे सीख ले। माँ जीवित है लेकिन एक बनिए के यहाँ बैठ गई है। 'रतिनाथ की चाची' शीर्षक (बाबा नागार्जुन के) उपन्यास के रतिनाथ की ही तरह जेठा भी पीड़ित बालक है। जेठा की माँ ने विश्वासघात किया है बेटे के साथ। माँ का दायित्व और कर्तव्य भूल कर वह किसी की रखैल बन बैठी। 'रतिनाथ की चाची' उपन्यास में भी रतिनाथ के साथ ऐसा ही विश्वासघात किया, लेकिन वहाँ माँ ने नहीं पिता ने किया। कहानी का वाचक जेठा की अंतर्व्यथा से द्रवित है (क्योंकि अपने बालपन में उसने भी लगभग ऐसी ही अंतर्व्यथा झेली है)।

'मैंने खींचकर उसे अपनी छाती से लगा लिया। आँखों में उसके आँसू छलछला आए थे। गरम साँस की गति और भी तेज़ हो गई थी। छाती-से-छाती सटाए हम मिनटों तक खड़े रहे।'

स्त्री-पुरुषों के अवांछित और मनमाने काम-संबंध उनकी संतानों के लिए कितने दर्दनाक अभिशाप बन जाते हैं, यही संवेदनात्मक उद्देश्य कलात्मक उत्कर्ष के साथ इसी कहानी में अभिव्यक्त हुआ है। इसी कहानी (जेठा) की संवेदना से मिलती-जुलती एक और कहानी है–'ममता'। रतिनाथ की 'चाची' इस कहानी में भी मौजूद है। यहाँ वह 'बुलो' की चाची बन कर आई है। चाची के चाँटे खाकर बुलो अपने दोस्त नरेन्द्र के घर में छिप गया है। चाची घबराई हुई है और बुलो को ढूँढ़ रही है; पछता रही है कि उसने नाहक बेचारे को क्यों मारा ! पछताते-पछताते उसे जेठानी की याद आ गयी है और उसकी आँखें डबडबा गई हैं। बुलो की दिवंगत माँ का प्रसंग रचनाकार की स्मृतियों में कौंधती हुई उसकी अपनी माँ की छवि को प्रतिबिंबित कर देता है। तथापि कहानी सिक्के के दूसरे पहलू की भी झलक दे देती है। नरेन्द्र अपनी सगी माँ से असंतुष्ट है। वह आक्रोश के साथ अपने दोस्त बुलो से कहता है–'सुनते हो, कैसे कोस रही है जैसे मैं इसकी सौत का बेटा होऊँ। हाय री कलमुँही !!' इस पर बिल्लो डाँटता है–'माँ और चाची को भी गालियाँ देते हैं कहीं ?' इस प्रसंग के बहाने जैसे लेखक 'जेठा' कहानी के मातृहीन बालक जेठा को, ममता कहानी के मातृहीन बुलो को (और संभवतः अपने आप को) सांत्वना दे रहा है कि माँ नहीं है तो क्या चाची तो है ! अपनी सगी माँ से भी तो बेटा असंतुष्ट हो सकता है !! फिर चाची क्या माँ ही की तरह प्यार नहीं करती !!! बुलो देर से घर पहुँचता है। चाची प्यार से उसका मनपसंद खाना उसे खिलाती है। माँ के न होने की गाँठ जो रचनाकार नागार्जुन के बचपन की डोर के आरंभिक छोर

पर ही लग गई थी, इस कहानी में जैसे अनायास खुल जाती है। कहानी की यही मानवीय सार्थकता है। नागार्जुन के बचपन की डोर के आरम्भिक छोर पर लगी यह गाँठ, समाज के मातृहीन बालकों की जीवन-डोर पर लगी गाँठ ही तो है। कोई कहानी ऐसी गाँठ को खोल दे तो क्या यह कम उपलब्धि है। जो साहित्य दुःखी मनुष्यों की जीवन-डोर पर लगी गाँठों को (ग्रंथियों को) ऐसे सहज और सर्जनात्मक ढंग से खोल दे, उसकी यह मानवीय सार्थकता कम नहीं। 'ममता' कहानी इस प्रकार एक सार्थक कहानी हो जाती है। कलावादी समीक्षक कितना भी दुराग्रह बरत लें, नागार्जुन को कहानीकार न मानें, लेकिन नागार्जुन अपने ढंग के कहानीकार हैं; साहित्य और सामाजिक जीवन के रिश्तों को सर्जनात्मक स्तर पर चरितार्थ करनेवाले कहानीकार। चाची के भीतर माँ के पुनर्जीवित हो जाने की यह घटना तॉलस्तॉय के 'पुनर्जीवन' (Resurrection) की याद दिला देती है।

'विषम ज्वर' कहानी में एक संवेदनशून्य व्यक्ति के भीतर एक मृतप्रायः पिता पुनर्जीवित हो उठता है। दीनानाथ एक दफ्तर में बाबू है; 100 रुपये मासिक वेतन है। इस बार उसे 109 रुपये मिले हैं। 9 रुपये ओवरटाइम के हैं। दीनानाथ के सामने समस्या है कि इन अतिरिक्त 9 रुपयों का वह क्या करे। मन यह भी होता है कि पत्नी के लिए एक धोती खरीद ली जाए ! फिर सोचता है कि बच्चों ने एक अरसे से फिल्म नहीं देखी। अतः फिल्म ही दिखा दी जाए। लेकिन फिर विकल्प ज़ोर मारता है कि इन 9 रुपयों में वह स्वयं ही छोटी-मोटी अय्याशी क्यों न कर ले। घर लौटता है। पत्नी को वेतन के 100 रुपये सौंप कर पुनः घर से निकल पड़ता है। आज खाना घर पर नहीं खाएगा, किसी दोस्त के यहाँ दावत है, कहकर अय्याशी के लिए घर से निकलता है। दावत की बात सुनकर दोनों बच्चे लिपट जाते हैं और साथ जाने के लिए ज़िद करते हैं। दीनानाथ झुँझलाकर एक बच्चे को तमाचा जड़ देता है। दोनों बच्चे सहमकर परे हट जाते हैं। चाँटा जिसके लगा वह रोया तक नहीं। दीनानाथ एक होटल में जा बैठा लेकिन उसे बच्चों के सहमे हुए चेहरे याद आ गए। बिना खाए-पिए होटल से बाहर आ गया। सिनेमा की खिड़की पर टिकट लेने कतार में खड़ा हो गया। वहाँ भी बच्चों के मुखड़े याद आ गए। 'जाने फिल्म अच्छी हो, न हो।' सोचता हुआ कतार से हटकर शहर में घूमता रहता है। 'रेशमी, ऊनी और सूती कपड़े चित्त पर चढ़ते-उतरते हैं···कभी मिठाइयों से सजी थालें जगमगा उठती हैं। कभी ताज़े फल और सूखे मेवे। कभी शरबत भरी रंग-बिरंगी बोतलें'। ग्यारह बजे तक भटकता है। फिर आधी रात के वक्त ज़ीरो-ऑवर में बच्चों के लिए पाँच रुपये की मिठाई लेकर घर लौटता है। पत्नी ने बताया कि बच्चे बिना खाए सो गए हैं। स्वयं भी बिना कुछ खाए सो जाता है। सोते समय पत्नी से कहता है—'सुनती हो, अब मैं कभी दफ्तर में नहीं रुकूँगा।'

पत्नी जैसे अंतर्यामिनी है। पति के शरीर पर हाथ फेर कर उसे सहलाती है।

फिर जैसे सब कुछ समझ कर कहती है :

'आज बहुत थके हो सो जाओ !'

नौ रुपये का विषम-ज्वर इस तरह उतरता है।

प्रेमचंद की तरह यहाँ नागार्जुन ने जनता के ग़म की कहानी मज़े ले-लेकर कही है। एक ऐसे निम्न मध्यवर्गीय जीवन का खाका उभरता है जो दैनिक अभावों और दैनिक आकांक्षाओं के दो पाटों के बीच पिसता रहता है। न तो अभाव दूर होते हैं न ही आकांक्षाएँ पूरी हो पाती हैं। दीनानाथ का अंतर्द्वंद्व कहानी का प्राण है। मेरी राय में यह नागार्जुन की श्रेष्ठ कहानी है और हिंदी की श्रेष्ठ कहानियों में इसकी गणना की जानी चाहिए। आज़ादी के बाद भी भारत के कर्मचारी आर्थिक दृष्टि से कैसी विपन्नता का जीवन जीते हैं, यह इस कहानी का प्रतिपाद्य है। ऐसे लोगों की आर्थिक परिस्थितियों और उन परिस्थितियों के घात-प्रतिघात से उपजती मनःस्थितियों का दर्दनाक और प्रामाणिक चित्रण इस कहानी में हुआ है 'हीरक जयंती' कहानी में एक राजनेता पर व्यंग्य है। 'कायापलट' कहानी भी इसी तेवर में लिखी गई है। समाज की कायापलट करने के बहाने अपना ही कायापलट हो रहा है। 'आसमान में चंदा तैरे' में एक कवि पर छींटाकशी है। कवि घरफूँक तमाशा देखता है। बीवी के गहने गिरवी रख कर कविता-संग्रह छपवाता है। संग्रह की 700 प्रतियाँ वितरित की जाती हैं। बाकी प्रतियाँ मुद्रक के यहाँ से कबाड़ी के यहाँ पहुँच जाती हैं। एक प्रति भी बिकती नहीं है। कवि पद्मानंद का मोहभंग होता है तब जब वह देखता है कि चने-भूजेवाला जिस रद्दी काग़ज में उसे चने-भूजे की पुड़िया थमाता है वह उसके कविता-संग्रह 'दर्पण' का ही एक पृष्ठ है, कवि पद्मानंद दर्पण में अपना मुखड़ा देख लेते हैं।

नागार्जुन की कहानियाँ उनकी कविताओं की ही तरह बोझिल, दुरूह, क्लिष्ट, असहज और गरिष्ठ नहीं होतीं। उनकी रचनाएँ सहज-संप्रेष्य और संवेद्य हैं। प्रगतिशीलता का कोई दुराग्रह, आरोपण या बड़बोलापन यहाँ नहीं होता। सामाजिक संदर्भ रचना से स्वतः धीमे-धीमे ध्वनित होते रहते हैं। अपने इतिहास (भूत, वर्तमान और भविष्य) के प्रति एक सजग दृष्टि सर्वत्र व्याप्त रहती है। सामाजिक, पारिवारिक और व्यक्तिगत संघर्षों का प्रामाणिक तथा कलात्मक चित्रण और उस चित्रण से सौंदर्य की सृष्टि अधिकांश रचनाओं में यही हुआ है। संघर्ष और सौंदर्य के रचनाकार निराला की विरासत को उन्होंने बड़े दायित्व के साथ आगे बढ़ाया है। चाहे कोई मान्यता दे या न दे, उस दायित्व का अहसास उन्हें हमेशा रहा है। उनके समकालीन रचनाकारों में उन जैसे रचनाकार कम हैं जो किताबी उठापटक के दायरे को तोड़कर जीवन और समाज से अपनी भाषा अर्जित करें। नागार्जुन की रचनाओं की भाषा सहज है; बहता हुआ नीर है।

निराला की विरासत के सबसे बड़े दावेदार नागार्जुन ही हैं। निराला की एक

कविता है :

'काले काले बादल छाए न आए
वीर जवाहर लाल'

नागार्जुन की कविता है :

'आओ रानी, हम ढोएँगे पालकी
यही हुई है राय जवाहर लाल की'

निराला की आकांक्षा और प्रतीक्षा नागार्जुन के यहाँ मोहभंग की स्थिति से गुज़र कर व्यंग्य और विडंबना का रूप ले चुकी है। इसी प्रकार निराला की 'भिक्षुक' कविता नागार्जुन के यहाँ 'अकाल' बन कर गुणांतरित हुई है। निराला के हृदय का अमृत (ठहरो मेरे हृदय में है अमृत, मैं तुम्हें सींच दूँगा) नागार्जुन के हृदय में ज़हर-भरा व्यंग्य बन गया है। निराला के तरकस में व्यंग्य-वाणों की कमी नहीं थी, पर नागार्जुन के तरकस में वही बाण विषबुझे तीर हो गए हैं।

निराला लिखते हैं :

'ऊँट बैल का साथ हुआ है
कुत्ता पकड़े हुए जुआ है'

नागार्जुन लिखते हैं :

'टूटे सींगोंवाले साँडों का यह कैसा चक्कर था
उधर दुधारू गाय खड़ी थी, इधर सरकसी बक्कर था'

श्रीमती इंदिरा गांधी और श्री राजनारायण की चुनाव-टक्कर के बहाने पूँजीवादी-सामंतवादी ताकतों के आपसी टकराव पर व्यंग्य करनेवाली नागार्जुन की भाषा की व्यंजनात्मकता की मिसाल अन्यत्र दुर्लभ है। इसी तरह की व्यंजनात्मकता 'डंडा ऊँचा रहे हमारा' में भी है।

निराला की पत्थर तोड़नेवाली युवती (वह तोड़ती पत्थर) नागार्जुन के यहाँ झुर्रियोंवाली बुढ़िया के रूप में नज़र आती है :

'जाने किस दुर्घटना में आधी आधी कटी बाँहें
झुर्रियों भरा चेहरा/धँसी धँसी आँखें'

पत्थर तोड़नेवाली युवती को निराला ने इलाहाबाद के पथ पर देखा था, जहाँ आनंद भवन है। नागार्जुन इस बुढ़िया को दिल्ली और नई दिल्ली के सीमांत पर देखते हैं :

'राजघाट पर गांधी समाधि के बाहर

वह सवेरे रोज़ नज़र आती है।'

कहीं वह बापू की (राष्ट्रपिता की) प्रेतात्मा तो नहीं है ?

कवि हों या कथाकार दोनों रूपों में नागार्जुन आधुनिक हिंदी साहित्य के दूसरे निराला हैं, अपनी अलग और विशिष्ट पहचान लिए हुए।

प्रस्तुत लेख का समापन करने से पूर्व नागार्जुन की एक अत्यंत विशिष्ट कविता 'बादल को घिरते देखा है' का विशेषोल्लेख करूँगा। यह कविता नागार्जुन के अत्यंत महत्त्वपूर्ण काव्य संकलन 'युगधारा' में संकलित है। कविता आकार में छोटी है लेकिन काव्यगुण की दृष्टि से उत्तम है। यह कविता कालिदास के हिमालय-चित्रण की याद दिला देती है। हिमालय के ऐसे दृश्यों का चित्रण है, जो बहुतों को देखने को भी नसीब नहीं होते। नागार्जुन ने कालिदास की तरह हिमालय के शिखरों और घाटियों में घूम-घूम उन विरल प्राकृतिक दृश्यों से साक्षात्कार किए हैं जो बहुत कम कवियों ने किए होंगे। इन्हीं साक्षात्कारों का इस कविता में कलात्मक और प्रामाणिक चित्रण है :

'अमल धवल गिरि के शिखरों पर
बादल को घिरते देखा है
छोटे-छोटे मोती जैसे
उसके शीतल तुहिन कणों को
मानसरोवर के उन स्वर्णिम
कमलों पर गिरते देखा है।'

मानसरोवर झील हिमालय के हृदय का दर्पण है। नागार्जुन ने इस दर्पण में झाँक कर देखा है, कवि की उसी सुरुचि-परख आँख से जिसे कार्ल मार्क्स ने सौंदर्य-द्रष्टा चक्षु (Aesthetical eye) कहा था।

वसन्त ऋतु में देखा जो सर्वोत्तम ऋतु है। प्रभात के समय देखा जो सर्वोत्तम समय है। मानसरोवर को देखा जो सर्वोत्तम स्थान है।

सर्वोत्तम ऋतु में सर्वोत्तम क्षणों के दौरान देखा। यह देखना विरल अवसर था। इसका चित्रण भी विरल है। पूरी कविता पढ़ जाइए ! निसर्ग के साक्षात्कार को उसी आँख से देखिए !! नागार्जुन की कविता का महत्त्व आप आँक लेंगे; कविता में कुछ वाक्य तो इतने लंबे हैं कि बाणभट्ट की याद दिला देते हैं। कविता में ऐसे लंबे वाक्यों की संरचना एक सिद्ध कवि ही कर सकता है। नागार्जुन संस्कृत साहित्य के मर्मज्ञ हैं। इसीलिए वाक्यों की साधिकार संरचना संभव हो सकी है। यह निसर्ग के प्रामाणिक साक्षात्कार की कलात्मक अभिव्यक्ति है। इसीलिए कविता के प्रत्येक चरण के अंत में कवि 'देखा है' पद को पुनरावृत्त करता है :

'बादल को घिरते देखा है
×　×　×
कमलों पर गिरते देखा है
×　×　×
हंसों को तिरते देखा है
×　×　×
शत-सहस्र फुट ऊँचाई पर
अलख नाभि से उठने वाले
निज के ही उन्मादक परिमल—
के पीछे धावित हो-होकर
तरल तरुण कस्तूरी मृग को
अपने पर चिढ़ते देखा है
×　×　×
उन्मद किन्नर किन्नरियों की
मृदुल मनोरम अँगुलियों को
वंशी पर फिरते देखा है

सौंदर्य का ऐसा चित्रण करने के लिए, जीवन को जोखिम में डाल, जाने कहाँ-कहाँ भटकना पड़ता है ! घर बैठकर, किताबों में पढ़कर ऐसा चित्रण संभव नहीं। यह कविता सौंदर्य के चित्रण की दृष्टि से समकालीन हिंदी काव्य की श्रेष्ठ (सर्वश्रेष्ठ ?) कविता है। नागार्जुन संघर्ष के विशिष्ट रचनाकार तो हैं ही, सौंदर्य के भी एक अति विशिष्ट रचनाकार हैं।

कहानीकार भैरवप्रसाद गुप्त

भैरव कहानी कहते हैं, 'लिखते' नहीं हैं। उनकी कहानी लिखित विधा के परिष्कार (साफ़िसटिकेशन) की मोहताज नहीं है। वह एक कथित विधा-सी स्वाभाविक और जीवंत है। लोकजीवन और जन-संस्कृति के परंपरित और मौलिक आयामों को आत्मसात करती हुई, वह मूल्य और रचना के अंतर्विरोधों से जूझती है, उन्हें झेलती है और उनके अंतःसंबंधों की पहचान करती है। स्वाधीनता संग्राम में हिस्सा लेती हुई, एक हद तक उस आज़ादी को हासिल करती हुई, फिर आर्थिक और सामाजिक मुक्ति के लिए तड़पती हुई, शोषण की मुख़ालफ़त करती हुई, जूझती हुई निम्न और निम्न मध्यवर्गीय ज़नता की ये कहानियाँ, भैरव ने कही हैं मात्र 'लिखी' नहीं हैं। सामाजिक यथार्थ को मद्देनजर रखते हुए, प्रेमचंद से पूर्व प्रेमचंद की समकालीन और प्रेमचंद के बाद की हिंदी कहानी के विकास का जायजा लें, तो एक मंजिल का प्रतिनिधित्व प्रेमचंद, प्रसाद, निराला, कौशिक, सुदर्शन आदि कथाकार करते हैं, दूसरी मंजिल का प्रतिनिधित्व यशपाल, राहुल, रांगेय राघव और नागार्जुन आदि कथाकार करते हैं। कहानी की तीसरी मंजिल के प्रतिनिधि भैरवप्रसाद गुप्त, हरिशंकर, परसाई, अमरकांत, मार्कण्डेय, रामनारायण शुक्ल, शेखर जोशी, भीष्म साहनी आदि कथाकार ही हैं, और इनमें भैरव का एक विशिष्ट स्थान है। इसमें संदेह नहीं। ज्ञानरंजन, काशीनाथ सिंह और इजराइल आदि कहानीकारों के अभ्युदय के साथ-साथ हिंदी कहानी की चौथी मंजिल की शुरुआत होती है। कही जानेवाली कहानी और 'लिखी' जानेवाली कहानी का अंतर देखना हो तो इनमें कुछेक रचनाकारों की कहानियों को अन्य अनेकों रचनाकारों की कहानियों से अलगाया जा सकता है और यह अलगाव कोई आकस्मिक या अनायास नहीं होता, इसके पीछे दो तरह की सामाजिक-साहित्यिक (Socio-literary) दृष्टियों का अलगाव है जो कही जानेवाली कहानी और लिखी जानेवाली कहानी के अलगाव के लिए जिम्मेदार होता है। फिर विषय चाहे प्रेम हो या राजनीति, पुरुष हो या स्त्री वह अलगाव अपनी पहचान नहीं खोता। ऐसी ही कथित विधा के शिल्पी और इस शिल्प में अपना सानी न रखनेवाले भैरवप्रसाद गुप्त यथार्थवादी कहानी के विकास की तीसरी मंजिल के प्रतिनिधि कथाकार हैं, कहानी कहने का उनका अंदाज कहीं भी अपनी उस पहचान को नहीं खोता है (हैं और

भी दुनियाँ में सुखनवर बहुत अच्छे। कहते हैं कि गालिब का है अंदाज़े बयाँ और) जो कही जानेवाली कहानी को प्रेमचंद से मिली थी, साथ ही वे उस पहचान को बदलते हुए सामाजिक-साहित्यिक संदर्भों सहित पूरे उत्तरदायित्वपूर्ण ढंग से विकसित करते हैं। कहानी कहने के इस अंदाज की बानगियाँ एक नहीं अनेक हैं, जो भाषा और सामाजिक जीवन के कभी न टूटनेवाले रिश्ते को बार-बार उजागर करती हैं, लेकिन यहाँ दो-चार उदाहरण ही काफी होंगे :

"उसकी चाल में एक कुचली हुई अकड़ है और उसकी आँखों में एक मिटा हुआ रोब ?" (क्यों आँख भर आई है)

"बेटे के सौभाग्य के माथे पर माँ जो अपने आँसुओं का डिठौंना लगाया करती थी, उसे बेटे ने खुदू अपने ही हाथों से पोंछ दिया।" (आँखों का सवाल)

"गाँव की गलियों में सन्नाटा छाया हुआ था। गाँव की पूरी जिंदगी निचुड़कर खलिहानों में जा बसी थी...महाजन और जमींदारों के कारिंदे गिद्ध की तरह चारों ओर मंडरा रहे थे और पवनी-परास बकुलों की तरह गल्लों से दूर बैठे टाही लगाए हुए थे।" (घुरहुआ)

"छोटा भैया, जो 'पेट पोंछुआ' होने के नाते उनकी आँखों का तारा था, अब उनसे दूर ही दूर रहने लगा।" (माँ)

कहानी की यह भाषा किताबी नहीं है। वह प्रेमचंद की याद दिलाती है, लेकिन उसका अनुकरण या अनुसरण नहीं है। यह एक जीवंत विरासत का स्वस्थ विकास है। यह भाषा 'लेखन' की भाषा नहीं है; सच्चे अर्थों में कहानी कहने की सही भाषा है, तब आती है जब लेखक सच्चे मायनों में उन लोगों के सुख-दुःख से जुड़ा होता है जिनकी कि कहानी उसे कहनी होती है। कहानी कहनेवाला यहाँ मात्र 'साहित्यकार' की मुद्राएँ नहीं ओढ़ता वह जनता के मुश्किलों से भरे, अभावों से डसे, और शोषण से निचुड़े हुए जीवन में भागीदार होता है। उनसे अलग नहीं, उन्हीं के बीच का एक इंसान होता है। भैरवप्रसाद गुप्त कोरे 'साहित्यकार' नहीं हैं, वे ऐसे ही एक इंसान भी हैं। साथ ही वे एक वर्गचेतस विचारक भी हैं, जो सोने में सुहागे का काम करता है।

भैरवप्रसाद गुप्त की कहानी कहने की कला को निकटता से पहचानने के लिए उनकी किसी एक प्रतिनिधि कहानी की सविस्तार चर्चा अप्रासंगिक न होगी। 'आँख क्यों भर आई है' शीर्षक कहानी (जो 'आँखों का सवाल' शीर्षक उनके कहानी-संग्रह में संकलित है) ऐसी ही प्रतिनिधि कहानियों में एक विशिष्ट कहानी है, जिसकी

विस्तृत चर्चा करना मैं ज़रूरी समझता हूँ।

यह कहानी एक ही बिरादरीवाले दो निम्न मध्यवर्गीय परिवारों के स्वप्नों, महात्त्वकांक्षाओं और पारस्परिक प्रतिस्पर्धाओं से आक्रांत उनकी मनःस्थितियों के टकराव को अभिव्यंजित करती है। इस टकराव के बहाने वह मध्यवर्गीय मानसिकताओं को समूचे पारिवारिक और सामाजिक अंतर्विरोधों से टकराते हुए चूर-चूर कर देती हुई धीरे-धीरे सामाजिक यथार्थ के कारुणिक अहसास (Pathetic Realization) का बोध कराती है। "यों, देखने में रंजना और रमेश का और उनके घरों का हाल बदहाल है। एक सौ बीस रुपये माहवार की आमदनी से क्या बनता है ? लेकिन उनके स्वप्नों की बातें आप सुनेंगे तो आपके होश उड़ जाएँगे। जानते हैं, इनके स्वप्न क्या हैं ? रंजना को विश्वास है कि एक-न-एक दिन कोई अफसर युवक या बड़े आदमी का कोई नौजवान बेटा दूल्हा बन कर उसे ब्याहने आएगा और वह एक ही क्षण में रानी बन जाएगी, संसार के सभी सुख और मजे उसके पैरों को चूमने लगेंगे। और दूसरी ओर रमेश को पक्का विश्वास है कि एक-न-एक दिन किसी जज बैरिस्टर की युवती बेटी संसार का खजाना लेकर उसके घर उतरेगी।" कहानी के बीच में ही कहानीकार ऐसे अर्थ-संकेत देता चलता है जिनसे स्पष्ट हो जाता है कि इन दोनों युवा-पात्रों के स्वप्नों के पीछे बहुत बड़े यथार्थ कारण हैं। इन यथार्थ कारणों का स्रोत इन पात्रों की पिछली जिंदगी का इतिहास है। दोनों का बचपन दोनों परिवारों की आपसी होड़ और प्रतियोगिताओं के माहौल में बीता है। मुहल्ले में अपना-अपना प्रभामंडल बनाए रखने की मध्यवर्गीय जहनियत (To ride a high horse) ने दोनों परिवारों के बीच आपसी प्रतिद्वंद्विता का अंतर्विरोध खड़ा कर दिया है। धीरे-धीरे यही अंतर्विरोध इन परिवारों के बीच खाई की तरह चौड़ा होता गया है, यहाँ तक कि उसने दो पड़ोसियों के पारस्परिक सहज संबंधों का तो खात्मा कर ही दिया है, साथ ही, रमेश और रंजना के आपसी सहज अनुराग को भी समाप्त प्रायः कर दिया है। पारिवारिक प्रतिद्वंद्विता के चित्र कहानी में बड़ी सादगी और बेबाकी के साथ बोलचाल की मुहावरेदार भाषा में बहुत ही सटीक ढंग से अंकित किए गए हैं—"कोई बात है कि रमेश या रंजना के शरीर पर कभी मैला, पुराना या जरा भी फटा-नुचा छोटा-बड़ा कपड़ा नजर आ जाए। रमेश के लिए तीन पहियोंवाली साइकिल आयी थी। अब रंजना के लिए भी आ गयी। रमेश को वकील साहब अपनी साइकिल पर स्कूल पहुँचाते थे। अब रंजना लड़कियोंवाली गाड़ी पर स्कूल जाने लगी। रमेश के लिए घर पर पढ़ाने के लिए ट्यूटर रखा गया। अब रंजना को भी घर पर पढ़ाने के लिए ट्यूटर आने लगा। और मुहल्लेवाले मुंशीजी की पीठ ठोंकते और कहते—हाँ भाई ! दिलवाला कोई हो तो ऐसा हो। ऊपर भगवान के यहाँ बेटे बेटी में कोई फर्क नहीं है या नीचे तुम्हारे यहाँ ? वाह, भाई, वाह।" इस प्रतिद्वंद्विता के कारण मुंशीजी (रंजना के पिता) और वकील साहब (रमेश के पिता)

की आर्थिक औकात चरमरा उठी। दोनों के "कोट के बखिये उधड़ने लगे, अंदर की कमीज की तो भगवान जाने। लेकिन मजाल है, कि रंजना और रमेश के कपड़ों पर एक शिकन नजर आ जाए।" देखते ही देखते बच्चे जवान हो गए। जवानी भी ढलने लगी और इन बूढ़ों की प्रतिद्वंद्विता उनके जवान बेटे और बेटी के दिलों में "उत्तराधिकार की तरह उतर आयी और उसकी गर्मी दिन-दिन बढ़ती ही गयी।"

कहानी में एक मोड़ पर रमेश और रंजना के बीच प्रेम-संबंध सुलग पड़ता है। किंतु यह प्रतिद्वंद्विता वहाँ भी आड़े आती है और एक दिन वह प्रेम-संबंध भी छिन्न-भिन्न हो जाता है। रंजना बी.ए. में पहुँच गई है और रमेश अध्यापक हो गया है। रमेश को जलाने और उसके परिवार को नीचा दिखाने के लिए रंजना एक रईस लड़के को (जो उसके कॉलेज में पढ़ता है और कार में कॉलेज आता है) अपना दोस्त बनाती है। अब वह कार रंजना के घर के सामने अक्सर खड़ी रहती है। रमेश एक गुस्से से घुलता जाता है। एक दिन वह मन में निश्चय कर रंजना के घर के दरवाजे खटखटाता है। रंजना की माँ उसकी जानबूझ कर उपेक्षा करती है। रंजना भी रूखे ढंग से पेश आती है। कुछ दिनों के बाद जब वह कार अचानक हमेशा के लिए आनी बंद हो गई, तो मुहल्ले के एक कोने से अफवाह उठी, और दूसरे क़ोने तक फैल गयी। "वकील साहब ने सुना, तो उनकी मूँछों के अंदर एक मुस्कान फड़फड़ा उठी। अबकी कट जाने की बारी मुंशीजी की थी। उनका सिर अब ऐसे झुक गया, जैसे गर्दन ही टूट गयी हो।··· रमेश पागल की तरह हँसा था और रंजना की आँखों में गंभीर और उदासी की एक मोटी तह जम गयी थी।" बी.ए. पास कर रंजना भी बालिका विद्यालय में मास्टरनी हो गई।

सामाजिक और आर्थिक परिस्थितियों की मार से धीरे-धीरे दोनों परिवारों की मनःस्थितियाँ बदलती हैं। दोनों परिवार हवाई घोड़ों की सवारी छोड़कर ज़मीन पर उतरते हैं। लेकिन रमेश और रंजना की "तनातनी बदस्तूर चलती रहती है। ···बापों के मैदान छोड़ देने के बाद वे स्वयं मैदान में उतर आए··· लेकिन कहीं भी किसी का काँटा न फँसा।" न रमेश को कोई जज-बैरिस्टर की लड़की मिली और न ही रंजना को किसी अफसर-पुत्र या सेठ-पुत्र ने पसंद किया। अंत में रमेश ने एक गरीब विधवा की लड़की से शादी कर ली। रंजना ने सुना तो "सहसा एक जीत की खुशी से उसका चेहरा खिल उठा ? लेकिन यह खुशी का ज्वार इतना क्षणिक निकला···उसे लगा कि···उसकी छाती पर मूँग दलने के लिए ही जैसे रमेश···ललकार कर कह रहा हो, देखा, मैं अठारह साल की एक लड़की से शादी कर रहा हूँ और तू ! तुझसे अब इस उम्र में कौन शादी करेगा ? कोई अधेड़···और रंजना तकिए में मुँह छिपा कर सिसक पड़ी।···"

अंत में रंजना भी इस प्रतिद्वंद्विता की अंतिम लहर या विडंबना की पराकाष्ठा के रूप में गोपाल नाम के एक क्लर्क नवयुवक के साथ कहीं भाग गई। रमेश ने

जब यह सुना, तो "उसके होठों पर एक फीकी, करुण मुस्कान उभर आयी और फिर जाने क्या हुआ कि उसकी आँखें भर आयीं।"

कहानी यहाँ समाप्त हो जाती है। यदि गौर से देखें तो यह मात्र एक या दो परिवारों के बरबाद हो जाने की ही कहानी नहीं है। एक तरह से यह पूरे के पूरे मध्यवर्ग की स्वप्नजीविता के चूर-चूर हो जाने की कहानी है। इस स्वप्नजीविता और महत्त्वाकांक्षाओं से भरी हवाई जिंदगी का एक वर्गीय आधार है। वर्ग-विभक्त समाज में एक वर्ग अपने लिए सब कुछ हथिया लेता है और मध्यवर्ग के लिए सपने, सिर्फ सपने छोड़ देता है। निम्न वर्ग से तो वह सपने लेने का आधार भी छीन लेता है। भैरवप्रसाद गुप्त की कहानी कहने का अंदाज़ ही ऐसा है कि व्यक्तिगत और पारिवारिक घटनाओं के सामाजिक संदर्भ आप-ही-आप उद्घाटित होते जाते हैं। यानी उन सामाजिक संदर्भों को कहने की या आरोपित करने की उन्हें कहीं ज़रूरत ही नहीं पड़ती। ऐसा तभी संभव होता है जब रचनाकार के मानव-जीवन और समाज संबंधी आब्जर्वेशन गहरे हों, व्यापक हों और तत्संबंधी समझ में भी उलझाव न हो। इस कहानी की भाषा, शैली, संवाद में भी जो सहजता है वह भी जीवन और समाज के अंतःसंबंधों और अंतर्विरोधों को समझ लेने तथा उनमें अंतर्ग्रस्त (Invoened) होने के बाद ही अर्जित की जा सकती है। सिर्फ कुछ लेखकों की कहानियाँ पढ़ कर और जीवन तथा समाज संबंधी सतही और सरलीकृत 'दिग्दर्शन' के आधार पर ऐसी कहानी लिखना असंभव है। यह कहानी आदि से अंत तक कौतूहल का तार बनाए रखती है। साथ ही नई कहानी के किसी भी नुस्खे या साफ़िस्टीकेशन का बहिष्कार करती है। समांतर कहानी लिखनेवाले भी इस कहानी को बार-बार पढ़ें तो सीख सकते हैं कि आम आदमी की कहानी कैसे लिखी जाती है। अपने सामाजिक और वर्गीय संबंधों से कट कर आदमी आम आदमी नहीं रहता, वह खास किस्म का हवाई और अमूर्त मानव हो जाता है, जो सिर्फ लेखक के मस्तिष्क के किसी ग्रंथिभाग में अवस्थित होता है। आम आदमी वही है जो ठोस है, हाड़-मांस का जीता जागता प्राणी है, जिसका एक समाज है, समाज में किसी-न-किसी वर्ग से वह जुड़ा है। वर्ग-विभक्त समाज में यह उसकी ऐतिहासिक नियति है, इसे नज़रअंदाज़ करना असली आम आदमी की कहानी कहने से कतराना है। केवल गुड़ कहने से मुँह मीठा नहीं होता। भैरवप्रसाद गुप्त ऐसे ही असली आम आदमी की कहानी कहते हैं।

अब तक उनकी कहानियों के कई संग्रह प्रकाशित हो चुके हैं—मंजिल, बिगड़े हुए दिमाग, सितार के तार, फरिश्ता, मुहब्बत की राहें, महफिल, सपने का अंत, बलिदान की कहानियाँ, आँखों का सवाल, मंगली की टिकुली आदि। इसके अतिरिक्त उनके कई उपन्यास प्रकाशित हो चुके हैं—शोले, मशाल, गंगा मैया, जंजीरें और नया आदमी, सत्ती मैया का चौरा, कालिंदी, आशा, धरती, रंभा आदि आदि। कहानी की

प्रतिष्ठित पत्रिकाओं के वे संपादक भी रहे हैं। किंतु, प्रस्तुत लेख में हमें केवल उनके कहानीकार पक्ष पर ही प्रकाश डालने के लिए कहा गया है। कहानीकारों की एक पीढ़ी को उन्होंने तैयार किया है। 'माया', 'कहानी' और 'नई कहानियाँ' में छपी अनेक कहानियों को उन्होंने सँवारा है, उसी तरह जैसे प्रेमचंद और महावीर प्रसाद द्विवेदी ने अपने समय की अनेक रचनाओं को अपने हाथों सँवारा और सुधारा था। यही कारण है कि गुप्तजी की अपनी कहानियाँ सामाजिक और साहित्यिक ज़िम्मेदारी का निर्वाह करती हैं, उनमें छिछोरापन, रोमांटिक लटकेबाजी, मूल्यहीनता, तथा जीवन के सुख-दुःखों और संघर्षों के प्रति तटस्थ दृष्टि नहीं मिलती। सामाजिक घटनाओं का वे यथातथ्य चित्रण नहीं करते। पूरी ऐतिहासिक संभावनाओं और सामाजिक संदर्भों के साथ वे परिवेश और परिप्रेक्ष्य का तथा पात्रों की परिस्थितियों और मनःस्थितियों का चित्रण करते हैं। जहाँ एक ओर वे ह्रासोन्मुख होते हुए अर्द्ध-सामंती पूँजीवाद के दमनकारी लक्षणों का विवरण देते हैं (जैसे 'श्रम' शीर्षक कहानी में) तो दूसरी ओर उस दमन के खिलाफ जनता के प्रतिरोध की भी कहानी कहते हैं। 'डाकुओं का सरदार' शीर्षक कहानी में हम भूखे लोगों को अनाज की गाड़ी को लूटते हुए देखते हैं—'बोरियाँ नीचे आने लगीं। लट्ठबंदों ने पुकार-पुकार कर पास की अपनी बस्ती के सब लोगों को जमा कर लिया। लाला चीखता रहा और उसकी वहशी आँखों के सामने ही उसका सोना मुट्ठी-मुट्ठी उड़ गया।' इसी प्रकार 'मंगली की टिकुली' में खेतिहरों को जमींदार के खिलाफ लामबंद होते हुए देखा जा सकता है। 'श्रम' शीर्षक कहानी में एक निम्न-मध्यमवर्गीय लड़के को पूँजीवादी व्यवस्था पर आधारित श्रम की मशीन में पिसते हुए, धीरे-धीरे संवेदन शून्य होते हुए और अंततः विक्षिप्त होते हुए, देखा जा सकता है। इसके विपरीत 'घुरहुआ' शीर्षक कहानी में जमींदारों के अत्याचारों का जिक्र तो है ही, साथ ही उस अत्याचार के शिकार 'घुरहुआ' के उस निश्छल और प्रेम से पूर्ण हृदय का भी चित्रण है, जो समस्त अमानवीय क्रूरताओं को सहता हुआ प्राणांत कर लेता है किंतु संवेदना-शून्य नहीं होता।

भैरवप्रसाद गुप्त की कहानियों की एक महत्त्वपूर्ण विशेषता यह है कि उनमें मध्यवर्गीय टटपूँजिया मनोवृत्तियों का चित्र एक बड़े ही पैने ऑब्जर्वेशन का परिचायक होता है। इसके लिए यह ज़रूरी होता है कि लेखक को अपने पात्रों की परिस्थितियों का व्यापक अध्ययन हो, उसके पास एक समाज-शास्त्रीय मनोविश्लेषणात्मक विश्व-दृष्टि हो, साथ ही मानवीय चरित्रों और उनके बीच उलझे-सुलझे संबंधों की भी उसकी गहरी पैठ हो। 'क्यों आँख भर आई है' शीर्षक कहानी में दो निम्न-मध्यवर्गीय परिवारों के बीच जो प्रतिद्वंद्विता का सिलसिला शुरू होता है, वह दो प्राणों के सर्वनाश का कारण बनता है। रमेश और रंजना एक-दूसरे को चाहते हुए भी अपना नहीं पाते क्योंकि बीच में परस्पर प्रतिद्वंद्विता और प्रतियोगिता की दीवार बढ़ती ही जाती

है। रमेश के पिता वकील हैं जो उसका विवाह किसी जज या बैरिस्टर की लड़की से करने के सपने लेते रहे हैं। दूसरी ओर रंजना के पिता मुंशी हैं लेकिन शेखचिल्ली की तरह आस लगाए बैठे हैं कि कोई अफसर का लड़का फाँस लेंगे। परिस्थितियों की वो मार पड़ती है कि दोनों परिवारों के सपने चूर-चूर हो जाते हैं और रंजना क्लर्क के साथ भागने पर मजबूर हो जाती है। इस कहानी पर स्थान-स्थान पर मध्यवर्गीय आपसी प्रतिद्वंद्विता की जो तस्वीर भैरव ने उतारी है वह उनकी पैनी और गहरी सूझ-बूझ, परिस्थितियों के दबाव से बदलती हुई मनःस्थितियों की जानकारी, तथा परिवेश और परिप्रेक्ष्य के व्यापक और गहरे अहसास की परिचायक है। पूँजीवाद समाज में प्रमुख रूप से दो मनोवृत्तियाँ हावी रहती हैं, एक शोषण की और दूसरी प्रतिद्वंद्विता की। जहाँ 'श्रम' शीर्षक कहानी में शोषण के कारण एक युवा जिंदगी बर्बाद होती है वहाँ 'क्यों आँख भर आई है' शीर्षक कहानी में प्रतिद्वंद्विता के कारण दो युवा जिंदगियाँ बर्बाद हो जाती हैं। इस प्रकार हम देखते हैं कि भैरवप्रसाद गुप्त पूँजीवादी समाज में व्याप्त इन दोनों सर्वग्रासी मनोवृत्तियों को पूरे सामाजिक संदर्भों और अर्थपूर्ण संकेतों सहित अत्यंत कलात्मकता के साथ एक्सपोज़ करने में सफल होते हैं। कहने की आवश्यकता है, कि ऐसी सफलता एक बहुत बड़ी साहित्यिक सार्थकता होती है।

कला का एक उद्देश्य यह भी है कि वह महत्त्वपूर्ण मानव-संबंधों का मार्मिकता और सर्जनात्मकता के साथ साक्षात्कार करे और कराए तथा इस प्रकार उन संबंधों में कम होती हुई मानव-आस्था की रक्षा करे। ऐसे ही संबंधों में एक संबंध माँ और बेटे का संबंध है। कहना ही होगा कि भैरवप्रसाद गुप्त इस महत्त्वपूर्ण मानव-संबंध के एक प्रतिनिधि कथाकार हैं। इनकी कहानियों में माँ के दो रूप मिलते हैं—एक जन्म देनेवाली माँ और दूसरी पालनेवाली माँ। भैरवप्रसाद की कहानियों में माँ के ये दोनों रूप मिलते हैं। ऐसी कहानियों में सर्वाधिक प्रतिष्ठा, पालनेवाली माँ को ही मिलती है। 'माँ' शीर्षक कहानी में देश की आजादी के लिए दो पुत्रों के बलिदान की कथा कही गई है। पुलिस का दारोगा माँ से छोटे बेटे का (जो क्रांतिकारी है) पता पूछना चाहता है। माँ नहीं बतलाती तो वह उसे मार-मार कर अधमरा कर देता है। माँ की दृढ़ता के समक्ष पराजित होकर दारोगा चला जाता है। फिर अचानक एक दिन आकर दारोगा उसके बड़े लड़के को पिटवाता है। दारोगा का खयाल था कि माँ जब एक बेटे को अपने सामने तड़पते हुए देखेगी तो सह न सकेगी और अपने क्रांतिकारी बेटे का पता बता देगी। लेकिन अंततः दारोगा ही हार जाता है। वह कहता है—'छोड़ दो ? माँ जीत गयी ? जुल्म हार गया ?' पुलिस की मार' प्राणघातक सिद्ध होती है। अंततः बड़ा लड़का खत्म हो जाता है। 'नौकरानी' शीर्षक कहानी में लालन-पालन करनेवाली माँ जो घर में नौकरानी है, का चरित्र उभरता है। धीरेन का पता न बताने पर जब उसे क्रूरता के साथ पीटा जाता है तो वह

अपने ही दाँतों से अपनी जीभ काट लेती है, यह सोचकर कि 'कहीं यह शरीर की पीड़ा उसे धीरेन का पता बताने के लिए विवश न कर दे।' पुलिस के उत्पीड़न की शिकार होकर वह अपने प्राण दे देती है लेकिन अपने पोषित पुत्र धीरेन का पता नहीं बताती। दोनों कहानियाँ सन् बयालिस के परिवेश पर आधारित हैं। इसी परिवेश की एक अन्य कहानी में रनबीर नाम के एक क्रांतिकारी पात्र की मृत्यु का सदमा न झेल पाने के कारण उसका पिता विक्षिप्त हो जाता है। देश आजाद होने के बाद गाँव में एक राजनैतिक नेता का स्वागत होता है और रनबीर की कुर्बानी की याद ताज़ा रखने के लिए एक स्मारक की स्थापना का निश्चय किया जाता है। बूढ़ा बाप और रनबीर की पत्नी मानसिक विक्षेप की हालत में मंच से कूद पड़ते हैं और दोनों का प्राणांत हो जाता है। कहा जा सकता है कि ऐसे स्थलों पर भैरव अति नाटकीयता का इस्तेमाल करते हैं और कहानी अपनी मूल्यवत्तां में अमूल्य होती हुई भी कला की दृष्टि से कमज़ोर पड़ जाती है। मानव संबंधों के साक्षात्कार की ये कहानियाँ प्रायः दुःखांत हो गई हैं। लेकिन लगभग सभी कहानियों में मानवीय प्रेम और देश-प्रेम का औदात्य व्यंजित हुआ है। आदर्शवादी कह कर ऐसी कहानियों की उपेक्षा नहीं की जा सकती क्योंकि क्रांतिकारिता का रोमांस हर युग की सामाजिक आवश्यकता होती है। यूँ भी रचनाकार ऐसी कहानियों में परिवेश और परिप्रेक्ष्य के अंतःसंबंधों और अंतर्विरोधों को खूबी के साथ उभारने में सफल रहता है। उदाहरण के लिए 'आया' शीर्षक कहानी में बूढ़ी आया मालिक को पुत्रवत् स्नेह करती है, घर का सारा इंतजाम सँभालती है लेकिन आर्थिक संकट के दबाव में (पति के बेकार हो जाने पर) मालिक की आय का एक अंश अपने बच्चों का गुजारा करने में खर्च कर देती है। यहाँ ध्यान देने की बात यह है कि जैसे ही उसकी आर्थिक स्थिति सँभलती है, उसके पति और लड़के को काम मिल जाता है तो वह आय के एक अंश का दुर्विनियोजन (misappropriation) करने की पुरानी आदत छोड़ देती है और ईमानदारी के साथ मालिक के रुपये लौटाने का संकल्प करती है। मालिक से कहती है :

"माफ कीजिए बाबूजी। मैं बेईमान नहीं।

लेकिन···आप तो पढ़े-लिखे हैं, आप क्या नहीं समझते···बाबूजी मैं मजबूर थी··· थोड़ा-थोड़ा हर महीने काट लीजिएगा।"

भैरव की यह भाषा कहानी की ध्वन्यात्मकता को प्रखर कर देती है। '···आप तो पढ़े-लिखे हैं, आप क्या नहीं समझते···बाबूजी मैं मजबूर थी···' लेकिन मौजूदा समाज में पढ़ा-लिखा बुद्धिजीवी भी एक गरीब औरत की मजबूरियों को कहाँ तक समझ पाता है, यह बताने की ज़रूरत नहीं है। इन मजबूरियों को समझाने के लिए 'आया' नामक कहानी की रचना की गई है।

'धनिया की साड़ी' शीर्षक कहानी में भी नैतिक मूल्यों के टकराव को दोनों

ओर के वर्गीय आधारों के साथ प्रतिध्वनित किया गया है। रमुआ जब सेठजी की भैंस पर कीमती मलमल का कफन डाल उसे नदी में बहाने जाता है तो उसे याद आ जाता है कि दूर गाँव में उसकी इंतजार करती हुई धर्मपत्नी कब से एक साड़ी की आस लगाए हुए है जिसका कि वह अनेक बार वायदा कर चुका है। वह भैंस का कफन उतार लेता है और उसे बीवी की साड़ी के रूप में रख लेता है। रमुआ का अंतर्द्वंद्व ही इस कहानी की सफलता है। एक वर्ग के व्यक्ति की भैंस का कफन दूसरे वर्ग के व्यक्ति की बीवी की लाज ढकने के काम आ सकता है। यह विडंबना ही कहानी को एक विशिष्ट कहानी बनाती है। दोनों मनुष्य हैं सेठजी भी और रमुआ भी लेकिन वर्ग-विभक्त समाज ने दोनों मनुष्यों के जीवन-स्तरों के बीच कितने खौफनाक भेद की खाई खुदवा रखी है। क्या रमुआ ने बेईमानी की ? सेठ को धोखा दिया ? एक तरफ ये बूर्जुआ नैतिकता की खोखली होती हुई वकालतनुमा दलीलें हैं और दूसरी तरफ इंसान और इंसान के बीच का अमानवीय वैषम्य है जो कहानी के पार्श्व-संगीत की तरह लगातार धीरे-धीरे बजता रहता है और विडंबना की पराकाष्ठा के क्षणों में एक साथ बहुत ज़ोर से बज कर शांत हो जाता है। ऐसे स्थलों पर भैरव नैतिकता के वर्गीय आधारों पर चोट करते हुए नैतिक मूल्यों के टकराव को ध्वनित करते हैं। वर्ग-विभक्त समाज का ऐसा प्रामाणिक चित्रण करनेवाली कहानियाँ हिंदी में और भी हैं लेकिन बहुत कम।

संक्षेप में यही कहा जा सकता है कि भैरव ने कोई भी कहानी कहानीकार कहलाने की बूर्जुआ लिप्सा को तृप्त करने के प्रयोजन से नहीं लिखी। उनकी हर कहानी का एक सामाजिक संदर्भ है और उस संदर्भ के साथ कोई-न-कोई मानवीय उद्देश्य जुड़ा है जो कहानी के अंत में व्यंजित होता है। कोरी साहित्यिकता या मूल्य-निरपेक्ष कलाबाजी का नमूना पेश करनेवाली कहानियाँ उन्होंने नहीं लिखीं। प्रेमचंद, निराला, राहुल और नागार्जुन की ही तरह वे हिंदी के एक ज़िम्मेदार कहानीकार हैं जो एक सामाजिक रचनाकार के दायित्व को कभी नज़रअंदाज़ नहीं करते। कला की दृष्टि से उनकी कहानी किसी भी कहानीकार का अनुसरण नहीं करती। कहानी कहने का उनका अपना अंदाज़ है जो नितांत मौलिक है।

सामाजिक यथार्थ के कहानीकार मार्कण्डेय

जिन कहानीकारों ने सामाजिक यथार्थ को जागरूक दृष्टि से व्यंजित करनेवाली प्रेमचंद, निराला, राहुल, यशपाल, रांगेय राघव आदि कहानीकारों की परंपरा को सही मायनों में और आगे बढ़ाया, उनमें भीष्म साहनी, रेणु, हरिशंकर परसाई, अमरकांत, भैरवप्रसाद गुप्त, नागार्जुन, शेखर जोशी के साथ मार्कण्डेय का भी नाम शामिल है। सामाजिक दृष्टि से समाजवादी दृष्टि तक की यथार्थवादी मंज़िल इन कहानीकारों ने तय की थी। रूपवादी कहानीकारों की तुलना में ये वस्तुवादी नहीं थे लेकिन वस्तु और रूप के द्वंद्वात्मक संबंधों को पहचानते थे और रचनात्मक स्तर पर चरितार्थ करते थे। रूपवादी सीमाओं और वस्तुवादी सेंसरों का अतिक्रमण कर इन कहानीकारों ने हिंदी कहानी साहित्य को एक से एक अच्छी रचनाएँ दीं और उन व्यक्तिवादी, अस्तित्ववादी, कलावादी और आधुनिकतावादी कहानीकारों का मुँह बंद कर दिया जो गला फाड़-फाड़ कर कहा करते थे कि प्रगतिशील लेखक तो मात्र प्रचारक होता है।

लेकिन इससे यह सिद्ध नहीं होता कि इन रचनाकारों में कमज़ोरियाँ नहीं थीं। प्रस्तुत लेख में हम मार्कण्डेय की कहानियों की शक्तियों और कमज़ोरियों की चर्चा करेंगे।

मार्कण्डेय ने प्रेमचंद की 'कफ़न' जैसी कहानियों की परंपरा में 'लंगड़ा दरवाज़ा' शीर्षक कहानी लिखी। आर्थिक अभावों से पिसता हुआ एक निम्नमध्य वर्गीय परिवार जिसमें एक बच्चा बीमार होता है फिर मर जाता है। बच्चे को गोद में लिए हुए एक युवा दंपति की अमानवीयकृत होती हुई मनःस्थितियों को चित्रित करती हुई यह कहानी एक फंतासी में उलझ कर खो जाती है :

> 'बहुत साहस के बाद जब फिर आँखें खुलीं तो देखता हूँ सूली पर खुद मेरी लाश टँगी हुई है। मुँह से खून की पतली धार फूट चली है और जीभ बाहर को निकल आई है। नीचे कोई डुगडुगी बजा कर जोर-जोर से चिल्ला रहा है···इस आदमी की हथेली के नीचे बच्चे मरते हैं।' (लंगड़ा दरवाज़ा)

कहानीकार की यह भाषा और यह अभिव्यक्ति काफी अस्पष्ट है इतनी कि अस्तित्ववादियों जैसी लगती है। कहानी में सर्वत्र अतिनाटकीयता व्याप्त है जिसके

कारण 'लंगड़ा दरवाज़ा' कहानी की कला लँगड़ाने लगती है।

अमानवीयकरण की ही स्थिति को एक-दूसरे स्तर पर एक और कहानी 'कानी घोड़ी' में उभारा गया है। सुरजू ने सेठ के यहाँ घोड़ी के बच्चे की आँख में सूआ गाड़ दिया था। जोखन जो पिता की मृत्यु पर नहीं रोया, आज कानी घोड़ी की याद आते ही रो पड़ा है। यह कहानी फंतासी नहीं बनती और शायद इसीलिए स्वाभाविक भी है। क्योंकि मार्कण्डेय फंतासी के सर्जनात्मक प्रयोग में अक्सर स्वाभाविकता को दाँव पर लगा देते हैं।

'अमानवीयकरण' की ही स्थिति को 'घुन' शीर्षक कहानी भी चित्रित करती है लेकिन एक बिल्कुल अलग संदर्भ में। सेठ मरणासन्न है। पत्नी नाथू को जगा कर सूचित करती है। नाथू जाग कर कहता है–'हाँ हाँ सुनता हूँ। मेरी जान न खाओ !' और फिर सो जाता है। क्षणभर बाद ही उसकी नाक फिर बोलने लगती है। सेठ का मरणासन्न होना नाथू के हृदय में कोई संवेदना नहीं जगाता। यह भी एक तरह से 'अमानवीयकरण' ही है, लेकिन कितना सार्थक ! सच पूछो तो नाथू की यह बेरुखी सेठ के कुकर्मों की ऐतिहासिक पृष्ठभूमि की ओर अत्यंत सादगी के साथ इशारा कर देती है। बड़बोलेपन के अभाव में प्रगतिशील रचना कितनी अर्थव्यंजक हो जाती है ! नाथू होरी की तरह भोला नहीं रहा। समझदार हो गया है। दोस्त और दुश्मन में क्या फर्क होता है इसे पहचानने लगा है। 'मानवतावाद' की पुरानी या वर्ग-निरपेक्ष धारणा के अनुसार उसका यह आचरण 'अमानवीय' लग सकता है किंतु क्या वह सचमुच ऐसा है ? 'घुन' एक बेहतरीन कहानी है।

सामाजिक अन्याय और भ्रष्टाचार को रेखांकित करनेवाली कहानियों में 'काला दायरा' यथास्थितिवाद के काले दायरे (विशियस सर्कल) की पहचान करानेवाली कहानी है। पांचू अपनी नवेली दुल्हन चंपा के साथ ससुराल से घर लौट रहा है। रास्ते में मनसुख के कुएँ पर पानी पीने के लिए दोनों रुक जाते हैं। फिर रात ज्यादा हो गई है यह सोचकर विश्राम का आमंत्रण भी स्वीकार कर लेते हैं। रात-रात में ज़मींदार मनसुख उसकी पत्नी को ग़ायब कर देता है। ज़मींदार और उसके हमजोली चंपा के साथ बारी-बारी बलात्कार करते हैं और उसकी लाश को ठिकाने लगा देते हैं। सबेरे पांचू जब पत्नी के बारे में बार-बार आग्रह करता है, तो उसे फुसला कर जंगल की तरफ ले जाते हैं। मारपीट कर पांचू को एक नाले के किनारे फेंक दिया जाता है। जमींदार थाने में रिपोर्ट दर्ज करा देता है कि पांचू ने अपनी दुल्हन की हत्या की है। पांचू जब लहूलुहान हालत में घर पहुँचता है, तो वहाँ पुलिस आ धमकती है। पांचू का ससुर भी पांचू को संदेह की निगाह से देखता है और उसके खिलाफ गवाही देता है। जब पांचू की माँ को यह सूचना मिलती है तो वह भी बेटे पर शक करने लगती है, उसे हत्यारा समझने लगती है। यह कहानी बड़े स्वाभाविक ढंग से इस तथ्य को रेखांकित करती है कि भ्रष्टाचार और सामाजिक अन्याय का

काला दायरा (विशियस सर्कल) इतना मज़बूत है कि ग़रीब आदमी इस चक्रव्यूह में एक बार फँस जाए, तो फिर बाहर नहीं निकल सकता। कहानी मौजूदा समाज के अंतर्ग्रस्त सूत्रों को घटनात्मक विवरणों में इस तरह ढालती जाती है कि सारे संदर्भ आप ही आप उद्घाटित होते जाते हैं। पांचू को अदालत सज़ा देती है।

'पलभर को अदालत खामोश हो गई है और वह देखता है कि यह पूरा दायरा अब एकदम काला हो गया है और जज की कुर्सी पर तेज़ी से चक्कर काट रहा है।' शायद मार्कण्डेय के इस कथन में यह संकेत है कि दायरा जिस व्यवस्था की गोद में पल कर बड़ा होता गया है अब उसी के सिर पर धूमकेतु की तरह मंडरा रहा है। पांचू प्रतिरोध नहीं करता लेकिन उसके हृदय में प्रतिरोध का अंकुर जन्म ले चुका है। हम सभी जानते हैं कि पांचू जैसे व्यक्ति जब जेल से लौटते हैं तो वे खतरनाक किस्म के डाकू बन जाते हैं। वे कुछ और भी बन सकते हैं यानी एक जुझारू और जागरूक संगठित सर्वहारा भी। लेकिन कहानी इस बारे में चुप्पी साध लेती है। कहानी की सफलता यह है कि पाठकों के मन में एक ज़बरदस्त गुस्सा जन्म लेता है।

'कल्यानमन' कहानी में एक ग़रीब औरत का पति देर रात गए घर लौटता है, शराब में धुत्त होकर, द्वार खटखटाता है। पत्नी द्वार नहीं खोलती। शराबी पति रातभर तालाब की बाढ़ से देहरी तक बह आए कीचड़ में ठिठुरता है और सवेरा होते-होते दम तोड़ देता है। विधवा के पुत्र को गाँव के ज़मींदार का लड़का माँ के खिलाफ भड़काता है। कहानी यहाँ भी फंतासीग्रस्त हो गई है। अंत अत्यंत अस्पष्ट हो उठा है।

'बीच के लोग' एक श्रेष्ठ कहानी है जो देश के ग्रामांचलों में उभरते हुए वर्ग-संघर्ष को प्रामाणिक ढंग से चित्रित कर पाती है। मनरा नई पीढ़ी का हरिजन लड़का है, उन्नीस-बीस बरस की उम्र का, साँवले रंग का तेज़ चमकदार आँखोंवाला लड़का, जो अपनी ज़मीन पर हल चला कर ही रहेगा। दोनों ओर की टोलियाँ तैनात हैं···लगता है यह संघर्ष आज निर्णायक स्थिति में पहुँच गया है। उच्च वर्णों के अन्याय का प्रतिकार मनरा और उसके साथी आज लेकर ही रहेंगे। लेकिन 'बीच के लोग' कहाँ यह सब होने देंगे। 'बीच-बचौव्वल' करने के लिए टपक पड़ेंगे। फउदी दादा ऐसे ही बिचौलियों के नेता हैं। मनरा का बाप फउदी दादा के प्रभाव में है, वह हल के आगे लेट जाता है, संघर्ष को निर्णायक दौर में नहीं पहुँचने देता। भनरा चिल्लाता है–'बापू हट जाओ ! वरना हल ऊपर से चला दूँगा' लेकिन बापू कहाँ मानते हैं। बुझावन और भक्तिनियाँ हल के सामने लेटे रहते हैं। कहानी के अंत में मनरा का यह कथन, मानो कहानीकार का ही संदेश हो, कुछ इस तरह से चस्पां कर दिया गया है। 'बापू' संबोधन भी गांधीवादी संदर्भों को उजागर कर देता है।

'अच्छा हो कि दुनिया को जस-की-तस बनाये रहनेवाले लोग अगर हमारा

साथ नहीं दे सकते तो बीच से हट जाएँ, नहीं तो सबसे पहले उन्हीं को हटाना होगा, क्योंकि जिस बदलाव के लिए हम रण रोपे हुए हैं, वे उसी को रोके रहना चाहते हैं।' 'बीच के लोग' कहानी गांधीवादी मूल्यों का वर्चस्व मानने से इंकार करती है और एक चुनौती और चेतावनी बन कर खड़ी हो जाती है। लेकिन यह अंतिम वक्तव्य न भी होता तो भी बात समझ में आ जाती। अमरकांत और भीष्म साहनी अपनी कहानियों में इस तरह के बड़बोलेपन से अपनी कहानियों को बचा ले जाते हैं और भैरवप्रसाद गुप्त और मार्कण्डेय की तुलना में यहीं वे बाज़ी मार ले जाते हैं। बावजूद इस कमज़ोरी के 'बीच के लोग' एक अत्यंत महत्त्वपूर्ण कहानी है क्योंकि यह 'वर्ष सहयोग' की संकल्पना पर प्रभावपूर्ण ढंग से ज़बरदस्त प्रहार करती है। सामाजिक यथार्थ से समाजवादी यथार्थ की मंज़िल तय करने की दृष्टि से यह कहानी यथार्थवादी चेतना में गुणांतर की सूचक है।

कलावादी कहानीकारों और समीक्षकों को अक्सर यह कहते सुना जाता है कि प्रगतिशील कहानीकार यथार्थवाद की लाठी भाँजते रहते हैं और वे प्रेम जैसे उदात्त विषय पर कहानियाँ नहीं लिखते। प्रेम से इन महानुभावों का तात्पर्य समाज-प्रेम, देश-प्रेम, पिता-प्रेम, माता-प्रेम, पुत्र-प्रेम और बंधु-प्रेम न होकर केवल लड़का-लड़की प्रेम ही है। स्त्री-पुरुष प्रेम प्रसंगों को लेकर हिंदी में जो कहानियाँ लिखी गई हैं उनमें भैरवप्रसाद गुप्त की 'आँख क्यों भर आई है ?' शेखर जोशी की 'कोसी का घटवार' और मार्कण्डेय की 'प्रिया सैनी' शीर्षक कहानियों का अपना विशिष्ट महत्त्व है। क्योंकि इन कहानियों में प्रेम की अबौद्धिक और भावुकतापूर्ण अभिव्यंजना नहीं की गई बल्कि उसे मानवीय संबंधों के सामाजिक यथार्थ के एक अंग के रूप में मार्मिक प्रसंग के तौर पर चित्रित किया गया है।

किसी भी युग के प्रेम-प्रसंग आसमान से नहीं टपकते न ही वे हवा में उत्पन्न होते हैं। अपने युग के सामाजिक संबंधों का यथार्थ ही प्रेम और नफ़रत के भाव जगाता है। इसीलिए हर युग का प्रेम एक-जैसा नहीं होता। यदि आज कोई प्रेमी शरत के देवदास की तरह आचरण करे तो उपहासास्पद होगा लेकिन पिछले युग का प्रेमी (देवदास) हमारी करुणा और सहानुभूति का पात्र है। ऐसा क्यों ? इसी से स्पष्ट है कि प्रेम की भावनाएँ भी युग और समाज-सापेक्ष नहीं होतीं। उनमें भी बदलाव और गुणांतर होता रहता है। इसीलिए मीरा और महादेवी की प्रेम संबंधी भावनाओं में अंतर आ जाता है।

'दिशाबोध' के कहानी विशेषांक में मैंने इसी दृष्टि से भैरव प्रसाद गुप्त की एक कहानी 'आँख क्यों भर आई है' पर विस्तारपूर्वक टिप्पणी की थी, हालाँकि उक्त लेख में मैंने उनकी 'श्रम' और कुछ अन्य कहानियों की भी चर्चा की थी। इस लेख को समाप्त करने से पूर्व मार्कण्डेय की 'प्रिया सैनी' कहानी का भी मैं विशेष रूप से उल्लेख करना चाहता हूँ।

'प्रिया सैनी' कहानी में एक निम्न-मध्य-वर्गीय अध्यापिका और एक मनोविज्ञान-अनुसंधत्सु युवक के असफल प्रेम की कथा है। यहाँ स्वभावतः ही एक सवाल उठता है कि प्रेम असफल क्यों होता है ? क्या कारण है कि 'प्रिया' और 'प्रिय' एक-दूसरे को तन-मन और प्राण से चाहते हुए भी एक-दूसरे के नहीं हो पाते ? वे कौन से अंतर्विरोध हैं जो दो प्रेमियों के बीच के रिश्तों को विच्छिन्न कर देते हैं ? इन्हीं कुछ प्रश्नों के साथ कहानी के कुछ सूत्रों की चर्चा करना शायद अधिक सार्थक होगा। प्रिया से संबंध-विच्छेद हो जाने के एक अरसे बाद नायक को अपनी गलती का अहसास होता है। पछतावे के साथ कहता है—'संस्कार और अहम् को मैंने पहले ही चुपचाप दम तोड़ते देखा था⋯मुझे लगा था जैसे प्रिया और मेरे बीच इन्होंने ही विनाशलीला खड़ी की थी।' दरअसल नायक के मध्यवर्गीय संस्कारों और व्यक्तिवादी अहम् ने ही उसे 'प्रिया' को ठीक-ठीक समझने न दिया। संवेगों की परिवर्तित प्रकृति की खोज करनेवाला रिसर्च स्कॉलर इन्हीं संस्कारों और इसी अहम् के कारण 'प्रिया' की ओर आकर्षित हुआ था। लेकिन ये संस्कार और अहम् निःस्वार्थ प्रेम की यात्रा में उसे कुछ दूर तक भी न ले जा सके। शारीरिक और मानसिक प्यास के बुझते ही वह 'प्रिया' के प्रति संदेहातुर होने लगा था। भोग कर तज देनेवाली मानसिकता को बहाने की तलाश थी और बहाना उसे मिल भी गया।

दूसरी ओर 'प्रिया' के संस्कारों ने भी कुछ कम गुल नहीं खिलाया। 'प्रिया' की मानसिकता नायक की मानसिकता से भिन्न थी। वो ऐसे पिता की छत्र-छाया में पली थी जो 'कला को मनुष्य की श्रेष्ठतम संभावनाओं की श्रेष्ठतम अभिव्यक्ति मानते हैं और मनुष्य का उनके यहाँ अर्थ है, ग़रीब, हारा, थका, दुःखी।' शायद पिता की इन्हीं मान्यताओं और प्रिया के निम्न मध्य-वर्गीय माहौल का उसकी मानसिकता पर गहरा असर था। इसीलिए वह पूर्विया मज़दूर की रक्षा करने के लिए तैयार हो गई और इसी प्रक्रिया के दौरान उसे तन भी दे बैठी। लेकिन 'प्रिया' को "कोई खेद नहीं है, कोई आत्मदंश नहीं।" हो सकता है कि अगर वह मध्य या उच्चमध्य-वर्गीय संस्कारों में पली होती तो उसके भीतर अपराध-बोध का चोर आ बैठता और उसे ज़िंदगी भर सालता रहता। 'प्रिया' एकदम सहज रूप से स्वीकार करती है कि उसके साथ जो कुछ हुआ, उसमें वह सर्वथा शरीक थी—'मन प्राण से ही नहीं, शरीर से भी।' झूठ, मिथ्या, अध्यात्मदादिता और शुद्धता के सिद्धांत से उसका कोई वास्ता नहीं है। पर वही प्रिया सेठ घिनावन के आमंत्रण को ठुकराने में ज़रा देर नहीं करती। आखिर क्यों ? सेठ उसे देश-देशांतर के दौरे कराना चाहता है। उसकी एक ब्ल्यू फिल्म तैयार कराएगा। बदले में उसे सारी उच्चवर्गीय सुविधाएँ प्रदान करेगा। वह नौकरी छोड़ चली आती है। फूट-फूट कर रो पड़ती है, इसलिए नहीं, कि उसी से ये प्रस्ताव क्यों किए गए बल्कि इसलिए कि इस समाज में स्त्री

को 'इतना हीन और इतना नाचीज़ क्यों समझा जाता है ?' प्रिया सड़कों के किनारे मज़दूरों और किसानों के बीच नाच सकती है क्योंकि उसके 'जीवन और नृत्य दोनों का मंतव्य उनके जीवन से जुड़ा है।' दरअसल मार्कण्डेय की कहानियों में यही वह कमज़ोर-स्थल है जहाँ वे पात्रों के स्वभाव की रक्षा नहीं कर पाते। बड़बोलेपन के साथ-साथ रचनाकार की रोमानी सर्वहारात्मक दृष्टि भी अनायास उद्घाटित हो जाती है।

लेकिन 'प्रिया' एक महत्त्वपूर्ण नारी चरित्र है। वह सेठ के मनोरंजन या मुनाफे के लिए अपने इस्मेमाल की इजाज़त नहीं दे सकती। वह एक प्रेम-परायणा नारी है जिसे पुरुष द्वारा नारी पर थोपी गई सामंती 'चेस्टिटी बेल्ट' में बँधे रहना स्वीकार्य नहीं है। मन और प्राण के ही साथ शरीर की भी सार्थकता है। वह जिसे मन और प्राण देगी उसे शरीर भी दे देगी। लेकिन मन और प्राण के बिना वह किसी को शरीर नहीं देगी चाहे फिर वह पति ही क्यों न हो। मज़दूर की रक्षा करने के संकल्प से वह उसे अपने बिस्तर में छिपा लेती है। लेकिन मज़दूर स्वस्थ युवक है और वह स्वस्थ युवती है, अतः उसके बाद जो कुछ हो जाता है वह अस्वाभाविक नहीं है। 'प्रिया' के जीवन में तीन पुरुष आते हैं। सेठ घिनावन उच्चवर्गीय है, पूर्विया मज़दूर निम्नवर्गीय है और तीसरा है नायक जो मध्यम-वर्गीय है। ये तीनों पुरुष अपनी-अपनी वर्ग-सापेक्ष धारणाओं, संस्कारों और मूल्यों को ढोते हुए ही 'प्रिया' से संबंध जोड़ते हैं। इनमें 'प्रिया' के अपने संस्कार और धारणाएँ पूर्विया से अधिक मेल खाते हैं। सेठ घिनावन का व्यक्तित्व प्रिया के मन में घृणा जगाता है; नायक के व्यक्तित्व से उसे सहानुभूति होती है जो जितनी जल्दी प्रेमाभिमुख होती है उतनी ही जल्दी विमुख भी हो जाती है। पूर्विया का व्यक्तित्व 'प्रिया' के मन में प्यार जगाता है। इसका कारण वह जीवन-दृष्टि भी है जो उसे पिता से विरासत में मिली है। 'पूर्विया' बागी हो गया है या व्यवस्था ने उसे ग़ायब हो जाने के लिए मज़बूर कर दिया है।

इस प्रकार हम देखते हैं कि प्रेम कहानी भी सामाजिक संदर्भों को प्रतिबिंबित करती है। श्रेष्ठ प्रेम कहानी अपने युग के अंतर्विरोधों को जागरूकता और कलात्मकता के साथ चित्रित करती है, साथ ही अपने परिवेश और प्रकृति के बारे में पैने-प्रेक्षणों की परिचायक होती है। प्रेम का असफल हो जाना एक सामाजिक और मानवीय संबंध का ही असफल हो जाना है।

कहानीकार विष्णु प्रभाकर

श्री विष्णु प्रभाकर मध्यवर्ती चेतना के लेखक हैं। वामपंथ और दक्षिणपंथ दोनों से सम्यक् दूरी बनाये रखते हैं। कभी-कभी वे नास्तिक की मुद्रा में प्रगट होते हैं लेकिन अक्सर आस्तिक रूप में दिखाई देते हैं। एक तरह से वे अस्ति-नास्ति के द्वंद्व को झेलते हैं। वे यथार्थोन्मुख आदर्शवादी और द्वंद्वात्मक भाववादी लेखक हैं। इसके साथ-साथ वे स्वच्छंदतावादी रुझान का भी परिचय देते हैं। कहानीकार के रूप में उनका कृतित्व (और व्यक्तित्व) उपर्युक्त अवधारणा के प्रतिकूल नहीं है। तथापि अपने बारे में उनका कथन इस प्रकार है :

> 'स्वाधीनता से पूर्व और उसके बाद अनेक कहानी-आंदोलन कहानी के क्षेत्र में उठे और गिरे पर मैं यत्किंचत् प्रगतिशील आंदोलन को छोड़कर किसी से भी नहीं जुड़ पाया। कभी चाहा भी नहीं। सदा अपने को तीसरे दशक का कथाकार मानता रहा।'

यह 'स्वकथन' 1983 का है। 'इक्यावन कहानियाँ' की भूमिका का अंश है। इसमें 'यत्किंचित्' शब्द ध्यान देने योग्य है। इसी भूमिका में वे यह हवाला देते हैं कि मज़दूर की व्यथा-वेदना को लेकर उन्होंने सन् 1939 में पहली कहानी लिखी। वर्ष 1939 में मज़दूर की व्यथा-वेदना पर लिखी गई कहानी है–'हमें गिरानेवाले।' इस कहानी के अनुसार मज़दूर को गिरानेवाला मज़दूरों का नेता है। यह नेता पूँजीपति भी हो सकता है, कोई और भी। कहानीकार की मध्यवर्ती चेतना की यह शुरुआत है। इसका निबाह आगे की कहानियों में मिलता है। इस कहानी का कथ्य यह है कि बिहारी नाम का मज़दूर कुछ पैसे लेकर अपनी पत्नी के साथ मार्केटिंग के लिए निकलता है। बाज़ार में वह कई दुकानों पर अपमानित होता है। अंततः मानसिक रूप से अस्त-व्यस्त होता हुआ एक मोटर द्वारा धकिया दिया जाता है। मज़दूर-नेता उसे मूर्च्छित अवस्था में घर ले जाता है। होश आने पर बिहारी इस नेता को पहचान लेता है।

'सहसा बिहारी ने उसे देखा। वह काँप उठा, "तुम ! यह तुम हो, बाबू जी ! तुमने ही तो कहा था, अपने को गिरानेवाले हम आप हैं, लेकिन नहीं हमें गिरानेवाले तुम हो···" ।'

सन् 1939 के बाद विष्णुजी की कहानी कथन और कथ्य दोनों रूपों में निरंतर विकसित होती गई है। लेकिन तन से आज तक उनकी चेतना मध्यवर्ती ही रही है। इस बीच वे समाजवादी देशों की यात्राएँ कर चुके हैं। प्रगतिशील लेखक संघ की बैठकों की अध्यक्षता कर चुके हैं मगर चेतना का लट्टू अपनी मध्यवर्ती धुरी पर जैसे पहले घूमता था आज भी घूमता है। सन् 1959 में उन्होंने एक कहानी लिखी—'मारिया'। समाजवादी महादेश के परिवेश को चित्रित करनेवाली यह एक खूबसूरत कहानी है। विदेशी महिला और भारतीय बुद्धिजीवी को लेकर एक प्रसंग है। विदेशी महिला विदेश में भारतीय बुद्धिजीवी का सत्कार करने के लिए सत्ता की ओर से तैनात है। महिला सत्कार करती है; मुक्त व्यवहार का परिचय देती है। भारतीय अतिथि (बुद्धिजीवी) मुक्त-व्यवहार को प्रेम-व्यापार का आमंत्रण समझ कर प्रोत्साहित होने लगता है। सीमा से आगे बढ़ता है तो मारिया सुंदर तरीके से सबक सिखा देती है। बिदाई के समय हवाई अड्डे पर आती है। एक बड़ा उपहार का पैकेट भेंट करती है जिसमें भारतीय अतिथि द्वारा प्रवास के दौरान महिला को भेंट किये गये, सारे प्रेमोपहार मौजूद हैं। प्रकारांतर से महिला सारे प्रेमोपहार लौटा रही है। पैकेट में महिला का अपने पति और बच्चों के साथ मुस्कराता हुआ चित्र है। एक चिट भी है जिस पर एक पंक्ति लिखी है :

> 'मुक्तव्यवहार वासना के कारण नहीं, वासना के अभाव के कारण हो पाता है।'

विष्णुजी ने मुझे बताया कि यह कहानी श्री यशपाल द्वारा सुनाये गये संस्मरण पर आधारित है। संभवतः संस्मरण यशपाल की 'आपबीती' का संकेतक है।

लगभग इसी तरह के परिवेश और प्रतिवेश को चित्रित करनेवाली एक कहानी—'एक आसमान के नीचे' है। इसी शीर्षक से उनका एक कहानी-संग्रह 1989 में छपा, जिसमें यह कहानी संकलित है। इस कहानी का रचनाकाल 1987 है। कुछ मिलते-जुलते संदर्भ यहाँ भी उभरते हैं। दयामयी कहती है—'दादा कितनी मुक्त है सोवियत नारी। मात्र प्रजनन की शक्ति नहीं है वह। हर क्षेत्र में पुरुष के समक्ष है। न वर्जन है, न भय और एक हम हैं कि सदा अज्ञात के भय से आतंकित रहते हैं।' लेकिन इसी कहानी में अमिताभ के कथन के बहाने शायद लेखक अपने ही मन की पर्त खोलते हुए कह जाता है—'...तर्क से समस्या को समझा जा सकता है पर उसका समाधान भी हो, यह आवश्यक नहीं है। समाधान आस्था और विश्वास की नींव पर ही हो सकता है।' 'आस्था' और 'विश्वास' शब्द ध्यान देने योग्य हैं।

तर्क को लेखक महत्त्व देता है, पर सर्वोपरि महत्त्व वह आस्था और विश्वास को देता है।

स्त्री-पुरुष संबंध विष्णुजी के प्रिय विषय हैं। नारी और पुरुष दोनों के मुक्तव्यवहार को तरजीह देते हैं लेकिन किसी भी कहानी में यह मुक्त-व्यवहार

अराजकता की सीमा नहीं छूता। तथापि स्वच्छंदता यहाँ बराबर दिखाई देती है। आश्रिता (1937) से लेकर 'कैसी हो मारियम्मा' (1988) तक यह स्थिति बरकरार रहती है। 'मैं नारी हूँ' (1980) कहानी में रंजना पुरुष से ठुकराये जाने के बाद पुरुष का मुँह नहीं देखना चाहती। आत्मनिर्भरता के रास्ते पर आगे बढ़ती हुई रंजना के जीवन में पुनः प्रवेश करने की गरज़ से डॉ. मुकर्जी उससे मिलने आता है तो एक विद्रोही नकार के साथ उनका सामना करते हुए कहती है—'नहीं आप नहीं आ सकते। जिस रंजना को आप खोजने आये हैं, वह मर चुकी है। मैं नारी हूँ और नारी अपने आत्म-सम्मान की रक्षा करना जानती है।' 'आश्रिता' कहानी की सोना अजीत मास्टर से प्यार करती है लेकिन इस प्यार में सम्मान की भावना अधिक है। वह उस प्यार को शरीर से परे रखने की धुन में अजीत से परे चली जाती है। अंततः अजीत के यह पूछने पर कि वह क्यों चली गई थी, उत्तर देती है :

> 'मास्टर साहब, जिसके आश्रय के नीचे आकर मैंने अनाथ की भाँति लाड़-दुलार पाया, जिसकी ओर देख कर मैंने हृदय की ममता को उमड़ते देखा, उसी के···ओह उसी के सामने आवरण कैसे हटाती ?'

कहानी एक सरलीकृत अंदाज़ में जीवन के यथार्थ को अनदेखा करती हुई निष्ठा, विश्वास और सम्मान की भावनाओं को तरजीह देती है। 'कैसी हो मारियम्मा' (1988) कहानी की नारी प्यार सत्येन से करती है लेकिन विवाह 'राजगोपालन' से। ऐसी कहानियों में प्रेम 'दबे पाँव आता है फिर सब कुछ को आवृत्त कर लेता है।' भावात्मक द्वंद्व और द्वंद्वात्मक भावात्मकता के बीच की-सी स्थिति इन कहानियों में अंतर्व्याप्त है। जीवन का यथार्थ यहाँ चित्रित होते हुए भी रेखांकित नहीं होता। 'जिंदगी एक रिहर्सल' (1986) और 'कैसी हो मारियम्मा' (1988) दोनों में अद्भुत साम्य है। रेणुका और मारियम्मा के चरित्र की रेखाएँ एक जैसी हैं। इन रेखाओं से जो चित्र उभरते हैं उनके रंग भी लगभग मिलते-जुलते हैं। लगता है जैसे 'ज़िदगी एक रिहर्सल' में कुछ छूट गया था, उसी छूटे हुए को कहने के लिए लेखक ने उसी कथ्य की पुनरावृत्ति की है। लेकिन दोहराई गई कहानी सुंदर बन पड़ी है, अतः उसे 'पुनरुक्ति दोष' न कह कर 'पुनरुक्ति प्रकाश' कहना ही समीचीन होगा। इसलिए भी कि दोनों कहानियाँ अलंकृत कविताओं की तरह ही हैं। पहली कहानी जीवनरूपी नाटक की 'रिहर्सल' है और दूसरी कहानी उसी का 'मंचन' है। रेणुका की कमज़ोरी यह है कि उसे पुरुष का सहारा ज़रूर चाहिए; इसका नहीं तो उसका चाहिए। लेखक अपना मंतव्य भी ज़ाहिर कर देता है कि नारी की यही कमज़ोरी आत्मघाती है। इसीलिए पुरुष की ज़्यादतियाँ सहना और सहते रहना उसकी नियति हो जाती है। कहानी का अंत लेखक के मंतव्य के अनुसार ढलने लगता है। रेणुका लेखक का कहा मान लेती है। ऐसी कहानियों में संवादों और पत्रांशों की बहुतायत रहती है। कल्पना पंख खोल कर आकाश में उड़ान भरती है। बादलों पर लोट-पोट होती है।

भीगे पंख लेकर ज़मीन पर लौटती भी है तो किसी मनचाहे टीले पर बैठ कर पीड़ा और करुणा के स्वर सुनाती है। 'प्रेम में आवाज़ नहीं, पुकार होती है।' पुकार क्या है ? आत्मीय के लिए अंतर की आवाज़ ही तो है। लेकिन मारियम्मा अंतर की आवाज़ का दृढ़ता से प्रतिरोध करती है। 'वह अपने सत् को सत् ही रहने देगी। पति-पुरुष नहीं बनने देगी।' कहानी गद्यगीत का-सा मज़ा देती है। कहानी का अंत नयी कविता के एक टुकड़े के साथ होता है :

'और उसे याद आ गयीं किसी कवि की ये पंक्तियाँ :
जानते हो
मेरा यह अकेलापन बेहद जिद्दी है
और जब तुम आते हो
इसे फुसला कर सुला देती हूँ
तुम्हारे जाते ही
वह जाग कर चिपट जाता है।'

(पृष्ठ 23, 'एक आसमान के नीचे' में संकलित—'कैसी हो मारियम्मा')

शायद ये पंक्तियाँ भी 'मारियम्मा' नाम की इस नारी ने पत्र में लिखकर भेजी हों हालाँकि कहानी में यह इंगित नहीं है। इस कहानी को पढ़कर आदरणीया महादेवी वर्मा की पंक्ति याद आये बिना नहीं रहती—'मिलन का नाम मत ले तू, मैं विरह में चिर रहूं।' महादेवीजी का संदर्भ अकारण नहीं है। ऐसी कहानियों में 'अद्वैत' की भी चर्चा होती है। 'शरीर से परे' में रश्मि अपने पत्रांश में कह रही है—'दूर कहाँ हूँ जो मिलूँ।' अब बताना भी नहीं चाहती, क्योंकि इस धरती पर अद्वैत संभव नहीं। यहाँ तो एकाधिकार चाहिए। यहाँ पूँजी बँटती नहीं, तिजोरी में बंद करके रखी जाती है। श्री हंसराज 'रहबर' कहानी के इस पत्रांश को पढ़ कर कह सकते हैं—'कुछ ऐसे भू-खंड भी हैं, जहाँ पूँजी बँटती है, तिजोरी में बंद करके नहीं रखी जाती'।

लेकिन प्रश्न यह है कि क्या अद्वैत यहाँ संभव है ? मुझे लगता है लेखक यहाँ प्रच्छन्न ढंग से कुछ और संकेत कर रहा है। उसका 'अद्वैत' संबंधी आशय रहस्यवादी अद्वैत से नहीं है। शायद वह कहलवाना चाहता था कि इस धरती पर अद्वैत (साम्य, साम्यवाद या वर्गहीन समाज) संभव नहीं है। यह आशय लेखक की मध्यवर्ती चेतना के अनुकूल भी है। यह कहानी श्री ऋषभचरण जैन और जैनेन्द्र द्वारा संयुक्त रूप से लिखे गये उपन्यास 'तपोभूमि' की शैली में लिखी गई जान पड़ती है। कहानी में प्रदीप और रश्मि उक्त शैली में पृथक्-पृथक् रूप से अपना-अपना बयान देते हैं।

'आस्था का द्वंद्व' कहानी 1983 में लिखी गई। इस कहानी में द्वंद्वात्मक भावात्मकता और भावात्मक द्वंद्वात्मकता के बीच की स्थितियाँ और मनःस्थितियाँ

उजागर होती हैं। आस्था और अनास्था, अस्ति और नास्ति के द्वंद्व को चित्रित करती हुई यह कहानी अंततः आस्था के स्वीकार और अनास्था के अस्वीकार को द्योतित कर देती है। 1983 में लेखक की यही मनःस्थिति है। लेकिन यह मनःस्थिति आकस्मिक नहीं है। 1950 में भी आस्था के स्वीकार को रेखांकित करनेवाली कहानियाँ उसने लिखीं। 'पर्वत से ऊँचा' कहानी 1950 की है। एक वृद्ध बाबा मुरादाबाद से पदयात्रा पर निकलता है। कैलाश के दर्शन की साध लेकर वह पैदल सैकड़ों मीलों की दूरी लाँघता है। उसके पास एक कंबल, एक धोती और एक लाठी है। वह निपट अकेला है। बाबा के कदम चलते-चलते लड़खड़ाते हैं। आस्था और विश्वास के बल पर वह हिमालय के दर्शन कर लौट रहा है। अपनी जर्जर काया और लड़खड़ाते कदमों के बावजूद वह माँगता-खाता वापस घर लौट जायेगा। कुछ व्यक्ति उस पर हँसते हैं कि पाखंडी है, रास्ते में ही मर जायेगा। लेखक उसे देखकर प्रभावित हो उठा है। इसी संस्मरण के आधार पर यह कहानी बुनी गई है। लेखक कह उठता है :

> 'पत्थर के देवता पर चढ़ावे चढ़ाता हूँ। फिर हाड़-मांस के इस पुतले को कैसे भुला दूँ ?, मेरे जैसे भावुकों की भावना पर डकैती डालने के लिए, जिन लोगों ने स्थान-स्थान पर मठ-मंदिर और मूर्तियाँ स्थापित की हैं, पाखंडी हैं वे, बाबा तो···' ।

बाबा के अदम्य विश्वास की सराहना करते हुए लेखक कहता है कि इसके सरल पर अमित विश्वास के सामने गर्वोन्मत्त पर्वत और अभिमानी सरिताएँ हेय जान पड़ीं। 'अगस्त्य के पास, पांडवों के पास, स्काट के पास···और कोलम्बस के पास यही विश्वास तो था।' यहाँ ध्यान देने की बात है कि लेखक बाबा के *साहस* की बात नहीं करता, बार-बार उसके *विश्वास* की ही चर्चा करता है। आदर्शवाद और यथार्थवाद में दृष्टि-भेद का यह भी एक प्रस्थान-बिंदु है।

'सलीब' (1968) में आदर्शवादी दृष्टिकोण द्वंद्वग्रस्त होता है। जो अपराधी अपराध को स्वीकार नहीं करते वे तो बच जाते हैं लेकिन जो स्वीकार कर लेता है वह दंड भोगता है। हमारी न्याय-प्रणाली ही इस विडंबनापूर्ण स्थिति को जन्म देती है। तथापि कहानी के समापन तक आते-आते लेखक आदर्शवाद की ही राह पर अग्रसर होते रहने का सुहृद-सम्मत सुझाव देता है। 'भोगा हुआ यथार्थ' (1968) में प्रमुख पात्र पारसनाथ को अपने अंतिम क्षणों में अपने कुकर्मों के 'प्रेत' परेशान करते रहते हैं। 'प्रेतात्माओं' से जूझता हुआ वह सारी रात तड़पता है और सुबह दम तोड़ देता है। उसके मरने पर लोग कहते हैं कि उसने शानदार अंत पाया। किसी को कष्ट नहीं दिया, किसी से सेवा नहीं कराई। बहिर्जगत् की इसी 'आयरनी' को उभारने की बजाय, कहानीकार अंतर्जगत की घटनाओं को रेखांकित करता है ताकि पारसनाथ ने जो यातना झेली हैं, उसका भी पाठकों को पता चले। यह 'आदर्श'

गुंजित होता है कि बुरे आदमी का अंत बुरा होता है। इस प्रकार विष्णुजी यथार्थ जगत् की विसंगतियों को चित्रित करते हुए भी उन विसंगतियों को नहीं उभारते। इसके विपरीत वे कथा को अंतःकथाओं अथवा आकस्मिकताओं द्वारा ऐसी आदर्शपरक परिणतियों तक पहुँचाने का सतत प्रयास करते दिखाई देते हैं जो 'ईश्वरीय व्यवस्था' या किसी 'दिव्य व्यवस्था' के प्रति हमारे विश्वास और मोह को भंग न करें, बल्कि उसे बनाए रखें। तथापि कहानी में पारसनाथ के द्विधा-त्रिधा-विविधा-विभाजित मन की अभिव्यक्ति का जो रूपक वे रचते हैं वह कहानी में नाटकीय तत्त्व के प्रयोग का एक दृष्टांत है।

स्वतंत्रता संग्राम की पृष्ठभूमि को लेकर लिखी गई कहानियों में 'क्रांतिकारी' (1945), 'बेटे की मौत' (1946), 'मार्ग में' (1948) आदि कहानियाँ उल्लेखनीय हैं। इन कहानियों में कुछ ऐसे चरित्रों से हमारा साक्षात्कार होता है जो स्वाधीनता के लिए त्याग और बलिदान करने में तत्पर रहते हैं। 'बेटे की मौत' कहानी की 1987 में पुनर्रचना की गई और उसे 'नींव का पत्थर' शीर्षक दिया गया। 'नींव का पत्थर' कहानी में पिछली कहानी की तुलना में शिल्प और तकनीक का विकास तथा निखार लक्षित होता है।

देश के विभाजन तथा सांप्रदायिक दंगों से संबंधित कहानियाँ भी ध्यान आकर्षित करती हैं। ये कहानियाँ 'मेरा वतन' शीर्षक कहानी संग्रह में संकलित हैं। इनमें 'रहमान का बेटा' (1946), 'अधूरी कहानी' (1946), 'ताँगे वाला' (1948), 'मेरा बेटा' (1946), 'मैं ज़िंदा रहूँगा' (1949), 'अगम-अथाह' (1948) और 'मेरा वतन' उल्लेखनीय हैं। इन सभी कहानियों में सांप्रदायिक सद्भाव संप्रेषित है। इनमें 'ताँगेवाला' कहानी कलात्मक दृष्टि से भी एक बेहतर कहानी बन पड़ी है। कहानी में घोड़े का प्रसंग चेख़व की कहानी का स्मरण करा देता है। इस कहानी के शीर्षक और शैली से भगवती प्रसाद वाजपेयी की कहानी 'खिलौने वाला' के शीर्षक और शैली की याद आ जाती है। 'अगम अथाह' कहानी में एक 16 वर्षीय बालक दंगे की चपेट में आकर मारा गया तो माँ-बाप इसी छलना में जीते-जीते बूढ़े हो रहे हैं कि बालक एक दिन लौटेगा। उन्हें विश्वास है कि वह एक दिन आयेगा। लेखक उसके भोले विश्वास की विडबंना को उभारता है तथापि विश्वास की भावना को महिमामंडित करने में अधिक अभिरुचि का साक्ष्य देता है।

लेकिन 'ताँगेवाला' कहानी में मोहभंग का उद्घाटन होता है। इस कहानी में दिल्ली के मुसलमान ताँगेवाले की दिनचर्या का मर्मांतक चित्रण है जो सन् 1947-48 के आस-पास गर्दिश के दिनों का प्रामाणिक और कलात्मक विवरण पेश करता है। 'स्वतंत्रता' से मोहभंग की प्रक्रिया को उद्घाटित करनेवाली कहानियों में 'सुराज' (1947) भी उल्लेखनीय है। 'मेरा वतन' कहानी भी इसी मोहभंग की प्रक्रिया को तेज़ी के साथ उद्घाटित करनेवाली, सांप्रदायिक सद्भाव को संप्रेषित करनेवाली तथा

अपनी जन्म-भूमि की मिट्टी से गहरे लगाव को रेखांकित करनेवाली एक महत्त्वपूर्ण कहानी है। मिस्टर पुरी विभाजन के बाद लाहौर से भाग कर अमृतसर आ गए। सपरिवार अमृतसर में बस गए। परिवार पुनः प्रतिष्ठित भी हो गया। पर उस मन का क्या करें जो लाहौर के लिए बेचैन रहता है। लाहौर की मिट्टी की गंध उन्हें बुलाती है और वे अर्द्धविक्षिप्त हो उठते हैं, लाहौर भाग जाते हैं। उनके बच्चे उन्हें ढूँढ़ते हैं, किसी तरह मिस्टर पुरी लौट आते हैं; फिर फिर वही गंध उन्हें पुनः बुलाती है। निष्कर्ष यह कि विभाजन ने उन्हें नार्मल इन्सान से 'एब्नार्मल' बना दिया। एक आत्मनिर्वासित, अर्द्धविक्षिप्त और असामान्य व्यक्ति का पिटा-लुटा जीवन व्यतीत करते हुए लाहौर की सड़क पर दम तोड़ देते हैं। सांप्रदायिक सद्भाव को अभिव्यक्त करनेवाली अन्य कहानियों में 'मुरब्बी', 'शमशू मिस्त्री', 'धरती का स्पर्श', 'वह रास्ता', 'घायल की गति', 'देशद्रोही', 'पड़ोसी', 'हिंदू', 'काफ़िर', 'टीपू सुल्तान', 'एक पुरानी कहानी' और 'आज़ादी' जैसी कहानियाँ हैं जो सुपाठ्य, सुपाच्य और सुरुचिपूर्ण कहानियाँ कही जा सकती हैं। कला की दृष्टि से कमोबेश रूप में सफल-असफल होते हुए भी अधिकांश कहानियाँ अपने उद्देश्य में सफल हैं। दरअसल एक अच्छे सामाजिक प्रयोजन को लेकर लिखी गई सोद्देश्य रचनाओं के बारे में कला की दृष्टि से बाल की खाल निकालना शोभनीय नहीं होता क्योंकि बेहतर सामाजिक प्रयोजन को लेकर किये गये कला संबंधी प्रयास अधिकतर निष्फल और असार्थक नहीं होते।

बच्चों की समस्याओं को लेकर लिखी गई सोद्देश्य रचनाएँ भी इस कोटि में आती हैं। इस दृष्टि से विष्णुजी ने 'धरती अब भी घूम रही है', 'एक अनचीन्हा इरादा' और 'अंकुर का अहम्' जैसी कहानियाँ लिखी हैं। 'धरती अब भी घूम रही है' एक बेहद चर्चित और विवादास्पद कहानी है। डॉ. नामवर सिंह ने इस कहानी पर प्रश्नचिह्न लगाया तथापि यह कहानी पाठकों द्वारा पसंद की गई और बार-बार सराही गई। इस कहानी में बच्चों की विवशता और भोलेपन का स्वाभाविक चित्रण है, साथ ही समाज में शासकीय स्तर पर विद्यमान भ्रष्टाचार का भी सांकेतिक विवरण। माता-पिता की छत्र-छाया से वंचित बच्चे जब रिश्तेदारों के यहाँ पलते हैं तो उनके साथ प्रारंभ में तो दया दिखानेवाला व्यवहार होता है, फिर धीरे-धीरे अंतर्विरोधों के टकराव से वही व्यवहार पहले उपेक्षा और फिर कठोरता में बदलने लगता है। उस व्यवहार का बच्चों के कोमल मन पर क्या प्रभाव पड़ता है, इन तथ्यों का प्रामाणिक और यथार्थपरक चित्रण इस कहानी में हुआ है। हाँ यह भी कहना अप्रासंगिक न होगा कि कहानी का अंत अतिरिक्त रूप से नाटकीय हो गया है। तथापि यह एक महत्त्वपूर्ण कहानी है। इस या उस ख़ामी का ज़िक्र करके किसी महत्त्वपूर्ण रचना को बर्ख़ास्त नहीं किया जा सकता। महत्त्वपूर्ण रचनाएँ एक या दो ख़ामियों के बावजूद भी महत्त्वपूर्ण होती हैं।

माता-पिता के बीच होनेवाले अनवरत कलह का बच्चों की मानसिक बुनावट पर कितना ख़राब असर पड़ता है। इस तथ्य का मनोवैज्ञानिक चित्रण 'एक अनचीन्हा इरादा' (1979) कहानी में मिलता है। ऐसे कुप्रभाव के कारण बच्चे ग़लतियाँ करते हैं। फिर माँ-बाप उन गलतियों के लिए बच्चों को ही ज़िम्मेदार ठहरा कर उनकी भर्त्सना और प्रतारणा करते हैं। इस प्रकार दुर्व्यवहार के दुष्चक्र की नियति के अंततः बच्चे ही शिकार होते हैं।

'अंकुर का अहम्' (1983) कहानी में बच्चों की समस्याओं को लेकर एस. ओ.एस. गाँव का परिदृश्य उभरा है। सुधीर के बचपन की कठोर और निर्मम परिस्थितियाँ उसके लड़कपन पर इस कदर हावी हैं कि सुधीर का मानसिक संतुलन ही बिगड़ गया है। सुधीर के मनोजगत् में प्रामाणिक ढंग से झाँकनेवाली यह एक सोद्देश्य कहानी है। बच्चों के मानसिक विकास और संघटन पर मनोवैज्ञानिक पैठ के साथ अर्थपूर्ण टिप्पणी करनेवाली यह एक उल्लेखनीय रचना है।

इसके अतिरिक्त विष्णुजी ने विविध विषयों पर मानवीय संबंधों की कहानियाँ लिखी हैं। 'जीवन का एक और नाम' (1982) में चिकित्सा-शास्त्र का अध्ययन करनेवाली शोध-छात्रा यौवन की देहरी पर पाँव धरते ही कैंसर-ग्रस्त हो गई है। हस्पताल में वह प्रौढ़ आयु के एक कैंसर रोगी अनंत काका के संपर्क में आकर मृत्यु की छाया में भी निर्भय होकर जीना सीख लेती है। अनंत काका का संदेश है कि शेष जीवन के एक-एक क्षण को आनंद के साथ जिया जाये। कहानी करुणा प्रधान त्रासद अंत का बड़ी सहजता और स्वाभाविकता के साथ निर्वाह करती है। इस कहानी में ख़लील ज़िब्रान की एक कथा का प्रसंग आता है :

> 'दो धर्म गुरु नास्तिक और आस्तिक एक बार बाज़ार में मिल गए। घोर शास्त्रार्थ हुआ दोनों में। लेकिन जब आस्तिक गुरु घर पहुँचे तो मंदिर की मूर्तियाँ उठा कर सड़क पर फेंक दीं, कहा, मेरी बुद्धि भ्रष्ट हो गई थी। तू तो कहीं है नहीं। जो नास्तिक थे उन्होंने अपने घर में मंदिर बनाया और उसमें प्रभु की प्राण प्रतिष्ठा की। यह कहा कि मैं भ्रम में था। प्रभु तुम तो ब्रह्मांड में सब कहीं हो।'

उक्त प्रसंग पर टिप्पणी करते हुए अनंत काका कहते हैं कि अपने-अपने तथाकथित सत्य पर कुंडली मार कर बैठ जानेवाले सिद्धांतवादियों की यही स्थिति होती है और यह कि :

'हम तो ठहरे सत्य के खोजी। सत्य स्वयं ईश्वर है...'

अनंत काका के उक्त कथन के बहाने लेखक अपनी जीवन दृष्टि को खुलासा कर रहा है। विष्णुजी के जीवन-दर्शन को समझने के लिए ऐसे प्रसंग कुंजी प्रदान

करते हैं। अस्तित्ववादी भी दो प्रकार के होते हैं नास्तिक और आस्तिक। एक तीसरा प्रकार भी है अस्ति और नास्ति दोनों के बीच कहीं द्वंद्वग्रस्त। कहानी का वाचक यहाँ ऐसे अस्तित्ववादी के रूप में दिखाई देता है जो अस्ति और नास्ति के द्वंद्व की यातना झेलता है। यह स्थिति द्वंद्वात्मक भाववाद के समीप है। द्वंद्वात्मक भाववाद जब द्वंद्वात्मक भौतिकवाद में संक्रमित नहीं हो पाता तो वह इस तीसरे प्रकार के अस्तित्ववाद के निकट होने लगता है। कैंसर जैसे रोग के संदर्भ में यह स्थिति आकस्मिक है किंतु अस्वाभाविक नहीं है।

'कितने जेबकतरे' (1982) में यह मंतव्य उभरता है कि हम सब विवश हैं। सपना नामक नारी भी विवश है, रिक्शावाला जेबकतरा भी। सब के सब कहीं-न-कहीं जेबकतरे हैं। यह दृष्टि श्री मस्तराम कपूर की कृति 'हम सब गुनाहगार' में अभिव्यक्त जैसी जीवन दृष्टि से मेल खाती है।

कॉफ़ी हाउस से लेखक का एक लंबा और पुराना रिश्ता है। जब भी विष्णु जी दिल्ली में होते हैं, अपनी शाम वहीं गुज़ारते हैं। कॉफ़ी हाउस का शोर उन्हें कैसा लगता है ? कितने 'जेब कतरे' की सपना की मनःस्थिति का चित्रण इस प्रश्न का उत्तर दे देता है :

> 'उसके अंतर में भी उस क्षण वैसी ही उदास रोशनी थी, जिसमें अनेक चेहरे गड्ड-मड्ड हो गए थे उस क्षण ! अनेक आवाज़ें एक-दूसरे को काटती हुई गूँज उठी थीं, अँधेरे में कॉफ़ी हाउस की असंख्य आवाज़ों की तरह, जिसमें बस घुटा हुआ नाद होता है, अर्थ नहीं होता।'

इसी घुटे हुए नाद को सुनने के लिए लेखक कॉफ़ी हाउस में लगभग रोज़ आता है और अपनी शाम बिताता है।

पत्रांश-शैली में लिखी गई 'एक मौत समुंदर किनारे' (1974) विशेष रूप से एक पठनीय कहानी है। जाबाला का चरित्र मौजूदा व्यवस्था की नागरिक-महानागरिक परिणति पर एक सवालिया निशान लगाता है। आधुनिक भावबोध और विचारबोध की भूलभुलैयों में ग़चके खाती, मनुष्य की नियति की तरह जाबाला आत्महत्या करती है या उसकी हत्या कर दी जाती है; इस गुत्थी को, कोई नहीं सुलझा पाता। कहानी का रहस्यात्मक हो जाना मुक्तिबोध की कहानियों में व्याप्त तिलस्म की याद दिला देता है जो अपनी अंतर्वस्तु में पूँजीवादी वास्तविकता और उसकी भयावहता को रेखांकित कर देता है। अंतर यह है कि मुक्तिबोध अपनी कहानियों में स्वच्छंदतावादी रुझान का अतिक्रमण कर जाते हैं, विष्णुजी ऐसा नहीं करते।

'भटकन और भटकन' (1977) में पुरुष की भटकन का ख़ाका उभरता है। 1943 में लिखी गई 'निशिकांत' कहानी में भी इसी तरह की भटकन का चित्र उभरा था। पुरुष भटक रहा है नारी के लिए, उसी तरह जैसे सामंती पुरुष नायिकाओं के

लिए भटकता था। आज भी पुरुष अपनी पत्नी को किसी की प्रेयसी के रूप में बर्दाश्त नहीं कर सकता लेकिन मन ही मन सारे संसार की सुंदरियों को अपनी अंकशायिनी बनाने के लिए बेचैन रहता है।

'अभाव' कहानी (1946) में एक रसवादी प्रोफेसर पर व्यंग्यात्मक टिप्पणी है। प्रोफेसर दूसरे व्यक्तियों को सुखी-संपन्न देखकर मन-ही-मन पीड़ित होता है। किसी को भी अभावग्रस्त देखकर प्रसन्न होता है। लेकिन घटनाओं के आकस्मिक मोड़ पर आकर वह अपनी इस मनोवृत्ति के साथ पराजित होता है। लेखक संवेदनात्मक निष्कर्षों को संप्रेषित करने के लिए आकस्मिक घटनाओं का सहारा लेता है। यह आकस्मिकता लेखक की सर्जनात्मक प्रक्रिया का एक घटक है। विष्णुजी अपनी कहानियों में प्रायः ऐतिहासिक अनिवार्यता और ऐतिहासिक आकस्मिकता के द्वंद्व में आकस्मिकता को तरजीह देते दिखाई देते हैं।

'कितना झूठ' कहानी में जनाना अस्पताल के प्रसूति-केंद्र का परिदृश्य उभरता है। जननेवाली (जननी) की यातनाओं का एक रिपोर्ताज-सा पढ़ने को मिलता है। निशिकांत की पत्नी अत्यधिक रक्तस्राव के कारण यातना-ग्रस्त है। उसके नवजात बच्चे को उससे अलग रखने के लिए निशिकांत बच्चे को घर ले आता है। बच्चा नहीं बचता। माँ से यह बात छिपाई जाती है। लेकिन माँ को अस्पताल में ही इस दुर्घटना का अहसास हो जाता है। कहानी में निशिकांत दार्शनिकों जैसी टिप्पणियाँ करता है। विष्णुजी की कहानियों में दुर्घटनाएँ निष्कर्ष की संवाहिका हो जाती हैं। यह दुर्घटना का तत्त्व उनकी आकस्मिकता-पसंद-रुचि से मेल खाता है। उक्त कहानी में निशिकांत के माध्यम से लेखक सृष्टिचक्र के रहस्य को बखानता है। उसे अर्द्धनारीश्वर की कल्पना याद आती है। परिस्थितियों की विडंबना के उभार के साथ यह निष्कर्ष व्यंजित होता है कि 'स्त्री एक पहेली है जिसका हल उसका बच्चा' होता है।

'गृहस्थी' (1950) में एक निम्न मध्यवर्गीय निठल्ले बुद्धिजीवी का खाक़ा उभरता है। यह पुरुष 'अपनी' नारी पर हावी है। वीणा पति की बुद्धिजीविता से प्रभावित है लेकिन उसकी निष्क्रियता और निठल्लेपन से दुःखी है, अतः फैसला करती है कि घर छोड़कर चली जाएगी। पति के साथ फैसलाकुन संवाद करने के बाद जैसे ही वह घर से प्रस्थान करने के लिए तैयार होती है तो देखती है कि पति की कोई प्रेमिका हेमंत (वीणा का पति) के साथ रहने का फैसला करके अपना घर छोड़ आई है। वीणा कहीं नहीं जा पाती, वहीं गिर पड़ती है। उक्त दोनों घटनाओं का यह संयोग भी लेखक की आकस्मिकतापरक रुचि का ही संकेत दे जाता है। कहानी में वीणा का अंतर्द्वंद्व मन को छूता है। वीणा की मुखरता के कंट्रास्ट में हेमंत का शांत स्वभाव कहानी को नाटकीय बना देता है।

'बँटवारा' कहानी में देवर-भावी का संबंध रचनात्मक स्तर पर चरितार्थ होता

है। वह कहानी प्रेमचंद की 'बड़े घर की बेटी' कहानी की शृंखला में एक उल्लेखनीय कड़ी है। कहानी 1938 में लिखी गई थी।

इसी तरह की एक कहानी 'संघर्ष के बाद' है जो 1936 में लिखी गई थी। अंतर्जातीय विवाह के कारण माँ बेटे से रुष्ट है। बेटा निर्वाण ऊँची जाति का है पर बंगाली कुल की कायस्थ लड़की को ब्याह लाया है। अंततः बहू के सख्त बीमार पड़ने पर माँ का हृदय पसीज उठता है और माँ पुत्रवधू को अपना लेती है।

'चाची' (1952) में रूढ़ियों और कुरीतियों से ग्रस्त एक प्रेममयी नारी का चरित्र चित्रित है। विष्णुजी इस कहानी में मानव चरित्र की अंतर्विरोधपूर्ण विलक्षणता को रेखांकित कर देते हैं।

'मूड' (1952) में लेखन के लिए मूड बनाने जैसी लेखकीय मनोवृत्ति पर छींटाकशी करते हुए जीवन और रचनाधर्मिता के परस्पर रिश्ते की ओर ध्यान आकर्षित किया गया है। रोशन लेखक है; कहानी लिखने के लिए अग्रिम राशि स्वीकार कर चुका है पर संपादक को कहानी नहीं भेज पा रहा। क्योंकि कहानी लिखने के लिए मूड नहीं बन पा रहा है। इसी बीच उसकी जीजी की मृत्यु हो जाती है। अब तो कहानी लिखने की संभावना ही जाती रही। रोशन अग्रिम राशि संपादक को लौटा देने के लिए तैयार हो जाता है। लेकिन जीजी का यह अंत ही एक नई कहानी की शुरुआत बन जाता है और कहानी बुनावट की ओर बढ़ने लगती है। इस कहानी में भी जीजी की मृत्यु संबंधी दुर्घटना भी कहानीकार के आकस्मिकता संबंधी रुझान की सूचक है। 'जज का फैसला' कहानी के भीतर एक कहानी है। रेल के कंपार्टमेंट में बैठा एक व्यक्ति, जो जज है, कोई कहानी सुना रहा है। रेल-दुर्घटना की कहानी जिसमें नवदंपति दुर्घटनाग्रस्त हो जाते हैं। दुर्घटना में पत्नी की एक टाँग, एक आँख चली जाती है। चेहरा विकृत हो गया है। पति यह नहीं देख सका। गला घोंट कर पत्नी को मार डालता है। उसके बाद उसे 'भरपूर चूमता' है और स्वयं को पुलिस के हवाले कर देता है। कहानी के वाचक (इसी जज) के पास मुकदमा आता है। जज उस हत्यारे पति को फाँसी की सज़ा देता है। कहानी सुनाने के बाद जज रेल में बैठे श्रोताओं से कहता है कि उसने पति को फाँसी इसलिए दी कि उसे फाँसी न देना और इस प्रकार जीवित रखना उसकी 'पवित्र भावना का अपमान होता।' कहने की आवश्यकता नहीं है कि हर आदर्शवादी रचनाकार के लिए भावना की पवित्रता एक अहम मुद्दा होता है।

'नाग फाँस' (1949) में माँ द्वारा बेटे को रोगग्रस्त बनाए रखने की चेष्टा अस्वाभाविक लगती है। बेटा पास रहे और बेटों की तरह छोड़ कर दूर न चला जाये, चाहे बीमार ही रहे। कहानी के अंत में लेखक टिप्पणी करते हुए कहता है कि स्नेह नहीं, यह मनुष्य का स्वार्थ है जो प्रतिपल मनुष्य की हत्या करता है। लेखक के इस निष्कर्ष कथन के बावजूद यह कहानी स्वाभाविक और विश्वसनीय नहीं लगती।

कहानी को पढ़कर विश्वंभर नाथ शर्मा कौशिक की 'ताई' कहानी याद आ जाती है। उसी शृंखला में विष्णुजी की यह कहानी भी एक कड़ी है। तथापि यह एक कमज़ोर कड़ी है। 'ताई' कहानी स्वाभाविक और विश्वसनीय लगती है। लेकिन यह कहानी नहीं लगती। जो कुकृत्य ताई कर सकती है, माँ संभवतः नहीं कर सकती। यदि अपवादस्वरूप कोई माँ करती भी है तो उसका कारण ऐसा ठोस होना चाहिए जो पाठक को ऐसा मान लेने के लिए मजबूर कर दे। प्रस्तुत कहानी में ऐसा कोई ठोस कारण नहीं उभरता।

'आकाश की छाया' कहानी में सरला को नौकरी नहीं मिल पाती। अंधे पति और चार बच्चों की गृहस्थी चलाने के लिए वह शरीर का सौदा करने के लिए विवश है। 'मुरब्बी' कहानी में एक बनिये का चरित्र चित्रित है जो पैसा कमाने के लिए मशीन की तरह खटता है। उसका बेटा, पिता के पुराने मित्र को उधार का रुपया न चुका पाने पर नालिश करने की धमकी देता है तो वह बेटे को ऐसा करने से नहीं रोकता। लेकिन उधार की किश्त चुकाने के लिए स्वयं अपने दोस्त की मदद करता है। मानव स्वभाव अंतर्विरोधों से भरा है। स्वभाव की इस अंतर्विरोधी विलक्षणता को रेखांकित करना विष्णुजी की कहानियों का प्रिय विषय रहा है।

ठेका (1956) में पत्नी का देर रात तक घर से बाहर रहना, गैर-मर्द के साथ सोहबत करना पति को नागवार लगता है लेकिन जब पत्नी सूचना देती है कि उसने पति के प्रतिद्वंद्वी राजकिशोर को मिलनेवाला ठेका रद्द कराकर पति के नाम करवा दिया है और इसी उद्देश्य से उसकी पत्नी संतोष देर रात तक सरकारी अफसर के साथ चहलकदमी करती रही है तो पति का गुस्सा शांत हो जाता है। 'मुरब्बी' कहानी में मानवीय संबंध आर्थिक मोह का अतिक्रमण करते हैं लेकिन 'ठेका' कहानी में आर्थिक मोह मानवीय संबंध पर हावी हो जाता है।

'नचिकेता' कहानी में विधवा मास्टरनी शांति बीमार रहती है; उपचार के प्रति उदासीन न होकर अपने को तिल-तिल कर मार रही है। न अस्पताल जाती है न डॉक्टर को बुलवाती है। उसका तर्क है कि जो सबको सुलभ नहीं, उसको भी क्यों मिले। आत्मघाती आदर्श की यह पराकाष्ठा है। 'खिलौने' कहानी में माता-पिता पुत्र की उपेक्षा के शिकार हैं। कहानी बूढ़े माँ-बाप की विवशता और पीड़ा का चित्र उभारती है।

'अंधेरे आँगनवाला मकान' इसी प्रसंग को उकेरनेवाली एक चर्चित और महत्त्वपूर्ण कहानी है। बड़े होकर कुछ बच्चे विदेश चले गए तो कुछ अलग रहने लगे। वृद्ध दंपति अकेले रह गए। बड़ा खुला मकान है, आँगन है लेकिन घर के चिराग़ कहाँ हैं ? सुख-सुविधा है लेकिन उसके भोक्ता नहीं हैं ! मेवे, फल और मिठाइयाँ हैं लेकिन खाए कौन ? रचनाकार के शब्दों में वृद्ध दंपति ऐसे कालखंड के प्रतीक हैं जिसमें स्पंदन है पर समूचे कालखंड से जुड़ने की शक्ति नहीं रही, 'हाउ

डू यू डू' और 'थैंक यू' का ज़माना है, प्यार-मुहब्बत का नहीं। संयुक्त परिवार-व्यवस्था टूट रही है। उसी से उपजे एकाकीपन के संत्रास को वृद्ध-दंपति झेल रहे हैं। यह कहानी 1977 में लिखी गई। मेरी राय में विष्णु जी की सर्वाधिक महत्त्वपूर्ण कहानियों में यह एक कहानी है जिसमें कहानीकार की कलात्मक शालीनता अत्यधिक रूप में पाठक को प्रभावित करती है।

संक्षेप में, यह कहना ज़रूरी है कि विष्णुजी ने एक कहानीकार के रूप में कई तरह के प्रयोग किये हैं। 'नचिकेता', 'ठेका', 'चितकबरी बिल्ली' जैसी छोटी-छोटी कहानियों से लेकर 'कैसी हो मारियम्मा', 'एक और कुंती', 'ज़िंदगी एक रिहर्सल' जैसी लंबी कहानियों में शिल्प के नानाविध प्रयोग हैं। 'छाती के भीतर', 'चैना की पत्नी', 'चिरंतन सत्य', 'राज नर्तकी' और 'क्लर्क का बेटा' अलग-अलग ढंग की प्रयोगात्मक रचनाएँ हैं। 'जीवन का एक और नाम' नाटकीय संवाद से शुरू होती है तो 'सलीब' कहानी गैर-नाटकीय टिप्पणी से। 'हिमालय की बेटी' कहानी की शुरुआत भूमिका से होती है। अपने आप में एक पूरा पत्र है—'एक और कुंती'। 'मैं नारी हूँ' में एक लघु एकांकी है। 'चिरंतन सत्य' में पटाक्षेप, पहला दृश्य, दूसरा दृश्य और तीसरा दृश्य जैसा नाटकीय विधान मिलेगा। 'अधूरी कहानी' और 'जज का फैसला' में कहानी के अंदर एक और कहानी है। 'समुंदर के किनारे एक मौत' और 'कैसी हो मारियम्मा ?' के पत्रांश ही उनका आकर्षण हैं। कई कहानियाँ घटना के किसी मोड़ से शुरू होकर फ्लैश-बैक के द्वारा अपने पूर्ववृत्त को खोलती जाती हैं। घटनाएँ कहीं आगे तो कहीं पीछे की ओर दौड़ती हैं। विविध और अभिनव प्रयोगों की बानगियाँ, तरह-तरह की कथन-भंगिमाएँ जो रवीन्द्र, प्रेमचंद, शरत्, इलाचंद्र जोशी, भगवती प्रसाद वाजपेयी और जैनेन्द्र की मिली-जुली स्मृतियों को उभार देती हैं। इन सभी कथाकारों का मिश्रित प्रभाव एक नई मौलिकता का आभास देता हुआ श्री विष्णु प्रभाकर की निजी विशेषता बन जाता है। साहित्य में मौलिकता और प्रभाव का द्वंद्वात्मक रिश्ता होता है। एक के बिना दूसरे की स्थिति हास्यास्पद हो सकती है। प्रभाव से आशय यहाँ नकल नहीं है। हर लेखक अपने पूर्वकालीन और समकालीन लेखकों से प्रभावित होकर ही अपनी पहचान बनाता है। इसमें कोई हर्ज भी नहीं है।

श्री विष्णु प्रभाकर ने कुल मिलाकर तीन सौ के आस-पास कहानियाँ लिखी हैं। उनका रचनाकाल 1936 के आस-पास शुरू होता है। इस समय 78 वर्ष की आयु पार करने के बाद भी वे लेखन में लगे हैं। गुण और परिमाण दोनों दृष्टियों से उन्होंने एक महत्त्वपूर्ण साहित्यकार के दायित्व की पूर्ति की है। लोकतांत्रिक चेतना का सकारात्मक पक्ष उनके कृतित्व और व्यक्तित्व में झलकता है। मध्यवर्ती चेतना के वे आदर्शवादी रचनाकार हैं। लेकिन उनकी आदर्शवादी दृष्टि यथार्थ को अनदेखा नहीं करती। यह दृष्टि आदर्शवादी होते हुए भी यथार्थोन्मुख है; भाववादी होते हुए

भी द्वंद्वात्मक है और स्वच्छंदतावादी होते हुए भी अनुशासित है। साहित्य उनके लिए मानवात्मा की बंधनहीन अभिव्यक्ति है। कालेधन पर आधारित 'महाजनी सभ्यता' और 'पूँजीवादी व्यवस्था' से उनका मोहभंग हो चुका है। वे अपनी प्रतिनिधि कहानी–'एक मौत समुंदर किनारे' के नारी पात्र जाबाला की हत्या (या आत्महत्या ?) द्वारा यह चेतनावनी देते हैं कि सभ्यता या व्यवस्था का यह रास्ता किस ओर जाता है ! यहाँ 'हर आकांक्षा का अंत आँसू में होता है।' जाबाला कहती है–'शायद महानगर में मन होता ही नहीं। मिजाज या मूड होता है, जो विशेष परिस्थितियों में कंडीशंड होता है।'

इसी कहानी के एक पुरुष पात्र बागची का यह कथन लेखक के अपने मंतव्य को भी व्यक्त कर देता है–'कालाधन बोरियों में ही बंद रहता है। वहीं से उसका एक भाग विलासिता पर खर्च होता है। दूसरा भाग राजनैतिक पार्टियों को जाता है। सत्ता सेवा से नहीं कालेधन से प्राप्त की जाती है। और फिर सत्ता से कालाधन अर्जित किया जाता है। 20वीं सदी के अर्थशास्त्र का यही मूल सिद्धांत है।' कहने की आवश्यकता नहीं कि रचनाकार यहाँ किस 'अर्थशास्त्र' की ओर इशारा कर रहा है।

आवारा मसीहा

(विष्णु प्रभाकर कृत शरद् की जीवनी)

गोर्की ने कहा था कि महान् कलाकारों में यथार्थवाद और स्वच्छंदतावाद का सम्मिश्रण होता है। शरतूचंद्र ऐसे ही महान् कथाकारों में थे जिनके कथा-साहित्य में स्वच्छंदतावादी और यथार्थवादी प्रवृत्तियों का अद्‌भुत सामंजस्य था। 'चरित्रहीन', 'श्रीकांत', 'देवदास', 'विराजबहू', 'पथ का दावेदार', 'शेष प्रश्न' आदि उनकी सभी महत्त्वपूर्ण कथा-कृतियों में यह सामंजस्य अपने उत्कर्ष पर है। हिंदी के महत्त्वपूर्ण आलोचक आचार्य रामचंद्र शुक्ल ने श्रेष्ठ साहित्य में 'विरुद्धों के सामंजस्य' का उल्लेख किया था। शरत् के साहित्य में भी विरुद्धों का सामंजस्य है। अभिजात-रुचियों से लेकर क्रांतिकारी रुचियों तक की अभिव्यक्ति शरत् के उपन्यासों में सुलभ है। शरत् भारतीय साहित्य के अंतिम महान् स्वच्छंदतावादी (The last great romantic) और पहले महान् यथार्थवादी (The first great realist) रचनाकारों में अग्रगण्य थे।

ऐसे महत्त्वपूर्ण लेखक की जीवनी 'आवारा मसीहा' लिख कर विष्णु प्रभाकर ने भारतीय पाठकों के हृदय में एक स्थान बना लिया है। यह जीवनी विष्णु प्रभाकर के कई वर्षों के भ्रमण, अध्ययन, सामग्री-संकलन और कलात्मक लेखन का एक सार्थक फल है। उपन्यास की तरह रोचक इस जीवनी को कुछ लोगों ने 'जीवनी-परक उपन्यास' की भी संज्ञा दी है। मेरी राय में यह एक उपन्यास-परक जीवनी है, जीवनी-परक उपन्यास नहीं। कारण स्पष्ट है और वह यह कि इसमें औपन्यासिकता तो है लेकिन उपन्यास जैसी संरचना नहीं है। जीवनी में जो तटस्थता अपेक्षित है वह यहाँ है तथापि कम मात्रा में, शायद इसलिए यह कृति उपन्यास का आभास देती है।

हिंदी का जीवनी-साहित्य लगभग विपन्न है। ले-दे कर तीन महत्त्वपूर्ण जीवनियाँ हैं–1. डॉ. रामविलास शर्मा कृत 'निराला की साहित्य साधना' (खंड I), 2. श्री अमृतराय कृत 'कलम का सिपाही', (यह प्रेमचंद की जीवन-गाथा है) और 3. श्री विष्णु प्रभाकर कृत 'आवारा मसीहा'। निराला की साहित्य साधना तीन खंडों में समाहित एक ऐसा विपुल प्रयास है जिसका दूसरा उदाहरण शायद विश्व-साहित्य में भी सुलभ नहीं है। पहले खंड में निराला का जीवन-चरित है, दूसरे में उनके साहित्य का मूल्यांकन

और तीसरे खंड में निराला द्वारा लिखे गए तथा निराला के नाम लिखे गए पत्रों का संकलन है। तीसरे ख़ंड की भूमिका में भी निराला की जीवनी संबंधी मार्मिक संदर्भ ध्वनित होते हैं। विभिन्न पत्रों में भी ऐसी सामग्री मिलती है जो निराला के जीवन के विविध पक्षों पर प्रभाव डालती है। इस प्रकार 'निराला की साहित्य साधना' का प्रथम खंड तो जीवनी है ही, तीसरा खंड भी जीवनी से संबंधित है। इसके अतिरिक्त यदि निराला जैसे रचनाकार के बारे में यह कहा जाए कि उनका कृतित्व उनके व्यक्तित्व का ही कलात्मक रूपांतरण एवं गुणांतरण था तो निराला की साहित्य साधना के तीनों खंड उनकी एक संपूर्ण और समग्र जीवनी का आभास देते हैं।

अमृतराय द्वारा रचित 'कलम का सिपाही' हिंदी के उपन्यास-सम्राट प्रेमचंद के जीवन की एक महाकाव्यात्मक गाथा है। प्रेमचंद की जीवनचर्या के प्रति जब तक जिज्ञासा बनी रहेगी तब तक 'कलम की सिपाही' जैसी श्रेष्ठ जीवनी की भी प्रासंगिकता बनी रहेगी। विश्व साहित्य में वैन गॉग की जीवनी के लेखक इर्विंग स्टोन की कृति 'लस्ट फार लाइफ' का जो स्थान है, हिंदी साहित्य में लगभग वही स्थान इन तीनों जीवनियों का है।

श्री विष्णु प्रभाकर की 'आवारा मसीहा' हिंदी के जीवनी-साहित्य की तीसरी महत्त्वपूर्ण कृति है। इस कृति की एक अलग ढंग की विशेषता इस तथ्य में निहित है कि दोनों अन्य जीवनियाँ हिंदी के लेखकों के बारे में हिंदी लेखकों द्वारा ही लिखी गई हैं जबकि 'आवारा मसीहा' हिंदीतर भाषा के लेखक पर एक हिंदी लेखक द्वारा लिखी गई जीवनी है। भारतीय भाषाओं के बीच आदान-प्रदान की यह सर्वाधिक ज्वलंत मिसाल है जिसका राष्ट्रीय भाषाई-एकता की दृष्टि से विशिष्ट महत्त्व है। हिंदी भारत की राष्ट्रभाषा औंर संपर्क भाषा होने की अधिकारिणी है लेकिन अपने इस अधिकार को प्राप्त करने के लिए वह पिछले चार दशकों से संघर्षरत है। हर अधिकार के साथ कोई-न-कोई दायित्व भी जुड़ा होता है। ऐसी भाषा का कोई लेखक यदि अन्य भारतीय भाषा के बड़े लेखक की प्रामाणिक जीवनी लिखता है तो वह हिंदी भाषियों के एक महत्त्वपूर्ण दायित्व की पूर्ति करता है क्योंकि हिंदी के संपर्क-भाषा होने के अधिकार के साथ एक दायित्व भी जुड़ा है। किसी भी देश की संपर्क-भाषा में उस देश की अन्य भाषाओं के बड़े लेखकों की जीवनी और उनके साहित्य का सुलभ होना उसी दायित्व का एक महत्त्वपूर्ण पक्ष है। राष्ट्रभाषा और संपर्क-भाषा हिंदी के प्रतिष्ठित लेखक विष्णु प्रभाकर ने हिंदी भाषियों की ओर से इस दायित्व की पूर्ति करने की दिशा में एक उल्लेखनीय पहल की है। इस पहल-कदमी की दिशा में और अधिक बल्कि अधिकाधिक प्रयास किए जाने अपेक्षित हैं। हिंदी के अन्य लेखकों को इस ओर ध्यान देना चाहिए। तमिल, तेलुगु, कन्नड़, उड़िया तथा बंगला आदि भाषाओं के बड़े लेखकों की जीवनियाँ हिंदी में सुलभ होनी चाहिएं। इस दृष्टि से विचार करें तो यह स्पष्ट हो जाता है कि बंगला भाषा के

महान् कथा-शिल्पी की जीवनी लिख कर विष्णु प्रभाकर ने एक महत्त्वपूर्ण कार्य किया है। फिर यह जीवन-गाथा एक ऐसे व्यक्ति ने लिखी है जो स्वयं हिंदी भाषा का एक प्रसिद्ध कथा-शिल्पी है। 'सोने में सुहागे' की कथनी यहाँ सार्थकता के साथ चरितार्थ होती है। 'आवारा मसीहा' को मात्र जीवनी कह कर दरकिनार नहीं किया जा सकता। यह उपन्यास-परक जीवनी है, अर्थात् यह एक सर्जनात्मक प्रयास भी है, मात्र तथ्यपरक सूचनाओं का संकलन और घटनाओं का यंत्रवत् विवरण नहीं। इस दृष्टि से कुछ उद्धरण प्रस्तुत करना अप्रासंगिक न होगा :

> ''बाग में पहुँच कर पेड़ों के पास घूमते-घूमते वह मानो मन-ही-मन उनसे विदा लेने लगा। शायद वह सोच रहा था कि अब वापस आना हो या न हो। फिर जैसा कि उसका स्वभाव था, सहसा कूदकर वह एक पेड़ की डाल पर बैठ गया और बातें करने लगा। इन बातों का कोई अंत नहीं था। कोई सूत्र भी नहीं था। विदा के दुःख को छिपाने के लिए मानो वह कुछ-न-कुछ कहते रहना चाहता था। बोला, तू दुःखी न हो, हम फिर मिलेंगे और बीच-बीच में तो मैं आता ही रहूँगा।'' (पृष्ठ 27, आवारा मसीहा, संस्करण, 1987)

उपर्युक्त प्रसंग शरत् के बचपन का है। प्रसंग को पढ़ कर लगता है जैसे कोई उपन्यास अपने कथा-चक्र को उद्घाटित कर रहा है। यह प्रसंग शरत् के देवदास और श्रीकांत जैसे नायकों के बचपन की अनायास याद दिला देता है। एक और प्रसंग जिसमें विष्णु प्रभाकर शरत् के व्यक्तित्व पर मूल्यांकन-परक टिप्पणी करते दिखाई देते हैं :

> ''कुछ होने के लिए हिया चाहिए। वह हिया शरत् के पास भी था। उसने जीवन में बहुत दुःख भोगा था, बहुत-सा पाप भी किया था, पर उससे ऊपर उठ कर उसे अभिज्ञता में रूपांतरित करने की प्राणशक्ति भी उसमें थी। क्योंकि वह मात्र भोक्ता नहीं था, द्रष्टा भी था, इसलिए अंततः साहित्य की मंजिल ने उसे खोज लिया…'' (पृष्ठ 175, वही)

अपने जीवन को स्वयं शरत् भी एक उपन्यास के रूप में ही देखते थे। उन्होंने कहा था :

> 'मेरा जीवन अंततः मानो एक उपन्यास ही है। इस उपन्यास में सब कुछ किया, पर छोटा काम कभी नहीं किया…' (पृष्ठ 411, वही)

'आवारा मसीहा' शीर्षक जीवनी में औपन्यासिकता के साथ-साथ शरत् के कृतित्व के बारे में भी विष्णु प्रभाकर टिप्पणियाँ करते हैं, जिनसे समालोचना का भी आभास मिलता है। व्यक्ति पर की गई टिप्पणी का उदाहरण दिया जा चुका है।

कृतित्व संबंधी टिप्पणी का उदाहरण देखें :

> "वस्तुतः 'पथेर दावी' का महत्त्व कला या चरित्र सृष्टि के संयम में उतना नहीं है जितना राजनीतिक जीवन के एक अछूते पहलू को सजीव रूप में प्रस्तुत करने की चेष्टा में है। चेष्टा प्रायः ही सायास होती है। यह सायासता ही दुर्बलता है। किंतु फिर भी अपनी समस्त दुर्बलताओं के बीच में 'पथेर दावी' के सव्यसाची का निर्मल चरित्र भारत के जन-मन को सदा आकर्षित और प्रभावित करता रहेगा।" (पृष्ठ 263, वही)

सायासता संबंधी विवाद में हम पड़ना नहीं चाहते। विष्णु जी के इस तर्क से सहमत होना कठिन है। यहाँ प्रश्न उठता है कि क्या कोई रचना सायास होने से ही दुर्बल हो जाती है। क्या 'रामचरित मानस' या 'सूर सागर' भी अनायास ही लिखे गए ? क्या मिल्टन का 'पैराडाइज़ लॉस्ट' या तॉलस्तॉय का 'वार एंड पीस' अनायास रचनाएँ हैं ? क्या दॉस्तोवस्की का 'क्राइम एंड पनिशमेंट' सायास होने से दुर्बल उपन्यास हो जाता है ? रचना में 'अनायास' और 'सायास' दोनों का आनुपातिक महत्त्व होता है। एक को दूसरे के विरुद्ध खड़ा नहीं किया जा सकता।

श्री मैथिलीशरण गुप्त ने साकेत के प्रारंभ में लिखा था—"राम तुम्हारा चरित स्वयं ही काव्य है, कोई कवि बन जाए, सहज संभाव्य है।" शरत् के बारे में भी कहा जा सकता है कि शरत् का जीवन-चरित स्वयं ही उपन्यास है। लेकिन शरत् का जीवनीकार होना सहज-संभाव्य नहीं था। नाना प्रकार की 'दंतकथाओं', 'किंवदंतियों', किस्सों, अपवादों और विवादों के घटाटोप में प्रच्छन्न और आच्छादित शरत्चंद्र की प्रामाणिक जीवनी लिखना एक टेढ़ी खीर पकाना था। फिर स्वयं शरत् कभी किसी अपवाद या विवाद के बारे में मुँह नहीं खोलते थे। चुप्पी साधे बातों का मज़ा लेते थे। उन्होंने कहा भी था :

> 'मुझे लोग मेरी रचनाओं में खोजते हैं। कोई कहता है, मैं कट्टर हिंदू हूँ, कोई कहता है, नास्तिक हूँ। कोई कहता है 'चरित्रहीन' मेरी ही कहानी है, कोई मानता है कि 'श्रीकांत' मेरी आत्मकथा है। मुझे लेकर यह सब वितंडावाद चलता है और मैं दूर खड़ा हँसता हूँ।' (पृष्ठ 175, आवारा मसीहा, संस्करण 1987)

ऐसे वितंडावाद से घिरे शरत् की प्रामाणिक जीवनी लिखना एक चुनौती था। विष्णु प्रभाकर ने इस चुनौती को स्वीकार किया। 'आवारा मसीहा' एक हिंदी लेखक के साहस, परिश्रम, लगन, प्रतिभा और धैर्य का दस्तावेज है। यह हिंदी भाषियों और बांग्ला भाषियों के परस्पर अटूट रिश्ते की एक जीती-जागती मिसाल है और सभी भारतीय पाठकों के लिए एक पठनीय पुस्तक है। श्रीमती देवलीना केजरीवाल ने इसका बांग्ला में अनुवाद किया, इसके लिए वह साधुवाद की पात्र हैं।

सांप्रदायिकता का तमस

(भीष्म साहनी का उपन्यास)

स्वतंत्रता के बाद का भारत भी 'अंधेरे में' है तो इसका एक प्रमुख कारण यह भी है कि भारतीय जनता के मनोजगत् पर अभी भी सांप्रदायिकता का तमस छाया हुआ है। भीष्म साहनी का 'तमस' शीर्षक उपन्यास यद्यपि स्वतंत्रता-पूर्व भारत के पश्चिम-उत्तर प्रदेश के निवासी हिंदुओं-सिखों और मुसलमानों के आपसी वैमनस्य को, उस वैमनस्य के कारणों, परिणामों और उससे जुड़े संदर्भों को यथार्थवादी स्पैक्ट्रम पर प्रतिबिंबित करता है तथापि वह सांप्रदायिकता के जिस तमस पर प्रकाश डालता है, वह आज भी अपनी समस्त विभीषिका के साथ भारतीय जन-मानस के क्षितिज को आवृत्त किये हुए है। हाल ही में घटी अलीगढ़ और जमशेदपुर की दुर्घटनाएँ इस बात की ओर हमारा ध्यान ले जाती हैं कि इस समस्या को 'पुरानी' और 'घिसी-पिटी' कहकर साहित्य के लिए अप्रासंगिक घोषित नहीं किया जा सकता। सांप्रदायिकता के तमस को कम करने के लिए एक 'तमस' उपन्यास या एक 'झूठा सच' पर्याप्त नहीं। केवल हिंदी साहित्य में ही कम-से-कम 'तमस' जैसे एक दर्जन उपन्यास लिखे जाने चाहिएं; प्रस्तुत उपन्यास की समकालीन प्रासंगिकता और सार्थकता के बारे में फिलहाल इतना कहना ही काफ़ी होगा।

'काल-विस्तार की दृष्टि से यह केवल पाँच दिनों' (आज़ादी से पहले के पाँच दिनों) की कहानी है लेकिन इन पाँच ही दिनों की कथा में जो प्रसंग, जो संदर्भ और जो निष्कर्ष उभरते हैं; उनके कारण, यह पाँच दिनों की कथा बीसवीं सदी के भारत की अब तक के लगभग 80 वर्षों की कथा हो जाती है। अनुत्तेजित गंभीरता, संतुलित भावमयता, प्रखर बौद्धिकता, निर्लिप्त जागरूकता, सहजता, सरलता और रोचकता जैसे गुणों से युक्त भीष्म साहनी की कथा कहने की शैली, इस उपन्यास में अपने चरमोत्कर्ष का परिचय देती हुई, आरोपण, बड़बोलेपन, और उपदेश-कथन आदि दूषणों से बचती हुई भारतीय जनता को कुछ निष्कर्षपूर्ण मनःस्थितियों की ओर उत्प्रेरित करती है और अपने व्यंजनात्मक आशयों के साथ आत्मालोचन के लिए तैयार करती है। यह औपन्यासिक शैली अपने पाठकों को और अधिक जागरूक

बनाती हुई 'जाति-प्रेम', 'धर्म', 'संस्कृति', 'परंपरा', 'इतिहास' और 'राजनीति' जैसी संकल्पनाओं की आड़ में शिकार खेलनेवाली प्रतिगामी शक्तियों के दुःसाहस-भरे जोखिमों को खुलासा करती है। साथ ही, इन जोखिमों की पीठिका में छिपे दुराशयों से आगाह करती हुई यह सुझाव भी देती है कि अर्थवान संकल्पनाओं और उनमें निहित सदाशयों को जिस तत्परता और आतुरता के साथ आत्मसात् करना ज़रूरी है, उतना ही ज़रूरी है कि उन संकल्पनाओं के नकारात्मक पहलुओं में निहित अनर्थकारी मंतव्यों से ख़बरदार रहा जाए।

उपन्यास के प्रारंभ में हमारा परिचय नत्थू नामक चमार से होता है जो एक बदरंग, कँटीले और तोंदियल सूअर को मारने की लंबी, उबाऊ और थका देनेवाली प्रक्रिया में संलग्न है। मुरादअली नामक कमेटी के कारिंदे ने पाँच का एक नोट उसकी जेब में डालते हुए उसे यह काम सौंपा था—"हमारे सलोतरी साहब को एक मरा हुआ सूअर चाहिए···इधर पिगरी के सूअर बहुत घूमते हैं, एक सूअर को इधर कोठरी के अंदर कर लो और उसे काट डालो।" बाद में वही सूअर एक मस्जिद के सामने फिंकवा दिया जाता है। इस कर्मकांड का सूत्रधार कौन है, यह बाद में उद्घाटित होता है। मस्जिद में सूअर का शव देखकर मुसलमान उत्तेजित हो जाते हैं। फिर एक गाय की हत्या हो जाती है। हिंदू भी भड़क उठते हैं। माहौल में एक तनावपूर्ण संवादहीनता व्याप्त हो जाती है। अफ़वाहें और खुसर-पुसर करती हुई कानाफूसियाँ हवा में फैलने लगती हैं। संदेह, अविश्वास, असुरक्षा के भाव ज़ोर पकड़ लेते हैं। तनाव की यह स्थिति गाँवों, कस्बों और शहरों तक महामारी की तरह फैलने लगती है। यही तनावपूर्ण संवादहीनता की स्थिति ही धीरे-धीरे सांप्रदायिक दंगे के रूप में भड़क उठती है। दोनों ओर से घात-प्रतिघात, हिंसा-प्रतिहिंसा आदि की क्रियाओं-प्रतिक्रियाओं द्वारा यही दंगा एक वीभत्स और अमानवीय जन-संहार में बदल जाता है। कथा, यहाँ स्वतंत्रतापूर्व भारत की कथामात्र न रहकर, स्वतंत्रता के बाद के भारत की भी कथा लगने लगती है, सिर्फ इस अंतर के साथ कि स्वतंत्रता से पहले इन दंगों के सूत्रधार अंग्रेज हाकिम होते थे और अब उनके चले जाने के बाद यह कार्य-भार साम्राज्यवादी शक्तियों और उनके पिट्ठुओं ने अपने कंधे पर ले लिया है।

इस उपन्यास की ताकत देशव्यापी गृह-दाह में ईंधन जुटानेवाली प्रतिगामी शक्तियों के आलम को बेनकाब कर देनेवाली उस व्यंग्यात्मक शैली में निहित है, जो भाषा की व्यंजनात्मक शक्ति का भरपूर इस्तेमाल करती हुई फ़िरकापरस्ती, कट्टरधर्मिता, धर्मांधता आदि की मनःस्थितियों के सामाजिक संदर्भों को पर्त-दर-पर्त उघाड़ती चलती है। कट्टर हिंदूवाद का बखिया उधेड़ती हुई यह भाषा-शैली अपने कंटेंट को ट्रांसपैरेंट क्रिस्टलों के रूप में बिखेरती जाती है, "···युवकों को तेल उबालने के लिए कड़ाही नहीं मिल रही थी। खिड़की के दासे पर तीन चाकू, एक छुरा, एक

छोटी-सी किरपान साथ-साथ जोड़कर रख दिए गए थे। कमरे के कोने में दस लाठियाँ रखी थीं जिनके सिर पर पीतल की मूठ और नीली मेखें गाड़ दी गई थीं। दीवार के साथ एक-के-साथ-एक तीरकमान लटक रहे थे। बोधराज लेटकर बाण चला सकता था, शब्दबेधी बाण चला सकता था, शीशे में अक्स देखकर बाण चला सकता था, लटकती रस्सी को निशाना बना सकता था। बाणों के सिर पर लगाने के लिए वह धातु की तिकोन नोकें बनवा लाया था और अपने साथियों से उनकी संभावनाएँ बयान करता रहा था। उनकी नोक पर संखिया रगड़ दें तो यह विषबाण बन जाएगा, इसके आगे मुश्क काफूर लगा दें तो अग्निबाण बन जाएगा···नीला थोथा लगा दें तो···" आदि-आदि (पृ. 69)। ऐसे प्रसंगों में उपन्यासकार ऐसे अर्थ-संकेत भी देता चलता है कि कट्टरपंथी हिंदुत्व की घृणा का शिकार अक्सर गरीब मुसलमान ही होता है। जब किसी रईस मुसलमान से उसका सामना होता है तो मज़हबी जनून उच्च-वर्गीय शालीनता, शिष्टता और इंसानियत की दुहाई देता हुआ दोस्ताना लिहाज़ का बाना पहन लेता है।

धर्मांध और कट्टर हिंदूवाद पीढ़ी-दर-पीढ़ी किस प्रकार फैलता है, इसका भी चित्रण बड़े ही सटीक ढंग से किया गया है। दीक्षा-प्रसंग का वर्णन करते हुए उपन्यासकार यह दिखाने में सफल होता है कि एक भोले-भाले किशोर (रणवीर) को देवव्रत की दीक्षापद्धति किस प्रकार नृशंस हत्यारा बना देती है और देखते-ही-देखते देवव्रत के बाद रणवीर के रूप में अपने ज़हरीले दाँत लिये एक और पीढ़ी तैयार हो जाती है।

इस मोर्चाबंदी का दूसरा पक्ष भी है। उसे भी देख लेना अप्रासंगिक न होगा, "असला पिछले लंबे बरामदे में तथा ग्रंथी की कोठरी में इकट्ठा किया जा रहा था। गाँव में सात गुरु सिंहों के पास दोनाली बंदूकें थीं और पाँच बक्से कारतूसों के थे। जत्थेदार किशनसिंह सुरक्षा का प्रबंध कर रहा था। किशनसिंह पिछली जंग में बर्मा की लड़ाई में भाग ले चुका था और बर्मा की लड़ाई के दाव-पेंच वह अपने कस्बे के मुसलमानों पर चलाना चाहता था।" (पृ. 171) उधर मुसलमानों की तैयारियों का ज़िक्र करते हुए उपन्यासकार कहता है, "हरे छज्जेवाले शेखों के मकान में कस्बे के मुसलमान असला इकट्ठा कर रहे थे। ···यहाँ पर गाँव के सभी मुसलमान–किसान, तेली, नानबाई अब मुजाहिद बन गये थे, काफिरों के खिलाफ जिहाद की तैयारियाँ चल रही थीं। आँखों में यहाँ भी खून उतर आया था और कुर्बानी का जज़्बा दिलों में लहरें मार रहा था।" (पृ. 173)

ऐसे माहौल में सोहनसिंह सिखों को और मीरदाद मुसलमानों को समझाते हैं कि अंग्रेज़ हिंदुओं, सिखों और मुसलमानों को आपस में लड़ा रहा है, लेकिन मज़हबी जनून के दीवाने इस ओर ध्यान नहीं देते। उल्टे मोटा कसाई कहता है कि अंग्रेज़ हमारे मज़हबी मामलों में दखल नहीं देता, अंग्रेज़ 'इंसाफ-पसंद' है। मीरदाद की बात

को कोई गंभीरता से नहीं लेता, क्योंकि उसके पास न तो अपनी ज़मीन है और न अपना मकान। यूँ भी ऐसा होना स्वाभाविक ही है। संपत्ति की लूट-खसोट और निजी स्वामित्व पर आधारित वर्ग-विभक्त समाज में उस आदमी की बात कौन सुनेगा जिसके पास न तो अपनी ज़मीन है और न अपना मकान !

दूसरी ओर शाहनवाज़ जैसे रईसज़ादे की बातों में इतना 'वज़न' है कि उसकी बातें मुसलमानों को ही नहीं, हिंदुओं को भी प्रभावित करती हैं। जब दंगा अपनी पराकाष्ठा पर होता है, ऐसे तनावपूर्ण और मार-काटवाले माहौल में भी शाहनवाज़ खुलेआम अपनी नीले रंग की मोटर में सवार सड़कों पर मटरगश्ती करता दिखाई देता है। दंगे की आँच उन पर सेक का भी असर नहीं रखती जबकि एक ग़रीब इत्र-फरोश मुसलमान एक हिंदू लड़के के छुरे का शिकार होता है। रईस शाहनवाज़ अपने रईस हिंदू दोस्त रघुनाथ की खोज-खबर लेते हैं, रघुनाथ की पत्नी के जेवरों की पोटली की हिफाज़त के लिए चिंतित दिखाई देते हैं। लेकिन रघुनाथ के नौकर मिल्खी को देखकर उनका हिंदू-विरोधी संस्कार प्रबल हो उठता है। रघुनाथ ने (संकटग्रस्त इलाके में रहना निरापद नहीं होगा, यह सोचकर) कहीं दूर सुरक्षित स्थान पर अपना अड्डा जमा लिया, लेकिन उनकी गृह-लक्ष्मी के ज़ेवरों का डिब्बा पिछले निवास-स्थान रह गया। उस मकान में उनका हिन्दू नौकर भी रह गया है, इसकी उन्हें कोई परवाह नहीं है। शाहनवाज़ जब ज़ेवरों का डिब्बा लेने रघुनाथ के पिछले निवास-स्थान पर आता है तो वहाँ रघुनाथ के हिंदू नौकर मिल्ख़ी को देखकर उनका हिंदुत्व-विरोधी संस्कार प्रबल हो उठता है। भीष्म साहनी ऐसे दृश्यों के वर्णन में बड़े ही कलात्मक कौशल, मनोवैज्ञानिक सूझ-बूझ और विचारधारात्मक जागरूकता का परिचय देते हैं; यह सब घटना के ताने-बाने की ही बुनावट का अंग होता है, कहीं भी आरोपित नहीं होता, "जेवरों के डिब्बे को दोनों हाथों में उठाए शाहनवाज़ पीछे-पीछे चला आ रहा था जब सहसा उसके अंदर भभूका-सा उठा, न जाने ऐसा क्यों हुआ; मिल्ख़ी की चुटिया पर नज़र रखने के कारण, मस्जिद के आँगन में लोगों की भीड़ देखकर या इस कारण कि जो कुछ वह पिछले दिनों से देखता-सुनता आया है, वह विष की तरह उसके अंदर घुलता रहा था। शाहनवाज़ ने सहसा ही बढ़कर मिल्ख़ी की पीठ में ज़ोर से लात जमाई। मिल्ख़ी लुढ़कता हुआ गिरा···मिल्ख़ी की आँखें खुली थीं और शाहनवाज़ के चेहरे पर ऐसे लगी थीं मानो बात समझ में न आ रही हो कि उसकी किस भूल से खफा होकर खान जी (शाहनवाज़) ने उसे मारा था।" (पृ. 133) इसी हत्यारे शाहनवाज़ को हम 'अमन कायम हो जाने पर' अमन-कमेटी की बस के पेट्रोल का खर्चा वहन करने के लिए आतुर होते देखते हैं।

लगभग इसी स्थिति के समानांतर, ग़रीब हरनामसिंह चायवाला और उसकी पत्नी बंतो को अधेड़ावस्था में बेघर होना पड़ता है, लेकिन लाखों का माल सहेजकर रखने वाले 'तेजस्वी' मुखिया सरदार तेजासिंह का बाल भी बाँका नहीं होता। सरदार

तेजासिंह तुर्कों से पंथ की रक्षा करने के लिए गरीब सरदारों और उनके बीवी-बच्चों की कुर्बानी माँगते हैं और इन्हीं भावनाओं को लेकर उनके 'मस्तिष्क में सुनहरी धूल-सी' उड़ती रहती है, उनकी यही मस्ती है, यही वजूद है; लेकिन इन्हीं तेजासिंह को जब तुर्कों से समझौता करने पर राज़ी होना पड़ता है और समझौते की शर्त के अनुसार दो लाख रुपये की अदायगी के लिए तुर्क ज़िद पकड़ लेते हैं तो वे मुहल्ले की सभी औरतों के गहने उतरवाने पर आमादा हो जाते हैं, लेकिन जो माया उन्होंने इकट्ठी की थी, उसका एक शतांश भी नहीं देते। एक सिक्ख तब कहता भी है, "देना चाहें तो दो लाख आप अकेले दे सकते हैं..." तो तेजासिंह जी सुनकर भी अनसुना कर जाते हैं और पंथ की खातिर आर्थिक कुर्बानी देने से कतरा जाते हैं। भीष्म साहनी बड़े ही सटीक ढंग से यहाँ इस तथ्य को रेखांकित कर देते हैं कि कट्टरपंथी मतांधता (Fanaticism) के मूल में कोई सच्चा जाति-प्रेम या समुदाय-प्रेम नहीं होता बल्कि कुछ इतर स्वार्थों के लिए एक घालमेलपूर्ण अभिनय-मुद्रा ही उसकी 'नैतिकता' होती है।

फिसाद के दौरान सोहनसिंह की जिस ढंग से मृत्यु होती है, वह आदर्शवादी भावुकता की पराजयपूर्ण नियति की ओर एक इशारा है।

दंगा-फिसाद ठंडा पड़ जाने पर रिलीफ-कमेटी का कार्यकर्त्ता एक रजिस्टर खोले सिर्फ आँकड़ों की पूछताछ करते हुए कहता है "हमें आँकड़े चाहिए, केवल आँकड़े। आप समझते क्यों नहीं ? आप लंबी हाँकने लगते हैं, सारी रामकहानी सुनाने लगते हैं, मुझे रामकहानी नहीं चाहिए। मुझे केवल आँकड़े चाहिए। कितने मरे, कितने घायल हुए, कितना माली नुकसान हुआ।" इसी समय कामरेड देवदत्त आँकड़े दर्ज करने वाले कार्यकर्त्ता से कहता है, "पन्नों पर एक खाना और जोड़ दो। ग़रीब कितने मरे और खाते-पीते कितने मरे।" इस पर कार्यकर्त्ता तुनक उठता है और पूछता है, "इसमें क्या तुक है ? तुम हर बात में अमीर और गरीब को घसीट लाते हो !" तो कामरेड देवदत्त उत्तर देते हुए कहता है कि आँकड़े इकट्ठे करने का यह भी एक पहलू है। "दोनों ओर के ग़रीब कितने मरे। अमीर कितने मरे। इससे भी तुम्हें कई बातों का पता चलेगा।" (पृ. 235) बहुत ही सीधे-सादे, अपनी ही किस्म के अंदाज़ में उपन्यासकार हमारा ध्यान जटिल और व्यापक सामाजिक संदर्भों की ओर ले जाता है और ऐसा लगता है जैसे उपन्यासकार अपने हर पाठक से मुखातिब होकर कह रहा है कि घटनाओं के इस पक्ष की ओर भी हमें ध्यान देना चाहिए। ज़रा हिसाब लगाकर तो देखें कि देश के भीतर बार-बार होने वाले इन सांप्रदायिक दंगों में कितने ग़रीब मरते हैं फिर चाहे वे हिंदू हों या मुसलमान, सिख हों या कोई और; उनमें अधिकांश संख्या ग़रीबों की ही होती है। शाहनवाज़ जैसे रईस मुसलमान, रघुनाथ जैसे खाते-पीते हिंदू और तेजासिंह जैसे मजे हुए मुखिया सरदार इन सारे दंगों में 'साफ़' और 'बेदाग़' होकर बच निकलते हैं। लेकिन क्या वे वस्तुतः बेदाग़ होते हैं ?

इसी प्रकार शेख नूर इलाही के एक-एक शब्द में हिंदुओं के लिए घृणा व्यक्त होती है, लेकिन लाला लक्ष्मीनारायण नामक हिंदू सेठ के गोदाम में जब आग लगती है तो शेख नूर इलाही हिंदू सेठ की गाँठें गोदाम से निकलवाकर सुरक्षित स्थान पर पहुँचवा देते हैं। इसी सेठ का लड़का रणवीर हिंदुओं की तरफ से मार-काट में आगे बढ़कर हिस्सा लेता है और एक ग़रीब फेरीवाले मुसलमान की नृशंस हत्या कराता है। हयातबख़्श इसी रणवीर के पैर में मोच आ जाने पर उसके लिए दवाई तैयार करते हैं। विभिन्न संप्रदाय के उच्चवर्गीय लोगों के बीच आपसी सद्भाव के इस सामाजिक-आर्थिक (Socio-economic) रहस्य का जब उद्घाटन होता है, तो एक कॉलेज के दो चपरासी गेट के पास बैठे बतियाते हुए एक-दूसरे से कहते सुनाई देते हैं, ''हम जाहिल लोग लड़ते हैं, समझदार खानदानी लोग नहीं लड़ते। यहाँ सभी आए हैं, हिंदू भी, सिख भी, मुसलमान भी, मगर कैसे प्यार-मुहब्बत से बातें कर रहे हैं···।'' (पृ. 248)

हिंदू-मुस्लिम समस्या को लेकर मानवतावादी दृष्टिकोण से हिंदी में अनेक कहानियाँ और कुछेक उपन्यास लिखे गए हैं। लेकिन भीष्म साहनी की यह कृति समस्या के सामाजिक-आर्थिक पहलुओं को एक दूसरे ही नज़रिए से विशेषांकित करती हुई अपनी अलग पहचान बनाती है। सांप्रदायिक वैषम्य की महामारी से पीड़ित हिंदू-मुस्लिम समाज के विडंबनापूर्ण यथार्थ की इस पहेली की ओर वह हमारा ध्यान ले जाती है कि हिंदुओं की मुसलमान-विरोधी घृणा रईस मुसलमानों और ग़रीब मुसलमानों के बीच फ़र्क करती है। ठीक उसी तरह जैसे कट्टर मुसलमानों की हिंदू-विरोधी घृणा ग़रीब हिंदुओं के खिलाफ़ ही प्रायः क्रियान्वित होती है। जब दंगा अपने भीषणतम दौर में भड़क रहा होता है तो ऐसी अवस्था में भी शाहनवाज़ जैसे संपन्न मुसलमान और रघुनाथ जैसे संपन्न हिंदू की दोस्ती बरकरार रहती है और शाहनवाज़ की हिंदू-विरोधी घृणा रघुनाथ पर न बरसकर उसके नौकर मिल्ख़ी पर ही बरसती है। इसी माहौल में रघुनाथ जैसे संपन्न हिंदू को अपनी, अपने परिवार की और यहाँ तक कि अपने ज़ेवरों की सुरक्षा की चिंता है, लेकिन उसे अपने उस वफ़ादार नौकर की ज़िंदगी से कोई सरोकार नहीं है जो अपनी जान जोखिम में डालकर उसके घर की रखवाली कर रहा है। यहाँ तक कि जब शाहनवाज़ उन्हें बताता है कि 'मिल्ख़ी की हड्डी टूट गई है, कहो तो उसे यहाँ ले आऊँ, वहाँ अकेला कहाँ पड़ा रहेगा', तो रघुनाथ-दंपति इस सुझाव से परेशान हो जाते हैं। वे सोचते हैं कि उनसे एक मरीज़ की देखभाल कैसे हो पायेगी। और फिर, जब शाहनवाज़ उनकी परेशानी को समझता हुआ कहता है कि मिल्खी का भी इंतज़ाम वह ही कर लेगा तो रघुनाथ की पत्नी बेहद कृतज्ञ होती है और कृतकृत्य होती हुई शाहनबाज़ के 'ऊँचे प्रशस्त ललाट, दमकते चेहरे को देख-देखकर' सोचती है कि वह जैसे 'किसी पुण्यात्मा के दर्शन कर रही है।' घृणित स्वार्थ के इस बिंदु पर सांप्रदायिकता-ग्रस्त

समाज की खोखली और स्वयंसेवी आध्यात्मिकता भी नंगी हो जाती है। साथ ही उच्चवर्गीय गठजोड़ पर आधारित पूँजीवादी समाज की सेक्युलरिज़्म (Secularism) संबंधी थोथी संकल्पना का राज़ भी उद्‌घाटित हो जाता है। और अधिक अच्छा होता यदि उपन्यासकार पूँजीवादी प्रचारात्मक शो-पीस नुमा तथाकथित 'सर्वधर्म सम्भाव' वाली गैर-सांप्रदायिकता और समाजवादी गैर-सांप्रदायिकता के गुणात्मक अंतर की ओर इशारा करनेवाले और उस अंतर को स्पष्ट कर देनेवाले घटना-दृश्यों को भी इस उपन्यास में जगह देता। उपन्यास की यह सीमा रही है कि उसने दो भिन्न प्रकार की समाज-व्यवस्थाओ में प्रचलित सेक्यूलरिज़्म संबंधी धारणाओं के बीच कोई विभाजक रेखांकन की ज़रूरत को नज़रअंदाज़ किया है। सांप्रदायिकता के ज़हर को बे-असर करने या उसके असर को कम करने की दृष्टि से लिखे गए उपन्यास के लेखक से (और जब वह लेखक एक प्रगतिशील कथाकार हो) यह उम्मीद करना कोई ज़्यादती नहीं है। साथ ही इसी संदर्भ में यह उल्लेख करना भी अप्रासंगिक न होगा कि यह सही है कि जब सांप्रदायिकता का ज़हर फैलने लगता है तो वह इस कदर भी फैल सकता है कि मज़दूरों में भी गहरा असर कर चुका हो लेकिन सर्वहारा-संगठन का कोई सदस्य इस मसले पर यदि संगठन छोड़ता है तो इसका कारण भी यही होता है कि सेक्यूलरिज़्म की बूर्ज्वा, पैटीबूर्ज्वा और वैज्ञानिक समाजवादी धारणाओं के बीच के गुणात्मक अंतर को स्पष्ट करनेवाली विभाजक रेखाएँ उस सदस्य के जहन में स्पष्ट नहीं होतीं। अतः इन विभाजक रेखाओं की ओर संकेत करना यथार्थवादी (समाजवादी यथार्थवादी) कला का एक ऐसा दायित्व है जिसकी पूर्ति करना एक प्रगतिशील रचनाकार के लिए निहायत ज़रूरी है।

लेकिन इस ओर रचनाकार का ध्यान बिल्कुल ही न गया हो, ऐसी बात नहीं है। समस्या के सामाजिक-आर्थिक संदर्भ जिस जागरूकता के साथ इस उपन्यास में उजागर होते हैं, वह भी कोई कम महत्त्वपूर्ण उपलब्धि नहीं है। आर्थिक-वर्ग-स्तरों का दबाव सांप्रदायिक भावनाओं का अतिक्रमण करता है, इसी तथ्य को उभारते हुए अनेक स्थलों पर ऐसे फ्लैशेज़ हैं जो सांप्रदायिकता के तमस में चमक-चमक उठते हैं। उपन्यास की वर्तमान प्रासंगिकता यह है कि वह आज़ादी से पूर्व अंग्रेज़ हाकिमों की फूट पैदा करने वाली और इस आधार पर 'शांति-व्यवस्था' के नाम पर अपने अस्तित्व को महसूस करानेवाली नीति संबंधी दोगली चालों की ओर संकेत करता हुआ साम्राज्यवादी ताकतों की मौजूदा भूमिका पर प्रश्नचिह्न लगाता है। अंग्रेज़ हाकिम आज नहीं हैं तो क्या, साम्राज्यवादी ताकतें और उनके अभिकर्त्ता तो हैं और आज उस कार्य को बड़ी पेचीदा तथा चालाक हरकतों के साथ जारी रखा जा रहा है। आज़ादी से पूर्व अंग्रेज़ी हाकिमों की एक स्पष्ट नीति थी कि इससे पहले कि हिंदुस्तान के लोग देश के नाम पर एकजुट होकर उनसे लड़ने के लिए आमादा हों, उन्हें आपस में ही लड़ा-भिड़ाकर उनकी जुझारू शक्तियों को कुंठित कर दिया जाए।

और जब लड़-भिड़ कर वे थक जाएँ तो उन्हें शांति और व्यवस्था के नाम पर अपनी व्यवस्थापक भूमिका के चमत्कार से चकाचौंध कर दिया जाए। इस प्रकार अपनी मध्यस्थता की ज़रूरत का अहसास कराने का उन्हें मौका भी मिल जाता था और विश्व-जनमत को गुमराह करने के लिए यह बहाना भी कि चूँकि अंग्रेज़ हिंदुस्तान की जनता को एक-सूत्र में पिरोकर रखता है, अतः अंग्रेज़ की उपस्थिति यहाँ ज़रूरी है। अंग्रेज़ न हो तो भारतवासी एक राष्ट्र के रूप में नहीं रह सकेंगे; वे परस्पर भेद-भाव के शिकार होकर सांप्रदायिक दंगों से ग्रस्त होते हुए बिखर जाएँगे, नष्ट-भ्रष्ट हो जायेंगे।

लीज़ा कहती है, "ये लोग आपस में लड़ेंगे ? लंदन में तो तुम कहते थे कि ये लोग तुम्हारे खिलाफ लड़ रहे हैं।" आगे चलकर वह रिचर्ड से फिर कहती है, "मैं सब जानती हूं। देश के नाम पर ये लोग तुम्हारे साथ लड़ते हैं और धर्म के नाम पर तुम इन्हें आपस में लड़ाते हो।" (पृ. 44) वस्तुस्थिति भी यही है। इलाके का अंग्रेज़ हाकिम रिचर्ड अपनी सुख-सुविधाओं का तकिया लगाए इस दंगे के बीज बोता है। मुरादअली नाम के कारिंदे को सूअर मरवाकर मस्जिद में फिंकवाने के लिए तैयार करता है। दंगे के बीज बोकर वह स्वयं परदे के पीछे हो लेता है। जब दंगा मारकाट और जनसंहार की विकराल स्थिति में बदल जाता है तब सब कुछ हो चुकने पर, यही हाकिम अमन के व्यवस्थापक के रूप में इस त्रासदी के मंच पर पुनः अवतरित होता है, शांति-दूत के भेष में। एक आवाज़ आती है, हवाई जहाज की आवाज़ ! गोरा सैनिक हवाई जहाज में बैठा हाथ हिला रहा है। और "किशन सिंह सलूट मारे बिना नहीं रह सका।" सब कुछ खोने के बाद भी उसे यही संतोष है कि गोरे सैनिक ने हवाई जहाज से उसके अभिवादन के उत्तर में हाथ हिलाया है जबकि मुसलमानों के अभिवादन का कोई उत्तर न देते हुए अंग्रेज़ ने अपना हाथ अंदर खींच लिया है। (पृ. 216-217) और यह हवाई जहाज़ वाकई जादू की छड़ी घुमाता हुआ आगे बढ़ जाता है—"जिस-जिस गाँव पर से हवाई जहाज उड़ता गया, वहीं पर…नारे लगाये जाने बंद हो गये। आगज़नी और लूटपाट बंद हो गई," (पृ.218) और माहौल 'बदलने लगा'। अमन की बस जब संकटग्रस्त इलाके में चक्कर लगा-लगाकर अमन की अपीलें नश्र करती है तो अंग्रेज़ हाकिम का दलाल कारिंदा यही मुरादअली सबसे पहले बस में बैठता है और गला फाड़-फाड़कर सबसे ज़्यादा 'अमन-कमेटी ज़िंदाबाद' के नारे लगाता है। दूसरी ओर भारतीय जनता की यह हालत है कि "लगता है जैसे कोई अनिवार्य घटना-चक्र चल रहा है, जिस पर किसी का बस नहीं, न किसी के हाथ में कोई निर्णय है, न संचालन, न संचालन की क्षमता; कठपुतलियों की तरह सभी घूम रहे थे, भूख लगती तो उठकर इधर-उधर से कुछ खा लेते, याद आती तो रो देते, और कान लगाये सुबह से शाम तक लोगों की बातें सुनते रहते।" (पृ. 242) इसी जनता की दंगे से पूर्व की स्थिति का भी

जायज़ा लेना अप्रासंगिक न होगा क्योंकि यहाँ जिस स्थिति का वर्णन किया गया है वह दंगे के बाद की है। दंगे से पूर्व यही जनता सांप्रदायिक ज़हर का वमन करने के लिए बेचैन हो रही थी। मज़हबी जनून उन्हें वैर-भाव की 'रस-निष्पत्ति' की ओर उद्दीप्त किए जा रहा था, "⋯माहौल भरे बादलों जैसा गंभीर हो रहा था। कीर्तन में सभी के सिर झूम रहे थे, सभी की चेतना में वे सभी बातें थीं जो दूर अतीत में हुआ करती थीं, बलिदान की भावना, मुसलमान शत्रु, ढाल, तलवार, गुरु का प्रसाद, अखंड एकता—जो नहीं था तो उनकी चेतना में अंग्रेज़ नहीं था। कस्बे से पच्चासेक मील की दूरी पर अंग्रेज़ों की देशभर में सबसे बड़ी छावनी थी, उस छावनी की ओर उनका ध्यान नहीं जा रहा था। शहर और प्रांत में बैठे अंग्रेज़ अधिकारियों की ओर भी नहीं, मानो देश में उनका कोई अस्तित्व ही न हो। अस्तित्व था तो तुर्क का, या खालसा का, उसके बढ़ते आ रहे लश्करों का, आत्म-बलिदान की वेला में वह महायज्ञ जिसमें सभी अपने प्राणों की आहुति डालने के लिए तैयार थे।" उधर धर्मदेव के कानों में वीर रस-भरे गीत 'आज रण में जा के धूम मचा दे बेटा' की पंक्ति गूँज रही थीं। रणवीर को हर 'चट्टान पर घोड़े की पीठ पर बैठे शिवाजी' नज़र आ रहे थे। उसके मन में ललक उठती कि उसकी भी 'कमर में तलवार लटकती हो, चौड़ा कमरबंद हो, अँगरखा हो, सिर पर पीले रंग की पगड़ी हो और उस पर शिरस्त्राण हों।' अब दंगे के बाद की स्थिति पर पुनर्विचार करें और देखें कि स्थिति में कोई बदलाव आता है कि नहीं, "रिलीफ ऑफिस के आँगन में घूमता प्रत्येक व्यक्ति अपना विशिष्ट अनुभव लेकर आया था। लेकिन उस अनुभव को जाँचने, परखने, उसमें से निष्कर्ष निकालने की क्षमता किसी में नहीं थी। शून्य में ताकने, सिर हिला-हिलाकर हर किसी की बात सुनते रहने के अलावा किसी को कुछ सूझ नहीं रहा था। एक अफवाह उठती तो आँगन में लोग उठ-उठकर उसे सुनने के लिए जमा हो जाते। कोई नहीं जानता था कि उसे क्या करना है, किधर जाना है। आगे क्या होगा, उसकी धुँधली-सी रूपरेखा भी किसी की आँखों के सामने नहीं थी।" लेकिन 'तमस' के इस आलम में प्रकाश की किरणें बिल्कुल ही ग़ायब हों, ऐसा नहीं हो सकता। कहना ही होगा कि रचनाकार ने उन किरणों की ओर इशारा करने की अपेक्षा की पूर्ति नहीं की। उपन्यास का अंत काफ़काई नैराश्यपूर्ण अंत से मिलता-जुलता है। कामू के प्लेगग्रस्त आलम-सी असहायता और निरुपायता यहाँ इस उपन्यास की रचनात्मक बुनावट पर कुछ-कुछ हावी होती हुई दिखाई देती है। यथार्थवादी लेखक का आज के रचनात्मक दौर में यह दायित्व है कि वह यथार्थ के त्रि-आयामी पक्षों (भूत-वर्तमान-भविष्य) का साक्षात्कार करे और पाठकों को कराए। यथार्थ की भावी संभावनाओं में 'भारत-विभाजन' के संदर्भ को देखते हुए नैराश्य का पैथेटिक और ट्रेजिक अहसास बिल्कुल सांकेतिक तथा ध्वन्यात्मक है और भावी ट्रेजेडी की ओर एक अर्थपूर्ण इशारा भी करता है किंतु भविष्योन्मुखी यथार्थ जिसे

गोर्की ने तीसरी वास्तविकता कहा था, की झलक मात्र का भी संकेत न दे पाना, इतिहास की खौफनाक और दर्दनाक विकास-प्रक्रिया के गर्भ में पलते हुए उस भावी स्वप्न की अर्थवत्ता को नज़रअंदाज़ करना है जो आज नहीं तो कल, कल भी नहीं तो परसों—एक-न-एक दिन तो ऐतिहासिक सत्य के रूप में जन्म लेगी ही।

लेकिन जनता में जो निरुपायता व्याप्त है, वह कोरी काफ़्काई नहीं है। उसके सामाजिक-राजनैतिक कारण हैं। कांग्रेसी बख्शीजी के चिंतन को उभारते हुए लेखक ने उस समय 'सेक्यूलरिज़्म' का झंडा उठाकर चलनेवाली राजनैतिक पार्टियों के कर्णधारों की मनःस्थितियों और मनोदशाओं का ख़ाका खींचने की भी एक सफल कोशिश की है—'डिप्टी कमिश्नर के चले जाने के बाद बख्शीजी के मन की स्थिति भी कुछ-कुछ वैसी ही हो रही थी।'

''फिसाद करवानेवाला भी अंग्रेज़, फिसाद रोकनेवाला भी अंग्रेज़, भूखों मारने वाला भी अंग्रेज़, रोटी देनेवाला भी अंग्रेज़, घर से बेघर करनेवाला भी अंग्रेज़, घरों में बसानेवाला भी अंग्रेज़...'' पर जब से फिसाद शुरू हुए थे बख्शीजी के दिमाग में धूल-सी उड़ने लगी थी, बस केवल इतना भर ही बार-बार कहते रहे, 'अंग्रेज़ फिर बाज़ी ले गया।' 'अंग्रेज़ फिर बाज़ी ले गया।' पर शुरू से आख़िर तक स्थिति उनके काबू में नहीं आयी। (पृ. 223)

इसी संदर्भ में 'मनोहरलाल' जैसे राजनैतिक चरित्र का भी अपना रंग है। ऊपरी तौर पर देखें तो लगता है जैसे कि वह सर्वज्ञ है, सब कुछ जानता है। वह समझता है कि फिसाद का बीज अंग्रेज़ ने बोया है। लेकिन उसकी सारी नफ़रत अंग्रेज़ के प्रति न होकर अकारण ही 'देवदत्त' नाम के कम्युनिस्ट के ख़िलाफ़ ही प्रगट होती है। आधुनिक संदर्भ में ऐसे मनोहरलालों की कमी नहीं है जो साम्राज्यवादी साज़िशों के जानकार होते हुए भी हर दुर्भाग्यपूर्ण स्थिति के लिए राष्ट्रीय स्तर पर भारतीय कम्युनिस्टों और अंतर्राष्ट्रीय स्तर पर सोवियत रूस को ही ज़िम्मेदार ठहराने के शौकीन हैं। मनोहरलाल ऐसा ही एक पात्र है जो बिला वजह (अथवा चोरी-छिपे किसी खास वजह के कारण) अमन की बस में बैठते हुए अत्यंत दुराग्रहपूर्ण ढंग के साथ शंखनाद करता हैं, ''इस बस में या मैं बैठूँगा या कम्युनिस्ट बैठेगा।'' हमारे बहुत-से निष्क्रिय 'बुद्धिजीवी' अपनी मध्यमवर्गीय मानसिकता के दबाव में आत्मालोचन की ओर प्रवृत्त न होने के कारण सारी सूचनाओं के सर्वज्ञ और मर्मज्ञ होते हुए भी अंततः किसी-न-किसी नकारात्मक पूर्वाग्रह, अतिवाद और दुराग्रह के शिकार हो जाते हैं फिर वह दुराग्रह चाहे कम्यूनिज़्म-विरोध का रूप ले ले चाहे या कुछ और...इससे उन्हें कोई फ़र्क नहीं पड़ता। मनोहरलाल हमारे समाज में ऐसे ही चरित्रों का प्रतीक है। समस्त जानकारी के बावजूद अराजकतावादी समझ इसी रूप में अपविकसित होती है। इसी प्रकार जरनैल की चरित्र-सृष्टि द्वारा उपन्यासकार एक ऐसे राजनैतिक कर्मी की ओर इशारा करता है, जिसके बारे में ''कोई नहीं जानता

कि उसके मन में कोई विचार उठते थे या नहीं, पर दिल में वलवले ज़रूर उठते थे और कदम ज़रूर उठते थे और दिमाग में शायद सनक उठती थी।'' (पृ. 140) जागरूकता और व्यवहार-कुशलता के अभाव में हार्दिकता या भावुकता की यही अंतिम नियति होती है—'लाठी के एक ही भरपूर वार से जरनैल की खोपड़ी फोड़ दी' और वह वहीं ढेर हो गया। शहर में अमन कायम होने पर बहुत-से कांग्रेसी मेम्बरान और गैर-कांग्रेसी व्यापारी रिलीफ संबंधी सप्लाई के ठेके हथियाने में मसरूफ़ दिखाई देते हैं। ठिगने मुंशीराम और नूरइलाही के रूप में दोनों फिरकों के व्यापारियों को सारी कट्टरपंथी ज़हनियत के बावजूद संपत्ति की खरीद-फरोख्त के लिए बेताब देखा जा सकता है। उनकी जिज्ञासा का बिंदु एकमात्र यह मुद्दा है कि, ''शेख जी, अमन-अमान कायम हो जाने पर कीमतें चढ़ेंगी या कम होंगी ?'' व्यापारी वर्ग की इन चिंताओं के आलम में ग़रीब जनता की बदनसीबी और आफ़तों का सिलसिला अपनी हृदय-विदारक स्मृतियों के साथ आँखों के आगे तैर-तैर जाता है; अपनी करुण और अबोध भावुकता के साथ जो दुःखद और त्रासद घटनाओं से कोई सबक नहीं लेती और दूर घटनाओं एवं विपदाओं को भी मज़हबी जनून और अंधी जातीयता के रंग में महिमामंडित करने से बाज़ नहीं आती, ''गंडा सिंह न रो···न रो गंडा सिंह, जो चले गए ओह गुरु महाराज नू प्यारे हो गये। पंथ दी खातिर ऊहाँ जानाँ वार दित्तियाँ। हमेशा लई ओह अमर हो गये।''

गंडा सिंह का यह रोदन जो वातावरण की पृष्ठभूमि में गूँज रहा है, इसके पीछे एक त्रासद, भयावह और दिल दहला देनेवाला इतिहास है (ग्रावा रोदित्यापि दलति वज्रस्य हृदयम्); दंगे के दौरान जब गुरुद्वारा घिर गया तो उसमें एकत्र दसियों औरतें अपने बच्चों को लेकर कुएँ में कूद गईं। उपन्यासकार से व्यक्तिगत रूप से पूछ-ताछ करने पर यह तथ्य भी प्रकाश में आया कि ज़िला रावलपिंडी में थोहाखालसा नामक स्थान पर यह घटना घटी थी। घटना के घट जाने के बाद स्वयं उपन्यासकार उस स्थान पर गया था और वहाँ वह कुआँ भी उसने अपनी आँखों से देखा था, जो कई दिनों तक सड़ता रहा था। उपन्यास में इस ऐतिहासिक घटना को रचनाकार ने बड़े ही कारुणिक व्यंग्य के साथ चित्रित किया है :

''सबसे पहले जसबीर कौर कुएँ में कूद गयी। उसने कोई नारा नहीं लगाया, किसी को पुकारा नहीं, केवल 'वाह गुरु' कहा और कूद गयी। उसके कूदते ही कुएँ की जगत पर कितनी ही स्त्रियाँ चढ़ गयीं। हरिसिंह की पत्नी पहले जगत के ऊपर जाकर खड़ी हुई, फिर उसने अपने चार साल के बेटे को खींचकर ऊपर चढ़ा लिया, फिर एक साथ ही, उसे हाथ से खींचती हुई नीचे कूद गयी। देवासिंह की घरवाली अपने दूध पीते बच्चे को छाती से लगाये ही कूद गयी। प्रेमसिंह की पत्नी खुद तो कूद गयी, पर उसका बच्चा पीछे खड़ा रह गया। उसे ज्ञानसिंह की पत्नी ने माँ के पास धकेलकर पहुँचा दिया···कुएँ के अंदर से चिल्लाने-चीखने की आवाज़ें, बच्चों

के बिकड़ाट सुनायी देते रहे। गाँव के पास जगह-जगह से 'अल्लाह हो अकबर' और 'सत सिरी अकाल' के नारों के साथ कुएँ में डूबती औरतों और बच्चों की चीखें मिल गयी थीं।''

धर्मांधता कितनी अमानवीय और खतरनाक सिद्ध हुई, इसी सामाजिक अनुभव को, जो हमारे हाल ही के इतिहास का एक हिस्सा है (और आज का वर्तमान भी है) रचनाकार ने पुनर्रचित करने की चेष्टा की है। उपन्यास का यह प्रसंग रचनाकार के मूल संवेदनात्मक उद्देश्य को पाठकों के समक्ष प्रभावपूर्ण ढंग से स्पष्ट करने में सफल हुआ है। यही प्रसंग इस मुद्दे की ओर भी हमारा ध्यान ले जाता है कि इतिहास की साहित्य में किस प्रकार पुनर्रचना की जानी चाहिए। एक ओर अंग्रेज़ हाकिम का निर्दय (Callous) और अमानवीकृत (Dehumanised) रवैया है जो भारतीय जनता के ('नेटिव ही तो है') मानवीय अस्तित्व को भी कुछ-कुछ (Something) और 'कुछ नहीं' (Nothing) के बीच की कोई चीज़ मानता है। रिचर्ड और लीज़ा अपने सेक्सुअल क्षणों में भारतीय खानसामे की उपस्थिति को कोई महत्व नहीं देते और खानसामे की यह मानवीय उपस्थिति (Human presence) उनके एकांत को भंग नहीं करती; जैसे खानसामा मनुष्य न हो, कोई पालतू जानवर हो जो कमरे में उपस्थित हो गया हो। अंग्रेज़ हाकिम का यही दृष्टिकोण 'कुएँ में औरतों और बच्चों के डूब जाने की घटना' को महज़ अपने कौतूहल का एक नया विषय मानने में प्रकट होता है। उनके लिए यह दुर्घटना-स्थल एक रोमांचकारी पिकनिक स्थल का रूप ले लेता है। रिचर्ड अपनी पत्नी से प्रस्ताव करता है कि ''वहाँ सैर के लिए चला जाए। घटना-स्थल की प्राकृतिक शोभा जैसे और अधिक रोमांचकारी हो गई हो—वहाँ लार्क पक्षी मिलता है...कुएँ के साथ ही नदी बहती है और नदी के पार ही फलों का बाग है।'' इस पर लीज़ा रोमांटिक झिड़की के अंदाज़ में कहती है, ''तुम कैसे जीव हो रिचर्ड ?'' तो रिचर्ड उत्तर देता है कि ''सिविल सर्विस हमें तटस्थ बना देती है।'' यहाँ उपन्यासकार 'तटस्थता' की साहित्यिक और साहित्येतर दोनों तरह की संकल्पनाओं पर चोट करता दिखाई देता है। प्रसंग आगे बढ़ता है, लीज़ा पूछती है कि यदि 103 गाँव जल जायें तो भी क्या वह भावुक नहीं होगा, तो रिचर्ड उत्तर देता है—''तो भी नहीं...यह मेरा देश नहीं है न ही ये मेरे देश के लोग हैं।''

ऐसे प्रसंगों की प्रासंगिकता आज भी है, उपन्यास इसीलिए प्रासंगिक है। क्योंकि अंग्रेज़ हाकिम और उसके (मुरादअली) जैसे पिट्ठुओं की भूमिका के निर्वाह का 'दायित्व' अब साम्राज्यवादी-प्रतिगामी तत्त्वों ने अपने कंधों पर ले लिया है। देश के भीतर और बाहर उनके हिमायतियों की कमी नहीं है। गंडा सिंह का रुदन आज भी हमारे समकालीन परिवेश में गूँजता हुआ सुनाई दे रहा है।

किसी ऐतिहासिक घटना को उपन्यास का आधार बनाते समय ज़रूरत होती

है कि रचनाकार उस घटना-चक्र के केंद्रक अंतर्विरोधों को पूरी ईमानदारी और जागरूकता के साथ उभार सके। साथ ही उन अंतर्विरोधों के टकराव में यातनाग्रस्त मानवता के प्रति अपनी और अपने पाठकों की सहानुभूति को उद्वेलित करते हुए किसी तार्किक परिणति (Logical conclusion) तक पहुँच सके। भीष्म साहनी का 'तमस' शीर्षक उपन्यास काफ़ी हद तक इस अपेक्षा की पूर्ति करता है। इस संदर्भ में समकालीन साहित्य के मनस्वी आलोचक गजानंद माधव मुक्तिबोध के निबंध 'प्रगतिशीलता और यातनाग्रस्त मानवता' की ओर अनायास ही मेरा ध्यान चला जाता है। मुक्तिबोध ने कहा था, "स्थिति-परिस्थिति की क्रिया-प्रतिक्रियात्मक संवेदनाएँ आदि को अपने में सम्मिलित करनेवाला विचार-वेदना-मंडल जब लोक-मुक्ति की नयी क्रांतिकारी विचारधारा से और भी सशक्त, और भी संवेदनमय हो जाता है तब जिस साहित्य का आविर्भाव होता है, उसमें महान् 'मनुष्य-सत्य' होता है। इस मनुष्य-सत्य का अनादर करनेवाले साधारण रूप से परस्पर दो विरोधी क्षेत्रों से आते हैं। एक वे जो मात्र क्रांतिकारी शब्दों का शोर खड़ा करनेवालों के हिमायती के रूप में अपने सिद्धांतों की चौखट तैयार करते हैं..." और दूसरे वे "जो इस क्षेत्र के प्रतिनिधि कष्ट-ग्रस्त जीवन के कारण" उत्पन्न अंतर्मुखता का उपयोग 'अपने लिए', अपने 'व्यक्ति-स्वातंत्र्य' के लिए या अपने 'अहं' की घोषणा के लिए करना चाहते हैं। ज़ाहिर है कि ऐसे दोनों तरह के व्यक्तियों को भीष्म साहनी का यह उपन्यास रास नहीं आ पाया। उपन्यास में यातनाग्रस्त जनता की जो दर्दनाक गाथा है, जिस 'मनुष्य सत्य' की अभिव्यक्ति की गई है उसका सही मूल्यांकन करने के लिए उपर्युक्त प्रकार के दोनों तरह के पूर्वाग्रहों-दुराग्रहों से मुक्ति पा लेना एक पूर्वपिक्षा है। साथ ही यदि कोई इसे 'मानवतावादी यथार्थवाद' कहकर नज़रअंदाज़ करना चाहे तो उसे मुक्तिबोध का ही 'रचनाकार का मानवतावाद' शीर्षक निबंध एक बार और पढ़ लेना चाहिए। तथापि, समकालीन संदर्भों को देखते हुए इस मानवतावाद की भी अपनी सीमाएँ हैं। और जैसा कि मुक्तिबोध ने उक्त निबंध में संकेत किया था, मानवतावादी अद्यतन दर्शन "एक प्रकार का नकारवाद है। मानवीय भाग्य और वर्तमान स्थिति के संबंध में यह एक प्रकार का निराशावाद है। 'तमस' उपन्यास मानवतावादी अद्यतन दर्शन की सीमाओं का अतिक्रमण कर सांप्रदायिकता (Communalism) की समस्या और उससे संपृक्त विचारधारात्मक संदर्भों को नये और वैज्ञानिक यथार्थवादी दृष्टिकोण के साथ, व्याख्यायित करता है। जितना कुछ इस उपन्यास में चित्रित और व्याख्यायित हुआ है, वह कुछ कम नहीं है और बेहद महत्त्वपूर्ण है।

कबीर का बाज़ार

(भीष्म साहनी का नाटक)

सुविख्यात कथाकार भीष्म साहनी का अद्यतन नाटक 'कबिरा खड़ा बाज़ार में' एक ऐसी महत्त्वपूर्ण नाट्यकृति है जो एक स्तर पर कबीर के तत्कालीन समाज, उस समाज में उनके निर्भय, सत्यभाषी और अन्याय के खिलाफ लड़नेवाले प्रखर व्यक्तित्व की पुनर्रचना करती है; तो दूसरे स्तर पर वह हमारे समकालीन समाज, उसमें युद्धरत संप्रदाय-विरोधी, फासिज्म-विरोधी, और बाह्याचार-विरोधी शक्तियों की महत्त्वपूर्ण भूमिका की ओर इशारा कर देती है। भारतीय नाट्यशास्त्र की प्राचीन शब्दावली में कहना चाहें तो कह सकते हैं कि अभिधा के स्तर पर कबीर के बेपरवाह, सुदृढ़, उग्र और तेजस्वी सामाजिक व्यक्तित्व को चित्रित करनेवाला एक ऐतिहासिक नाटक है लेकिन लक्षणा और व्यंजना के स्तरों पर हमारे वर्ग-विभक्त, जाति-विभक्त, धर्म-विभक्त और अंतर्विरोधपूर्ण तथा भेदभावग्रस्त विषम समाज के समकालीन संदर्भों को एक साथ ध्वनित कर देनेवाला एक आधुनिक नाटक है।

इस नाटक में दिल्ली का शाहंशाह सिकंदर लोधी है जो आज की निरंकुश और तानाशाही सत्ता का प्रतीक है। काशी नगर का कोतवाल है जो आज की अफसरशाही के चरित्र को समझने में हमारी मदद करता है। कायस्थ का चरित्र आज के साइकोफैंट्स की ओर एक इशारा है। अंधा भिखारी वह अभागा आधुनिक जन है जो आए दिन किसी-न-किसी तरह के ज़ोर-जुल्म की कड़ी-से-कड़ी मार झेलता है और हादसाग्रस्त होता है। मठ का महंत है जो सांप्रदायिकता, धर्मांधता, विचारांधता और भावोन्माद का प्रतीक है। यह महंत नये और पुराने चोले पहन-पहनकर आज भी उसी तरह अपना कॉरोनेशन (Coronation) करा रहा है जैसा कि वह कबीर के ज़माने में कराता था। वही तद्‌युगीन मौलवी हैं, पंडे हैं, पुजारी हैं और वही धार्मिक दुष्चक्र हैं। सच्चे, ईमानदार और पाखंड-विरोधी सहज, स्वाभाविक, फक्कड़ और फ़कीर इंसान के लिए वही चुनौतियाँ हैं जिनका कि मुकाबला कबीर को करना पड़ा था। नाटक में कबीर, रैदास, सेना, पीपा, बशीरा की टोली ऐसे ही आधुनिक प्रतिबद्ध और प्रगतिशील इंसानों के अग्रिम दस्ते की

ओर हमारा ध्यान आकर्षित करती है जो सब कुछ दाँव पर लगाकर मौजूदा व्यवस्था के संपूर्ण पाखंडतंत्र का भंडाफोड़ करने के लिए कमर कसे हुए हैं; ऐसी कमर जो सदियों से कोड़े खाती आ रही है, फिर भी उसके कसाव में कोई कसर या कोई कमी नहीं आई। व्यंजना के स्तरों पर इन्हीं सारे संदर्भों को यह नाटक गुंजायमान कर देता है। यही इसकी शक्ति है और यही उसका प्रभाव। इसीलिए वह ऐतिहासिक होते हुए भी अत्यंत आधुनिक है। इसीलिए यह अर्थवान भी है और इसीलिए इसकी क़थावस्तु बेहद सामयिक और बेहद प्रासंगिक हो उठी है।

इस नाटक की एक अन्य महत्त्वपूर्ण विशेषता उसके नारी-चरित्रों के चित्रण से संबंध रखती है। भीष्म साहनी एक संवेदनशील कथाकार हैं। नारी की संवेदनाओं के वे एक कुशल और सक्षम चितेरे हैं। इस नाटक में कबीर की माँ और पत्नी के चरित्र विशेष रूप से मन को छूते हैं। कबीर की माँ नीमा कबीर की जननी (जन्म देने वाली माँ) नहीं है लेकिन कबीर को वह बेहद प्यार करती है। फिर भी वह कबीर को उसकी असली माँ का अता-पता बता देती है और कहती है, 'वह मिल जाये तो चला जा बेटा, मैं तुझे नहीं रोकूँगी।' इस पर कबीर उत्तर देता है–'मुझे घर से निकाल रही हो, माँ ? गोद लिये बालक को भी कोई निकालता है ?' नीमा प्रत्युत्तर में कहती है–'मैं तुझे घर से निकालूँगी रे ? जिसे पाल कर बड़ा किया है उसे घर से निकालूँगी ? तुझे देख-देखकर तो हम दोनों जीते हैं।' माँ-बेटे के इस संवाद की पृष्ठभूमि में उस माँ की भी छाया उभरती है जो बेवा होने के कारण अपने नवजात बेटे को एक तालाब के किनारे छोड़ आई थी, क्योंकि निर्मम समाज की थोथी नैतिकता के आतंक से वह संत्रस्त थी। उसके बारे में नीमा कहती है–'वह भी बदनसीब थी कबीरा, वरना अपना बच्चा कौन फेंकता है ? उसे पता चल गया था कि तुम्हें मैं उठा लाई हूँ। कहीं-कहीं छिपकर देखती रही थी। वह हमारी झोंपड़ी के आस-पास आकर मँडराती रहती, अंदर झाँककर देखती, फिर लौट जाती।' दूसरी ओर नीमा भी कम बदनसीब नहीं है। वह अपने प्यारे बेटे की कमर पर धर्म और सत्ता के ठेकेदारों द्वारा बरसाए गए कोड़ों के निशान देखती है तो उसका दिल दहलता है, लेकिन वह कुछ कर नहीं पाती। कबीर की पीठ पर तेल चुपड़ती है और उसे समझाती है–'तू यह क्या करता फिरता है, कबीरा, मेरा दिल दहलता है। जिन लोगों के हाथ में ताकत होती है, उन लोगों के दिल में रहम नहीं होता बेटा !...तू मेरी बात मान, बेटा, तू सुनकर अनसुनी कर जाया कर, पर मुँह से कुछ न बोला कर।...' कबीर के मुँहफट होने की प्रवृत्ति समाज के ठेकेदारों को रास नहीं आती; वही प्रवृत्ति उसकी माँ की व्यथा का कारण बनती है। लेकिन ठेकेदारों की मनोदशा और माँ की मनोदशा का अंतर देखिए... ताकत और रहम के रिश्ते को पहचानिए। ऐसे कंट्रास्ट के संकेत द्वारा मानव समाज से ताकतवर की क्रूरता और नारी की रहमदिली और इन दोनों के

बीच कबीर की एगॉनी (Agony) जो भीष्म साहनी जैसे संवेदनशील रचनाकार की एगॉनी (Agony) को भी प्रकारांतर से संप्रेषित कर देती है।

नारी चरित्रों के ही संदर्भ में इस ह्यूमन एगॉनी के साथ-साथ रचनाकार की एक और विशेषता की ओर अपने पाठकों का ध्यान आकर्षित करना चाहूँगा। कबीर की पत्नी लोई विवाह से पूर्व एक साहूकार के छैल-छबीले बेटे से प्रेम करती थी। लेकिन लोई के पिता ने उसका विवाह बेटी से बिना पूछे कबीर के साथ कर दिया।

कबीर और लोई के चरित्रों को उत्कर्ष प्रदान करने में नाटककार भीष्म साहनी ने अपनी मौलिक उद्‌भावना द्वारा इस प्रसंग का बेहद सर्जनात्मक इस्तेमाल करते हुए एक बड़े कलाकार की क्षमता का परिचय दिया है। कबीर को जब इस तथ्य का पता चलता है कि लोई किसी और लड़के से प्रेम करती थी और उसके पिता ने उसके साथ उसे ब्याह कर एक अन्याय किया है तो वह उससे कहता है—'उसके साथ तू खुश रहेगी तो तू ज़रूर उसी के पास चली जा !' इतना ही नहीं, वह उसे पठाने ले चलता है। लोई हैरान होकर इस मर्द को देखती है; उसके बारे में उसकी सोच बदलती है और एक तरह से लोई के व्यक्तित्वांतरण की प्रक्रिया शुरू हो जाती है। लोई जाते समय गहने छोड़ जाती है क्योंकि "गहने तो ससुराल के होते हैं।" लेकिन कबीर उसे ऐसा नहीं करने देता। वह सब गहने उसे सौंप देता है और कहता है—'तेरे ब्याह के हैं। जहाँ रहेगी, वहाँ पहनना।' लोई का मन कबीर के इस व्यवहार से अछूता नहीं रह पाता और उसके व्यक्तित्वांतरण की प्रक्रिया तेज़ होने लगती है। पूछती है—'तू अपनी माई से क्या कहेगा ?' कबीर उसे आश्वस्त कर देता है कि 'माई को मैं समझा दूँगा।' बाद का दृश्य अत्यंत मार्मिक है। लोई विपन्न कबीर को छोड़कर अपने संपन्न प्रेमी के पास जा रही है; प्रेमी भी उसे अपनाने के लिए तैयार है। लेकिन कबीर के मानवीय औदार्य और औदात्य ने उसके भीतर एक हलचल पैदा कर दी है। जाते-जाते वह सोचती है कि यह कैसा फ़िराकदिल इंसान है ! इसका दिल कितना विशाल है ! अभिधा के स्तर पर इस हलचल का, इस व्यक्तित्वांतरण की तेज़ से तेजतर होती हुई प्रक्रिया का कोई कथन नहीं है। लेकिन नाटककार कथित रूप में तटस्थ होकर भी व्यंजित रूप में उस सारी हलचल से, व्यक्तित्वांतरण की उस प्रक्रिया से पूरा सरोकार बनाए हुए है। दृश्य के अंत में व्यक्तित्वांतरण की यह प्रक्रिया पूरी हो जाती है। इस प्रक्रिया की आग से लोई के हृदय में साहूकार के छैल-छबीले बेटे के प्रति आसक्ति की झाड़ियाँ जल उठती हैं और वहाँ उसके हृदय में कबीर के प्रति एक दायित्व की भावना से ओत-प्रोत प्रेम का उदय होता है। लोई एक निर्णय लेती है कि वह अब कबीर की अर्द्धांगिनी होकर रहेगी, कहीं नहीं जाएगी। इसी बिंदु पर शरत् की कृति 'स्वामी' की याद ताज़ा हो आती है। लेकिन यह याद

सांयोगिक है। इसका आशय यह नहीं कि भीष्म पर शरत् का यह प्रभाव है।

इस प्रकार हम देखते हैं कि भीष्म साहनी का यह नाटक समाज के फलक पर और व्यक्ति के मन में चल रहे द्वंद्वों और अंतर्विरोधों की कलात्मक और अर्थपूर्ण अभिव्यक्ति का एक सशक्त और बेहद प्रासंगिक दस्तावेज़ है। इसमें कोई शक नहीं कि रचनाकार की कोमल संवेदनाएँ कबीर के 'मृदूनि च कुसुमादपि' वाले पक्ष को ही उभार पाई हैं, उसके व्यक्तित्व के 'वज्रादपि कठोराणि' वाले पक्ष को वे नहीं सँभाल सकीं लेकिन रचनाकार की प्रकृति को देखते हुए, ऐसी उम्मीद करना शायद उचित भी नहीं है।

समकालीन हिंदी आलोचना का मध्यम पुरुष

(डॉ. देवीशंकर अवस्थी का आलोचन-कर्म)

प्रगतिशील आलोचक, लेखक और पाठक समुदाय डॉ. देवीशंकर अवस्थी को 'प्रगतिशील आलोचक' कहने में संकोच का अनुभव करते हैं, दक्षिण-पंथी साहित्यिक भी उन्हें अपना पक्षधर नहीं मानते, लेकिन यह भी सच है कि सभी तरह के अदीब उन्हें सम्मान की दृष्टि से देखते हैं। डॉ. देवीशंकर अवस्थी साहित्यिक दलों के दलदल की उपज थे लेकिन वे कीचड़ से ऊपर उठे हुए कमल थे। धर्मवीर भारती के काव्य-ग्रंथ 'सात गीत वर्ष' की समीक्षा करते हुए वे अपने बारे में कहते हैं–'सौभाग्य से प्रस्तुत समीक्षक विविध दलीय दलदलों से अलग ही रहा है, अतः उसे विश्वास है कि जो कुछ वह कह रहा है, अपने विवेक की कसौटी पर कस कर ही कह रहा है।' विवेक और संविवेक, ज्ञान और संवेदना, विचार और भाव, बौद्धिकता और भावुकता, परंपरा और प्रयोग, प्राचीनता और आधुनिकता, वाम और दक्षिण–इस प्रकार नाना प्रकार के विरुद्धों के बीच समन्वय करने के निश्छल प्रयासों में रत रहने वाले डॉ. देवीशंकर अवस्थी अपने समय की हिंदी आलोचना के मध्यम-पुरुष थे।

एशिया में एक श्रेष्ठतम महापुरुष हुए हैं जिन्हें गौतम बुद्ध के नाम से दुनिया जानती है। बिना किसी तरह की हिंसा का रास्ता अपनाए उन्होंने लगभग अस्सी वर्ष का जीवन जिया और यह प्रमाणित कर दिखाया कि बिना किसी की हत्या किए भी आप एक लंबा सार्थक जीवन जी सकते हैं। भगवान राम ने रावणादि की हत्या की, भगवान कृष्ण ने कंसादि की, लेकिन भगवान बुद्ध ने किसी की हत्या नहीं की। उन्हें ऐसा करने की ज़रूरत ही नहीं पड़ी। उनके श्रेष्ठतम जीवन का निष्कर्ष था–मध्यम मार्ग। किसी भी तरह के अतिवाद से परे रहकर उन्होंने एक स्वस्थ, सुरुचिपूर्ण और जागरूक दृष्टि अपनाई। मेरा आशय यहाँ भगवान बुद्ध के साथ डॉ. देवीशंकर अवस्थी की तुलना या मिलान करना हर्गिज़ नहीं है। मेरा अभीष्ट केवल यह इंगित करना है कि डॉ. देवीशंकर अवस्थी ने अपनी समकालीन हिंदी आलोचना के द्वंद्वों, अंतर्विरोधों और विरुद्धों को सहानुभूति, संविवेक और विवेक के साथ जाना और परखा था तथा अपनी जान-पहचान और परख के पश्चात् उन्होंने तत्कालीन

हिंदी आलोचना में एक सहृदयतापूर्ण उदारवादी मध्यम मार्ग का विकल्प प्रस्तुत किया। उनका यह विकल्प आज भी हिंदी आलोचना में सर्वाधिक विश्वसनीय और प्रामाणिक माना जा रहा है। इसीलिए वे आज भी चर्चा का विषय बने हुए हैं।

डॉ. देवीशंकर अवस्थी अपने समय के उन प्रबुद्ध, जागरूक, सहृदय और सजग आलोचकों में अग्रगण्य थे जिन्होंने नए साहित्य को सबसे पहले आगे बढ़ कर स्वीकारा। इस स्वीकरण को वे स्वयं नई आलोचना का प्रमुख लक्षण मानते थे। 'रचना और आलोचना : अंतराल के प्रश्न पर पुनर्विचार' शीर्षक अपने लेख में वे कहते हैं—'लेखक और पाठक के मध्य के इस द्वंद्व की स्थिति में ही आलोचना का दायित्व अत्यंत प्रखर रूप से सामने आया। यह दायित्व था नए साहित्य की पहचान का। नए साहित्य के प्रति जब तमाम बड़े लेखक, आलोचक, संस्कृति के ठेकेदार और सामान्य पाठक संदेहालु, ही नहीं, प्रतिकूल दिखाई दिए, तब इस साहित्य की प्रतिश्रुति में एक प्रबुद्ध आलोचनात्मक चेतना इसे स्वीकारती है, उसे पहचान देती है'। इसी संदर्भ में थोड़ा आगे चलकर वे अपना निष्कर्ष-कथन प्रस्तुत करते हुए कहते हैं—'और इस स्वीकरण से ही नई आलोचना जन्म लेती है।'

डॉ. देवीशंकर अवस्थी का यह भी कहना था कि समसामयिक साहित्य की आलोचना को पूरे ऐतिहासिक परिदृश्य में मूल्यांकित करने का प्रश्न प्रधान नहीं, प्रधान बात यह है कि नए साहित्य की तात्कालिक पहचान की जाए। ऐतिहासिक परिदृश्य में साहित्य के मूल्यांकन को उन्होंने नकारा नहीं था। न ही परंपरा के पुनर्मूल्यांकन के प्रति कोई उदासीनता बरती थी, तथापि नए साहित्य की तात्कालिक, पहचान (यानी, तत्काल-पहचान) और उसके अविलंब स्वीकरण को अपने आलोचन कर्म का एक अहम नुक्ता बनाया था। फिर वह नया साहित्य चाहे वाम-क्षेत्र में लिखा जा रहा था अथवा दक्षिण-क्षेत्र में। उस समय यह एक तरह से ऐतिहासिक अनिवार्यता थी क्योंकि दोनों खेमों के ययाति नई पीढ़ियों से उनका यौवन, उनकी ऊर्जा छीन लेना चाहते थे। यह एक तरह की ऐसी अनिवार्यता थी जो समकालीनता का आग्रह (दुराग्रह नहीं, सत्याग्रह नहीं, पूर्वाग्रह भी नहीं) और तकाज़ा लेकर उपस्थित हुई थी। यह वह युग था जब छायावाद तक के साहित्य का ही जायज़ा लिया जाता था। डॉ. देवीशंकर अवस्थी के ही शब्दों में 'हजारी प्रसाद द्विवेदी, नगेंद्र, नंद दुलारे वाजपेयी और रामविलास शर्मा जैसे नितांत भिन्न आलोचक नए साहित्य की चर्चा करते समय अपनी प्रशंसा अधिक-से-अधिक गिरिजाकुमार माथुर को दे पाते हैं जो कि नए साहित्य के सबसे पुराने भावबोध वाले कवि थे।' (रचना आलोचना : अंतराल के प्रश्न पर पुनर्विचार)।

नए साहित्य के प्रति आग्रहशील होने के साथ-साथ वे साहित्य में परंपरा की अविच्छिन्नता के प्रति भी कम आग्रहशील नहीं थे। मध्यम मार्गी होने के नाते वे किसी भी मंतव्य को अतिवाद की सीमा पर नहीं जाने देते थे। यही उनकी

द्वंद्वात्मकता और मध्यस्थता का लक्षण था। उदाहरण के लिए उनका अभिमत था कि नई आलोचना समसामयिक साहित्य के प्रति अपने दायित्व को पूरा कर रही है, पर उसका एक दूसरा दायित्व भी है कि तमाम नए साहित्य के अनुकूल पुराने साहित्य की भी पुनर्व्यवस्था दे, उसका पुनर्मूल्यांकन करे। और पुनर्मूल्यांकन संबंधी दायित्व एकदम उपेक्षित रहा है। ऐसी धारणा उसी व्यक्ति द्वारा व्यक्त की जा सकती है जो उभयपक्षी हो, द्वंद्वात्मक हो और मध्यस्थता करने की योग्यता रखता हो; जिसकी मंशा निश्छल हो तथा जो अपने विवेक और संविवेक का भरसक उपयोग करने में सक्षम हो।

समकालीनता संबंधी उनकी अवधारणा यह थी कि वे समकालीन साहित्य को प्राचीन काल से चले आ रहे साहित्य की अविच्छिन्न परंपरा के एक अंग के रूप में देखते थे लेकिन वे अतीत के साक्षात्कार को समकालीन साहित्य के अंतर्गत तभी शामिल करते थे जब वह साक्षात्कार समकालीनता के साँचे में ढल कर प्रस्तुत हो। 'समकालीनता का संदर्भ और आंतरिक अध्ययन विधि' शीर्षक अपने लेख में वे कहते हैं—"उर्वशी की अपेक्षा 'साकेत' इसीलिए मुझे महान् रचना लगती है कि 'उर्वशी'-कार उस कारण को जीवन की प्रसंगानुकूलता नहीं दे सका; जबकि 'साकेत'-कार ने काव्य को संयुक्त परिवार के जिस-जिस घटन-विघटन के आधार पर अर्थवान बनाया है, वह उसे 'मानस'-कार से एकदम भिन्न भूमि पर खड़ा करता है। यानी इस लेख की शब्दावली में 'उर्वशी' की अनुभूति अपेक्षाकृत अप्रामाणिक है। समकालीनता की इस पड़ताल में इस प्रकार अनुभव की प्रामाणिकता ही नहीं अनुभव की अद्वितीयता भी एक अंश तक निहित है।"

अनुभव की प्रामाणिकता और अद्वितीयता का वे चलताऊ मुहावरे की तरह प्रयोग नहीं करते। इस प्रयोग के पीछे अवस्थीजी साहित्यकार की साधनावस्था के प्रति अपना गहरा सरोकार व्यंजित कर जाते हैं। यहाँ आचार्य रामचंद्र शुक्ल की याद आ जाना और साहित्य की सिद्धावस्था और साधनावस्थावाला वाले उनके प्रकरण का मस्तिष्क में कौंध उठना स्वाभाविक है क्योंकि इस संदर्भ में डॉ. देवीशंकर अवस्थी ने जो उदाहरण दिया वह उनके उपर्युक्त गहरे सरोकार की पुष्टि तो करता ही है उसे खुलासा भी कर देता है।

'मान लीजिए कि एक व्यक्ति पहाड़ की तलहटी में खड़ा होकर ही यह कहता है कि पहाड़ के उस ओर भी ऐसी ही तलहटी है और एक व्यक्ति तमाम ऊँचाई को चढ़कर, भाग कर उस ओर की तलहटी को देखता है। क्या दोनों का अनुभव एक ही होगा—निष्कर्ष भले ही एक हो। ...मेरे लिए यह 'च्यूइंग गम' (Chewing gum) नहीं है, प्रखर बौद्धिकता एवं गहरी संवेदनशीलता, यात्रा और खोज द्वारा आयत्त करने की साधना है, और इसका कोई शार्टकट नहीं है।' ('आधुनिकता और भारतीयता' शीर्षक लेख)

आधुनिकता के जंगल से गुज़रकर ही हम भारतीयता की यात्रा कर सकते हैं। उनके अनुसार आधुनिकता से बचाव का कोई रास्ता नहीं है। वे स्टेफन स्पेंडर वाले आधुनिकतावादी अर्थ में समकालीनता और आधुनिकता को विभाजित नहीं करते। आधुनिकता और आधुनिकतावाद में यूँ भी अंतर करना ज़रूरी है उसी तरह जैसे प्राचीनता और प्राचीनतावाद में, कला और कलावाद में विचार और विचारवाद में, भाव और भाववाद में, बुद्धि और बुद्धिवाद में तथा रीति और रीतिवाद में।

कलाओं की काल-सापेक्ष अभिलक्षणाओं की चर्चा करते हुए वे कहते हैं कि मध्ययुग की कलाओं का स्वर धार्मिक था। उसी प्रकार आधुनिक कलाओं का मूल स्वर 'विडंबना' (आयरनी) हो गया है। किंतु 'किसी वस्तु का विडंबित प्रयोग उसका मज़ाक उड़ाना नहीं होता, वह ऐसी कलात्मक दृष्टि भी देता है जो तमाम मानदंडों को नियंत्रित या संक्रमित करती है—वह 'अतिमा दृष्टि' भी होती है।' ('आधुनिकता और भारतीयता') ज़ाहिर है कि अतिमा दृष्टि को पहचान लेनेवाला दृष्टिकोण आधुनिकतावादी नहीं होता, अलबत्ता आधुनिक वह हो सकता है।

डॉ. अवस्थी 'भारतीयता' को प्राचीनता का पर्याय नहीं मानते। वे उसे एक अविच्छिन्न परंपरा के संदर्भ में ही स्वीकार करते हैं। साहित्य के क्षेत्र में 'परंपरा' के प्रभावशाली प्रयोग के लिए वे भाषा के माध्यम को तरज़ीह देते हैं। कुँवर नारायण की एक कविता 'नीली सतह पर' का उदाहरण देते हुए कहते हैं कि 'नई कविता के सबसे अधिक विदेशी लगनेवाले कवि कुँवर नारायण की भाषा में निषेधात्मक शब्दों और ऐसे प्रयोगों का बाहुल्य है, जो भारतीय चिंतन परंपरा के परिचायक हैं।'

इसी तरह साहित्य में 'ईमानदारी' का प्रयोग वे मूल्य-निर्णय के लिए करते हैं जिससे यह मालूम किया जा सके कि रचनाकार कविता के विविध तत्त्वों को संघटित करने में कितना सफल हुआ है।

'भावुकता' के बारे में उनका दृष्टिकोण यह है कि नए साहित्य में पुराने ढंग की भावुकता का चित्रण नहीं होना चाहिए। तथापि हर सामाजिक सहानुभूति, करुणा और संवेदना को व्यंजित करनेवाली भावमयता या भावुकता का वे बहिष्कार नहीं करते। त्रिलोचन के सानेटों के संग्रह 'दिगंत' की समीक्षा करते हुए कहते हैं—आज का कवि पुरानी भावुकता से दूर हटता है, पर प्यार और सहानुभूति जैसी भावनाएँ उसके हृदय की वैसी ही अमूल्य निधियाँ हैं, वह उनका प्रदर्शन नहीं करता तथा तटस्थ भाव से देख भी सकता है। यह तटस्थता तथा निर्लेपता रचनाकार की दृष्टि से अत्यधिक महत्त्वपूर्ण है और नए काव्य के सबसे सशक्त स्वरों में से एक है। तथापि विष्णु प्रभाकर की 'विवादास्पद' कहानी 'धरती अब भी घूम रही है' संबंधी विवाद में वे विष्णु प्रभाकर के प्रति सहानुभूति का परिचय देते हैं और उस कहानी को गलदश्रु भावुकता की कहानी माननेवाले समीक्षकों से असहमत होते दिखाई देते हैं।

'समकालीनता का संदर्भ और आंतरिक विधि' शीर्षक अपने लेख में वे दो प्रकार के लेखकों का उल्लेख करते हैं :

—समसामयिक चतुर कलाकार और प्रतिभाशाली कलाकार। इतिहास साक्षी है कि समसामयिक नए साहित्य में ऐसे कई लेखकों ने अपने इर्द-गिर्द चकाचौंध का प्रभामंडल बुना या बुनवा लिया, तथापि यह उजागर हो ही गया कि वे जितने चतुर हैं उतने प्रतिभाशाली नहीं। यही बात कुछ समीक्षकों पर भी लागू होती है। देवीशंकर अवस्थी 'चतुर' और 'प्रतिभाशाली' दोनों तरह के लेखकों के अंतर को बख़ूबी पहचानते थे।

देवीशंकर अवस्थी अपने ढंग के एक मौलिक साहित्यचिंतक थे। मौलिकता उन्होंने व्यावहारिक समीक्षाओं द्वारा अर्जित की थी। अपने तत्कालीन अन्य समीक्षकों की भांति वे केवल सैद्धांतिक आलोचन की परिधि में नज़रबंद रहनेवाले आलोचक नहीं थे। किसी भी महत्वपूर्ण रचना की व्यावहारिक पड़ताल करने और पुस्तक-समीक्षाएँ लिखने में वे किसी तरह की हत्तक महसूस नहीं करते थे। भारतभूषण अग्रवाल के कविता-संग्रह 'ओ प्रस्तुत मन', धर्मवीर भारती के कविता-संग्रह 'सात गीत वर्ष', नरेश मेहता के कविता-संग्रह 'वन पाखी सुनो', श्रीकांत वर्मा के कविता-संग्रह 'भटका मेघ', भगवतीचरण वर्मा के उपन्यास 'भूले बिसरे चित्र', अमृतलाल नागर के उपन्यास 'बूँद और समुद्र', भैरवप्रसाद गुप्त के उपन्यास 'सत्ती मैया का चौरा' हजारी प्रसाद द्विवेदी के उपन्यास 'चारू चंद्र लेख' आदि पर लिखी गई अपनी पुस्तक-समीक्षाओं द्वारा उन्होंने व्यावहारिक समीक्षा के क्षेत्र में कीर्तिमान स्थापित किए और पुस्तक-समीक्षा जैसी उपेक्षित विधा को गरिमा प्रदान की। अपने समय की कुछ महत्त्वपूर्ण कृतियों पर सहज और मौलिक ढंग से विचार-विमर्श करके जहाँ एक ओर उन्होंने नए साहित्य के प्रति अपने सजग सरोकार व गहरी संपृक्ति का परिचय दिया वहीं दूसरी ओर उन्होंने हिंदी की व्यावहारिक समीक्षा को एक गुणात्मक मंज़िल तक पहुँचाया।

देवीशंकर अवस्थी की उपर्युक्त व्यावहारिक समीक्षाएँ रचना और आलोचना के बीच उसी गहरी संपृक्ति का प्रमाण और परिणाम थीं जिसका कि वे अपने लेखों में बारंबार ज़िक्र करते हैं। कुछ आलोचक अपने लेखों में रचना और रचनाकार के प्रति निर्मम रहने की दुहाई देते हैं, जो एक तरह का अतिवाद ही है। इस निर्ममता का ही तकाज़ा था कि नामवर सिंह जैसे आलोचक निर्ममता के प्रतिमान पर अश्वारोही की तरह कुलांचें भरते हुए विष्णु प्रभाकर की कहानी 'धरती अब भी घूम रही है' की लगभग खिल्ली उड़ाते हैं जबकि देवीशंकर अवस्थी रचनाकार के साथ ऐसा दुर्व्यवहार नहीं करते। इस संदर्भ में देवीशंकर अवस्थी कहते हैं—"कहानियों की बात करते समय नामवर सिंह के मन में 'उपन्यास' रहता है। लोगों ने उन पर कविता के नज़रिए से कहानी पढ़ने का आरोप लगाया है, पर इन टिप्पणियों से मुझे

लगता है कि वह उपन्यास की दृष्टि से कहानी पढ़ते हैं। इसी कारण 'एक' की कहानी का खंडन, जीवन सत्य की उपलब्धि या विराट ताजमहल की समग्रभावना की इतने महत्त्वपूर्ण ढंग से चर्चा करते हैं तथा अनुभूति के चित्रण से तनिक घबराते से दिखते हैं।" (कहानी अच्छी और नई' शीर्षक लेख से)

यहाँ देखना यह है कि नामवर सिंह 'मार्क्सवादी आलोचक' होकर भी बुद्धिवाद के शिकार हो जाते हैं, परम बौद्धिक होकर लगभग संवेदन-शून्य होने लगते हैं (यानी बुद्धि और संवेदना के द्वंद्वात्मक निर्वाह का अनुशासन त्याग देते हैं)। यह एक अतिवाद से हट कर दूसरे अतिवाद की ओर बहने जैसा है जिसे लेनिन ने Floating between two extremes कह कर विवेचित किया था। यानी ऐसे बुद्धिजीवी तैरते नहीं, मात्र बहते हैं। (They never swim, they float and float) अथवा यूँ कह सकते हैं कि वे चेतनाशून्य पदार्थ की भाँति तिरते रहते हैं। नामवर सिंह की दूसरे अतिवाद की ओर तिरने जैसी प्रवृत्ति का उदाहरण निर्मल वर्मा की कहानी 'परिंदे' के बारे में की गई उनकी टिप्पणी है जिसमें कहानी में उभरे प्रश्न 'क्या करें' की तुलना वे लेनिन के प्रश्न 'हम क्या करें' (What is to be done) से करने लगते हैं।

दूसरी ओर, मार्क्सवादी न होते हुए भी, देवीशंकर अवस्थी अपनी समीक्षाओं में अतिवादी रुझानों का परिचय नहीं देते और बराबर द्वंद्वात्मकता का निर्वाह किए रहते हैं—भाव और विचार, ज्ञान और संवेदना, प्राचीनता और आधुनिकता, तटस्थता और सहानुभूति आदि विरुद्धों की द्वंद्वात्मकता का संजीदगी के साथ निर्वाह करने का निश्छल और सजग प्रयास उनके आलोचन-कर्म में प्रायः विद्यमान रहता है। यह गुण एक आलोचक को यथार्थवादी कहने के लिए मुझे विवश करता है। देवीशंकर अवस्थी अपनी समीक्षाओं में न तो बुद्धिवाद से ग्रस्त दिखाई देते हैं न भाववाद से, न ज्ञानवाद से न संवेदनावाद से, वे बुद्धि और भाव अथवा ज्ञान और संवेदना का द्वंद्वात्मक निर्वाह करते से जान पड़ते हैं। कृति और आलोचना के बीच गहरी संपृक्ति, लगाव और सरोकार का ही यह गुणनफल है। उनकी समीक्षाओं में ये गुण व्यावहारिक समीक्षा करते रहने के निश्छल और सजग सर्जनात्मक कर्म के कारण विकसित हुए।

जब देवीशंकर अवस्थी अपने उपर्युक्त सर्जनात्मक कर्म में तल्लीन होकर कार्यरत थे तभी काल ने उन्हें कवलित कर दिया। असमय में उनका परिदृश्य से अकस्मात् अनुपस्थित हो जाना हिंदी आलोचना के लिए अत्यंत दुर्भाग्यपूर्ण रहा। उसी समय पश्चिम में उत्तर-आधुनिकतावाद का श्रीगणेश होने लगा था लेकिन भारत में उसकी पदचाप अभी सुनाई नहीं पड़ी थी। यह वह समय था जब हमारे बहुत से प्रगतिशील और गैर-प्रगतिशील आलोचक/समीक्षक आधुनिकतावादी रुझानों से अभिभूत होने लगे थे। नामवर सिंह की 'कविता के नए प्रतिमान' ऐसे ही

आधुनिकतावादी रुझानों से अभिभूत प्रगतिशील एवं गैर-प्रगतिशील आलोचकों/समीक्षकों के 'सहयोगी लेखन' का परिणाम थी। लेकिन उनके पूर्व देवीशंकर अवस्थी अपने मौलिक सहज और सर्जनात्मक साहित्यालोचन द्वारा कुछ ऐसे निष्कर्षों की ओर अग्रसर हो रहे थे जो मुझे उत्तर-आधुनिकतावादी निष्कर्षों से तुलना करने के लिए अभिप्रेरित करते हैं। उदाहरण के लिए उन्होंने 'रचना और आलोचना' शीर्षक लेख में यह मान्यता प्रस्तुत की :

> "इस बात से इंकार नहीं किया जा सकता है कि रचनाकाल में कोई कृति कर्ता का अनुभव ही है, पर रच जाने के बाद उसका एक स्वतंत्र अस्तित्व हो जाता है और उस समय स्वयं रचनाकार एक विशिष्ट पाठक मात्र बन जाता है··· उस रचित कृति को छोड़कर हमारे पास ऐसा कोई साधन नहीं होता जिसके आधार पर उस सचेत अनुभव या अभिप्राय को हम प्रामाणिक रूप से जान सकें। ···वास्तव में कृति लेखक द्वारा पाठकों को दिया गया कोई संदेश विशेष न होकर एक स्वतंत्र सत्ता है।"

उपर्युक्त कथन को उद्धृत करने का यह आशय नहीं है कि वे उत्तर-आधुनिकतावादी चिंतन की ओर अग्रसर थे; यह भी नहीं कि उत्तर-आधुनिकतावादी चिंतन में कमियाँ नहीं हैं। आशय केवल इतना है कि देवीशंकर अवस्थी अपने साहित्य चिंतन में उत्तर-आधुनिकतावादी चिंतकों के समानांतर (उनके अनुयायी नहीं) निजी, मौलिक और सहज सर्जनात्मक ढंग से कुछ ऐसे निष्कर्षों की ओर आगे बढ़ रहे थे जो विवादास्पद होते हुए भी हिंदी आलोचना के लिए अर्थवान और प्रासंगिक होते तथा हिंदी साहित्यालोचन की समकालीन स्थिति को देखते हुए गुणात्मक रूप से मौलिक, मूल्यवान, तर्क-संगत, द्वंद्वात्मक और रचना-सापेक्ष होते। यदि आज वे हमारे बीच होते तो मार्क्सवादी, आधुनिकतावादी, उत्तर-आधुनिकतावादी चिंतन सृजन और साहित्यालोचन की उपलब्धियों और कमियों का निश्चल सजग, सहज तथा तटस्थ रंग से नीर-क्षीर विवेचन करते और हिंदी साहित्यालोचन का एक स्वस्थ, जागरूक मध्यम मार्ग तलाश रहे होते। वे एक सहज ढंग के अद्वितीय, सर्जनात्मक और मौलिक साहित्य चिंतक थे जो अपने समय के लगभग सभी 'पूर्वाग्रहों', 'दुराग्रहों' और 'सत्याग्रहों' से मुक्त थे। उनका साहित्यालोचन परिमाण में भले ही कम हो, गुण की दृष्टि से वह पठनीय, ज्ञानवर्धक और रचनात्मक है तथा नए साहित्य के प्रति गहरे लगाव, सरोकार और संपृक्ति को व्यंजित करता है।

गीत का भविष्य

गीत के भविष्य की चर्चा करने से पहले गीत के भूत और वर्तमान की चर्चा करना ज़रूरी लग रहा है।

गीत का संबंध सामान्यतः राग से जोड़ा जाता है। लेकिन यह तो अर्द्धसत्य है। अर्द्धसत्य यह भी है कि गीत का संबंध विराग से भी है।

राग को हमारे यहाँ पंच कंचुकि में शुमार किया गया है। ये पाँच हैं—राग, विधा, काल, कला और नियति ! आणव या पाशव स्थिति से मुक्त होने के लिए इनसे मुक्त होना अपेक्षित है, ऐसा भी कहा गया है।

लेकिन गीत सच्चे वैरागियों का भी प्रतिपाद्य रहा है। इसीलिए हमारे भक्त कवियों ने राग भरे महान् गीतों की रचना की तो संत कवियों ने विराग भरे महान् गीतों की रचना की। सूर और कबीर ने राग और विराग भरे गीतिकाव्य की रचना की। 'बूझत स्याम कौन तू गोरी' राग भरी गीति-रचना है तो 'जा दिन मन पंछी उरि जै हैं' विराग भरी गीति-रचना है। अतः रागियों, अनुरागियों और वैरागियों सभी के लिए गीत काव्य प्रासंगिक है। मीरा के गीतों में और महादेवी वर्मा के गीतों में भी राग-विराग भरे स्वर ध्वनित-प्रतिध्वनित होते हैं। हिंदी का छायावादी काव्य भक्तों और संतों के काव्य की ही तरह राग-विराग भरे गीतों का कीमती ज़खीरा है। निराला हिंदी के आधुनिक महान् गीतकार हैं। उनके गीति-काव्य में भी राग-विराग भरे स्वर हैं। शायद इसीलिए डॉ. रामविलास शर्मा ने निराला की श्रेष्ठ कविताओं और गीतों के संकलन का जब संपादन किया तो उसका नाम 'राग-विराग' ही रखना उचित समझा। स्वयं महाकवि निराला ने संभवतः 'मतवाला' के मुखपृष्ठ के लिए ये पंक्तियाँ लिखते समय प्रकारांतर से अपने गीतों की ओर ही संकेत किया होगा :

'अमिय गरल शशि सीकर रविकर
राग-विराग भरा प्याला।
पीते हैं जो साधक उनका
प्यारा है यह 'मतवाला'।

उर्दू के महान् कवि ग़ालिब (जो स्वयं को हिंदवी का शायर कहते थे) ने भी

राग और विराग भरा गीति-काव्य रचा है। यहाँ प्रसंगवश कह दूँ कि ग़ज़ल को भी मैं एक तरह का गीत मानकर ही चल रहा हूँ। ग़ालिब की ग़ज़लों में एक शेर राग-भरा होता है दूसरा विराग-भरा। उदाहरण के लिए एक ही ग़ज़ल का एक शेर :

'वह चीज़ जिसके लिए हमको हो बहिश्त अज़ीज
सिवाय वादः ए गुलफाम-ए मुश्कबू क्या है !'

यह शेर राग भरा है। अब इसी ग़ज़ल का दूसरा शेर देखिए :

'जला है जिस्म जहाँ दिल भी जल गया होगा
कुरेदते हो जो अब राख, जुस्तजू क्या है।''

इस शेर में विराग ही विराग है। यही नहीं ग़ालिब के एक ही शेर में कहीं-कहीं राग और विराग दोनों का द्वंद्व व्यंजित होता है :

'ईमां मुझे रोके है तो खींचे है मुझे कुफ्र
काबा मेरे पीछे है कलीसा मेरे आगे'

निष्कर्ष यह कि गीति-काव्य का प्रतिपाद्य राग और विराग दोनों हैं।

गीत संस्कृत-शब्द है। गै+वत—यानि भूतकालिक कर्मणि कृदंत है यह ! इसका अर्थ हुआ—गाया हुआ ! अलापा हुआ। जिसे गाया जा सके अयनम पर (वीणा पर) वही गीत है। यूरोप में Lyric शब्द यूनानी Lyre लाइअर अथवा Lyra लाइअरा से बना है। लाइअर अथवा लाइअरा का भी अर्थ वीणा है। जो वीणा पर गाया जा सकता है, वह गीत है।

गीतों की शुरुआत हमारे यहाँ वैदिक ऋचाओं से हुई होगी। मिस्त्र के पिरामिड पाठ (Text) वहाँ के पहले शोकगीत (Elegy) रहे होंगे। भारत में चारों वेदों में गीत काव्य का श्रेष्ठ रूप मिलता है। सामवेद और गीत का संबंध सर्वविदित है। गीत के पाठ का प्राचीनतम रूप भी हमारे यहाँ वेद-पाठ ही रहा होगा। ऋचाएँ अलापी जा सकती हैं, अतः वे गीतिकाएँ ही हैं। गीतिका का अर्थ है छोटा गीत। कालांतर में एक गीतिमय छंद भी गीतिका ही कहलाया। लगभग सभी प्रकार के छंद गाए जा सकते हैं। अतः वे गीत के ही विविध आकार-प्रकार हैं। कवित्त, सवैया आदि छंद भी गीतिकाएँ हैं। इसी प्रकार सानेट और ग़ज़ल भी गीत के ही प्रकार माने जाने चाहिए। रुबाई, चतुष्पदी, मुक्तक, कतअः आदि को गीतिकाएँ माना जाना चाहिए !

संस्कृत के महाकवि जयदेव संस्कृत के अंतिम महान् कवि है। वे भारतीय साहित्य के महानतम गीतकारों में से हैं। जयदेव बंगला, उड़िया और मिथिला के भी बड़े गीतकार माने जाते रहे हैं। डॉ. सुनीति कुमार चटर्जी की मान्यता है कि जयदेव का 'गीत गोविंद' संस्कृत का श्रेष्ठ गीतिकाव्य है।

यूरोप में भी श्रेष्ठ गीतिकाव्य की रचना हुई है। फ्रेंच भाषा में महाकवि वादलेअॅ, मलार्मे, वर्लेन, रिंबो, रिल्के आदि ने महान् गीतों की रचना की है।

अंग्रेजी में शेक्सपियर के सानेट्स गीत काव्य ही कहलाएँगे। महान् कवि कीट्स, शैले, बायरन, कालरेज, वर्डस्वर्थ, टेनीसन, जान क्लेअर, बर्न्स, थामस मूर, थामस ग्रे आदि ने अलग-अलग ढंग के श्रेष्ठ गीत रचे हैं। थामसग्रे का एक शोक गीत तो विश्वभर में प्रसिद्ध है; जो सर्वश्रेष्ठ शोकगीत समझा जाता है।

स्पेनिश के महान् गीतकारों में कैंपाना, डी. अनुनजिओ, उन गैरेट्टी, मांटेल और क्वासीमोदो के नाम उल्लेखनीय रहेंगे।

आधुनिक भारत में बंगाल के महान् कवि रवींद्रनाथ ठाकुर के गीतों से कौन अपरिचित है ? तमिल के सुब्रह्मण्यम भारती ने राष्ट्रभक्ति के गीतों की सृष्टि की है जो आज भी बड़े चाव के साथ गाए जाते हैं। इसी परंपरा में मैथिलीशरण गुप्त, जयशंकर प्रसाद, निराला और दिनकर के राष्ट्रगीत आज भी हिंदी भाषी जनता के कंठहार बने हुए हैं। दत्तात्रेय कोंडो घाटे (दत्त कवि) तथा मोरपंत मराठी के प्रसिद्ध गीतकार माने जाते हैं।

हिंदी साहित्य का आदि, मध्य और आधुनिक काल गीतकारों से संपन्न है। विद्यापति हिंदी के अतिरिक्त बंगला के भी गीतकार माने जाते हैं। मैथिली का यह महान् गायक एक तरह से हिंदी का जयदेव है।

'सर विनु सरसिज, सरसिज विनु सर
की सरसजि विनु सूरे
यौवन विनु तन, तन विनु यौवन
की यौवन पिय दूरे।'

सूर, कबीर, मीरा, घनानंद, रसखान, शेख, आलम हिंदी के श्रेष्ठ गीतकार हैं। तुलसीदास ने भी मनमोहक और सुंदर गीत लिखे हैं। निराला का गीतकाव्य गोस्वामी तुलसीदास के इस गीत को सुनकर ही प्रस्फुटित हुआ था :

'राम चंद्र कृपालु भजमन हरण भवभय दारुणम'

कहते हैं कि यह गीत निरालाजी ने अपनी पत्नी (श्रीमती मनोहरा देवी) से हारमोनियम पर सुना था।

भक्तों और संतों के हिंदी गीतिकाव्य की ही तरह छायावादी युग का हिंदी गीतिकाव्य उच्च कोटि का है। जयशंकर प्रसाद, सुमित्रानंदन पंत, निराला, महादेवी, दिनकर, बच्चन, नरेंद्र शर्मा, त्रिलोचन, शील, नागार्जुन, धर्मवीर भारती, अज्ञेय, गिरिजा कुमार माथुर, ठाकुर प्रसाद सिंह, जानकी वल्लभ शास्त्री, शंभुनाथ सिंह, नेपाली, नीरज, शैलेंद्र, दुष्यंत, भरत व्यास, बलबीर सिंह 'रंग' आदि ने अपने-अपने

ढंग से गीतिकाव्य की श्रीवृद्धि की है। निराला और त्रिलोचन समकालीन गीतिकाव्य के पुरोधा हैं। निराला आधुनिक गीतिकाव्य के सर्वोत्तम प्रतिमान हैं।

हिंदी की उपभाषाओं में भी श्रेष्ठ गीतकारों की परंपरा है। अवधी भाषा में विरहा गानेवाले कई महत्त्वपूर्ण गीतकार हुए हैं। राहुल सांकृत्यायन ने भोजपुरी के उत्कृष्ट गीतकार लोकनायक बिसराम तथा बुंदेलखंडी के कविवर ईसुरी के गीतिकाव्य का विशेषोल्लेख किया है। हरियाणा में भी एक श्रेष्ठ गीतकार लख्मीचंद हुआ है जो हरियाणवी जनता में अत्यंत लोकप्रिय है। उसकी रागनियाँ आज भी वहाँ के सहृदयों का कंठहार बनी हुई हैं।

उर्दू में वली दक्खनी, सौदा, नासिक आतिश, मीर, ज़ौक, ग़ालिब, ज़फर, दाग़, इकबाल, फैज़ अहमद फैज़, फ़िराक़, जिगर, मजाज़, नरेश कुमार शाद, अहमद फराज़ और परवीन शाकिर जैसे ग़ज़लकारों की एक कतार है जिसने उर्दू में उच्चकोटि का गीतिकाव्य रचा है।

यह हुआ गीतिकाव्य का भूतकाल, जो विश्व-साहित्य और विश्व-संस्कृति की मूल्यवान धरोहर है।

अब हिंदी के समकालीन गीतिकाव्य की ओर, यानी हिंदी गीतिकाव्य के वर्तमान की चर्चा करें।

हिंदी गीतिकाव्य का वर्तमान उतना समृद्ध नहीं है जितना उसका अतीत। कहना ही होगा कि यह सचमुच उतना आशामय, उतना संभावनापूर्ण नहीं है जैसा कि अतीत का गीतिकाव्य। हिंदी गीतिकाव्य का अतीत तो उसके स्वर्णयुगों की एक शृंखला था लेकिन उसका वर्तमान तो गीतिकाव्य का रजत युग भी नहीं कहा जा सकता। ले-देकर कुछ गिने-चुने नाम हैं जो अत्यंत संकोच के साथ ही लिए जा सकते हैं—पत्र-पत्रिकाओं के गीतकारों में रमेश रंजक, नचिकेता, शांति सुमन, शेरजंग गर्ग, कुलदीप सलिल, सुलतान अहमद, रामकुमार कृषक, माधव मधुकर, लक्ष्मीशंकर वाजपेयी, कांतिमोहन, चंचल चौहान आदि। और यदि अन्यथा न लें तो इस सूची में अपना नाम भी इधर अथवा उधर रख लूँ।

मंच के कवियों में नीरज, नेपाली, रमानाथ अवस्थी, मधुर शास्त्री, बालकवि वैरागी, कुँवर बेचैन, धनंजय सिंह आदि के नाम लिए जा सकते हैं।

कुल मिलाकर यही कहा जा सकता है कि भविष्य का आधार वर्तमान होता है, और गीतिकाव्य का वर्तमान कुल मिलाकर यही है कि औसत-दर्जे का ही गीतिकाव्य लिखा जा रहा है।

इस निराशाजनक स्थिति के कारण हमारे समय की नियति में और परिस्थितियों के कुचक्र में भी खोजे जा सकते हैं। तथापि कुछ कारण ऐसे भी हैं जिनके लिए हमारे समकालीन गीतकार स्वयं उत्तरदायी हैं।

मेरी राय में हमारे समकालीन गीतकार दो कारणों से उत्तरदायी हैं। एक कारण

है गलेबाज़ी के नुस्खे, जिन्हें वे कवि-सम्मेलनों या कवि गोष्ठियों में आज़माते हैं। दूसरा कारण है घिसी-पिटी और पिटी-पिटाई तुक-धर्मिता ! विडंबना यह है कि जो गीतकार गलेबाज़ी और घिसी-पिटी तुकधर्मिता के सहारे सृजन-धर्मिता की क्षतिपूर्ति करते चलते हैं वे ही प्रायः यह गुहार लगाते सुनाई देते हैं कि 'गीत मर रहा है !'

तो गीत के लिए सबसे बड़ा खतरा यही है कि उसे गलेबाज़ी और तुकधर्मिता की पिटी-पिटाई जकड़बंदियों से जूझना पड़ रहा है। गीतकारों को सोचना होगा कि निराला के 'बादल राग' और 'सरोज-स्मृति' जैसे गीतों से क्या-क्या सीखा जाए ! यदि समकालीन गीतकार नए समाज और व्यक्ति के जीवन में बदलते हुए संश्लिष्ट और जटिल यथार्थ से आँखें मूँदते हैं, जन-संघर्षों से आँखें चुराते हैं, सृजन-धर्मी लेखकों की सोहबत करने से कतराते हैं, कवि-सम्मेलनों और कवि-गोष्ठियों में सिर्फ जमने और पिघलने के लिए तथा धन कमाने के लिए लालायित, आतुर और तत्पर रहते हैं तो गीतिकाव्य का भविष्य निश्चय ही अंधकारमय और निराशाजनक है। तथापि इस तनाव भरे युग में और आगे भी जितनी जरूरत गीतिकाव्य की है उतनी शायद पहले कभी महसूस नहीं की गई होगी। तो यह चुनौती भरा जोखिम है। यदि गीत की नई-नई संभावनाओं की तलाश होगी, नवोन्मेष-शालिनी दृष्टि और विवेक के साथ जन-संघर्षों से ऊष्मा ग्रहण की जाएगी तो गीतिकाव्य का भविष्य आलोकित हो उठेगा। अतः गीतकारों के लिए यह चुनौती है कि वे समयोचित विवेक और संविवेक के साथ ज्ञानात्मक संवेदन और संवेदनात्मक ज्ञान संबंधी अपनी परिधि का विस्तार करें। अपने अंतर्जगत् और बहिर्जगत् के बीच एक साथ संवेदन-ज्ञानात्मक और ज्ञान-संवेदनात्मक संवाद करने के लिए कृतसंकल्प हों। सांस्कृतिक, साहित्यिक और कलात्मक पिछड़ेपन से अपना पिंड छुड़ाएँ। इंद्रिय-बोध के स्थान पर सौंदर्यबोध को विकसित और समुन्नत करें। देह की बजाय व्यक्तित्व और गुणों पर दृष्टि डालें ! ग़ालिब और निराला जैसे गीतिकाव्य के महान् रचनाकारों की रचनाओं से कुछ-न-कुछ सीखते रहें और उर्दू और हिंदी की मिली-जुली गंगा-जमुनी शैली को अपनाएँ तो मेरा विश्वास है कि हमारे समकालीन गीतकारों की साहित्य-साधना रंग लाएगी और गीत का भविष्य आशाजनक और संभावनापूर्ण होता जाएगा।

अब अंत में गीत-विरोधी रचनाकारों/आलोचकों से भी मुखातिब होकर यह कहना चाहता हूँ कि पश्चिम में नए ढंग के प्रयोगवादी और आधुनिकतावादी रचनाकारों ने भी गीत लिखे हैं। एज़रा पाउंड से लेकर टी.एस. इलियट, डाइलन थॉमस, डब्ल्यू.एच. ऑडेन, एलेन टेट, जान क्रो रेंसम तक सभी आधुनिकतावादियों ने गीतों की रचना की है। हिंदी में अज्ञेय, मुक्तिबोध, सर्वेश्वर दयाल सक्सेना, भवानी प्रसाद मिश्र, रघुबीर सहाय ने गीतिलेखन में रुचि दिखाई। अतः गीत से गुरेज़ करना या परहेज़ करना युक्तियुक्त नहीं है। उधर गीतकारों को भी छंद-मुक्त और ब्लैंक वर्स (Blank Verse) तथा मुक्त छंद (Fee Verse) की कविताएँ पढ़नी चाहिएं और

उनमें से भी अपने लिए नई संभावनाओं की तलाश कर अपने गीतों की रचना करते समय उनका सृजनात्मक इस्तेमाल करने के लिए तत्पर रहना चाहिए।

निष्कर्ष यह है कि गीत और अगीत को एक-दूसरे के विरुद्ध प्रतिस्थापित (Counter-pose) करने की बजाय एक-दूसरे से संवाद कर पाने में सक्षम होना है। इस प्रक्रिया में गीत और अगीत दोनों एक-दूसरे से लाभान्वित होंगे और दोनों का भविष्य संभावनापूर्ण होगा।

ऋग्वैदिक दिक्काल का आदमकद आईना

(राजीव सक्सेना का उपन्यास 'पणिपुत्री सोमा')

'ऐतिहासिक उपन्यास' शीर्षक अपने निबंध में राहुल सांकृत्यायन ऐतिहासिक यथार्थवाद की चर्चा करते हुए यह शिकायत करते हैं, कि यथार्थवाद का उल्लेख करते समय ऐतिहासिक यथार्थवाद की ओर ध्यान आकर्षित नहीं किया जाता। ऐतिहासिक यथार्थवाद की ओर संभवतः राहुल ही पहली बार ध्यान आकर्षित करते हैं। उनका अभिमत है कि ऐतिहासिक उपन्यास लिखना एक बात है लेकिन ऐतिहासिक यथार्थवादी उपन्यास लिखना बिल्कुल दूसरी ही बात है। राहुल सांकृत्यायन और भगवतशरण उपाध्याय का कथा-साहित्य ऐतिहासिक ही नहीं है, वह ऐतिहासिक यथार्थवादी भी है। यानी ये कथाकार इतिहास का यथार्थवादी चित्रण करते हैं, मात्र इतिहास का रोमांस नहीं रचते। ये इतिहास के कालखंड विशेष को उसके अंतःसंबंधों और अंतर्विरोधों के साथ प्रामाणिक ढंग से सर्जनात्मक स्तर पर चरितार्थ करते हैं। ऐसी रचनाओं में कलात्मक दृष्टि और वैज्ञानिक दृष्टि एक-दूसरे की पूरक हो जाती हैं। कला और विज्ञान एक-दूसरे के विरुद्ध न होकर पूरक-अनुपूरक हों, यह स्थिति समकालीन मूल्य-दृष्टि से मेल खाती है इसीलिए राहुल और भगवतशरण उपाध्याय जैसे कथाकार ऐतिहासिकता और समकालीनता का द्वंद्वात्मक निबाह करते हैं। यही उनकी सार्थक यथार्थवादिता और समकालिक प्रासंगिकता है।

राहुल सांकृत्यायन की कथाकृति 'वोल्गा से गंगा' और भगवतशरण उपाध्याय की कथाकृति 'खून के छींटे इतिहास के पन्नों पर' ऐसी विशिष्ट कृतियाँ हैं जो ऐतिहासिक यथार्थवादी हिंदी साहित्य की महत्त्वपूर्ण उपलब्धियाँ हैं। राजीव सक्सेना का उपन्यास 'पणिपुत्री सोमा' भी इसी कोटि की एक विशिष्ट रचना है। राहुल का बहुत-सा अन्य साहित्य, भगवतशरण उपाध्याय की कुछ अन्य कृतियाँ यशपाल का उपन्यास 'दिव्या' तथा यशपाल और नागार्जुन की कुछ कहानियाँ और राजीव सक्सेना की कुछ लंबी कविताएँ भी सामान्य रूप से ऐतिहासिक यथार्थवादी रचनाएँ हैं।

राजीव सक्सेना का उपन्यास 'पणिपुत्री सोमा' मात्र एक ऐतिहासिक उपन्यास

नहीं, यह एक ऐसा ऐतिहासिक यथार्थवादी उपन्यास है जो एक ऐतिहासिक रोमांस होने के साथ-साथ एक यथार्थवादी कृति भी है। इसमें ऋग्वैदिक समाज के सामाजिक, पारिवारिक, सांस्कृतिक मानव-संबंधों, उस युग के यौन-संबंधों, सामाजिक, सांस्कृतिक और पारिवारिक तनावों, दबावों तथा व्यक्तिगत द्वंद्वों का कलात्मक, विश्वसनीय, प्रामाणिक और वैज्ञानिक चित्रण है और व्यक्तिगत आकांक्षाओं और सामाजिक-पारिवारिक प्रतिबंधों का टकराव है। कुल मिलाकर यह उपन्यास हमारे इतिहास के ऋग्वैदिक कालखंड का एक आदमकद आईना है।

राजीव सक्सेना भारतीय इतिहास और संस्कृति के एक गंभीर अध्येता रहे हैं। इसके अतिरिक्त वे मार्क्सवादी चिंतक, विचारक और कार्यकर्त्ता भी हैं। ऐतिहासिक यथार्थवादी रचनाकार होने के लिए उपयुक्त दोनों अपेक्षाओं का होना लगभग अनिवार्य है।

'पणिपुत्री-सोभा' की कथा संभवतः ऐतिहासिक नहीं है। काल्पनिक कथा के सृजन द्वारा सुदूर इतिहास के ऋग्वैदिक कालखंड को प्रामाणिकता, वैज्ञानिकता और कलात्मकता के साथ यहाँ पुनर्निर्मित किया गया है। यहाँ इतिहास का रोमांस भी है और उसका यथार्थ भी; इतिहास का काल्पनिक पुनःसृजन भी है और उसका विश्वसनीय चित्रांकन भी; इतिहास का कलात्मक प्रस्तुतीकरण भी है और उसका वैज्ञानिक विश्लेषण-संश्लेषण भी। काश ! राजीव सक्सेना ने इसी कोटि के, इसी तरह के दो-चार उपन्यास लिखे होते !!

उपन्यास का प्रकाशन सर्वप्रथम 1972 में हुआ। तत्पश्चात् 1990 में दूसरा संस्करण। दूसरे संस्करण (पेपर-बैक संस्करण) के बैक-कवर-पृष्ठ पर उपन्यास की कथा का जो समाहार दिया गया है वह सचमुच उद्धृत करने योग्य है। पढ़ कर ऐसा लगता है कि यह स्वयं लेखक द्वारा ही लिखा गया है :

> 'यायावर आर्यों के एक कबीले ने पणि जाति पर विजय प्राप्त करके दृशद्वती नदी के तट पर स्वयं एक कृषि-आधारित सभ्यता को जन्म दिया; किंतु पणि-सभ्यता से उनकी टकराहट की अनुगूँज उनके समुदाय में बनी रही। आर्यजन विजित जाति के स्त्री-पुरुष को अपने समाज के श्रम-विभाजन में कुछ विशेष प्रकार के काम सौंपने का प्रयास कर रहे थे और चूँकि वे विजेता उनको अपने समान अधिकार नहीं देना चाहते थे, इसलिए नए सामाजिक तनावों का जन्म हो रहा था। उसमें एक प्रकार की दास-प्रथा के जन्म की संभावना निहित थी। लेखक ने कथा को उस बिंदु पर लिया जिसमें जनपद के अंदर दास-प्रथा स्थापित करने का पहला प्रयास समुदाय की एकता को तोड़ देता है।'

उपन्यास उस कालखंड पर आधारित है जब उत्तर भारत में आदिम साम्यवाद

का विघटन होने लगा था और उसी की कोख से दास-प्रथा जन्म ले रही थी। उपन्यास में एक तरह से उसी प्रसव-पीड़ा का (संवेदनात्मक ज्ञान और ज्ञानात्मक संवेदनों के साथ) कलात्मक और प्रामाणिक चित्रण है। उपन्यास वैदिक युग को महिमामंडित नहीं करता। उपन्यास पढ़कर पाठक को पता चल जाता है कि वह युग अगर स्वर्णयुग था तो इसी अर्थ में कि उस जनपद के नागरिक में स्वर्ण के प्रति पहली बार लोभ जाग रहा था। सामाजिक प्रतिबंध के बावजूद यौन-संबंध प्रच्छन्न अवसरों के माध्यम से अपने को अभिव्यक्त कर रहे थे। उस काल के यौन-संबंधों के चित्रण में लेखक ने एक समाजशास्त्रीय जागरूक दृष्टि और कलात्मक कौशल का परिचय दिया है। अन्य प्रकार के मानव-संबंधों (यथा, पिता-पुत्र, भाई-बहन, पति-पत्नी, सखा-मित्र, गुरु-शिष्य आदि) के चित्रण में भी लेखक की सधी हुई लेखनी ने एक अनुभवी, अध्येता, विश्लेषक, विचारक, द्रष्टा और कलाकार का परिचय दिया है। भाषा और शैली प्रांजल, परिमार्जित, संश्लिष्ट और द्वंद्वात्मक है; प्रवाहमयी, रोचक और सर्वथा पठनीय है। कुछ उदाहरण देना प्रासंगिक होगा :

''पणिपुत्री सोमा क्या है ? एक रज-कण से अधिक नहीं। किंतु रज-कण भी कभी आँखों को अंधा बना देता है। क्या दक्ष अंधा हो गया है ?' यहाँ पुत्र दक्ष के विशृंखल यौन-संबंध संबंधी प्रतिवाद से चिंतित पिता जमदग्नि की व्याकुलता व्यंजित हुई है।

× × ×

> 'ब्रह्ममेघ का ध्यान आते ही दक्ष की माँ, कुलांगना अदिति की स्मृति से आर्य जमदग्नि का हृदय कसक उठा। जनपद अजर-अमर है किंतु उसके सदस्यों की बढ़ती हुई संख्या भी उस रिक्त स्थान की पूर्ति नहीं कर सकती जो आर्य जमदग्नि के गृह में शून्य हो गया है। गृह तो संभवतः दक्ष के विवाह से भरा-पूरा हो जाएगा किंतु जमदग्नि के हृदय की रिक्तता कैसे पूरी हो सकती है। नारी अवश्य पुरुष की अर्धात्मा है।'
>
> यहाँ आर्य जमदग्नि अपनी दिवंगत पत्नी की याद में शोकार्त दिखाई देते हैं।

× × ×

'सोमा किसी चिंतन में–क्या दक्ष की स्मृति में ?–इतनी लीन थी कि वह दक्ष की पदचाप भी न सुन सकी। दक्ष उसके पीछे वृक्ष के तने पर हाथ टेककर एक क्षण खड़ा रहा और पणिलोक की प्रवासिनी कन्या का रूप निहारने लगा। घृणा से आर्यजन उसे कृष्णवर्णा चाहे कह लें, किंतु है वह उसका ताम्रवर्ण जो सुबह की पीत किरणों में हिरण्य की भाँति दमक रहा था। वर्षाकाल के नील पर्जन्य-वर्णकिशों से आच्छादित ताम्र मुखमंडल भू-द्यौ पुत्री उषा की भाँति सुंदर था–यह आर्यजनों की विडंबना है कि वे अरुणाभ उषा को शुक्र-वसना कहते हैं, श्वेत-वस्त्रों की पवित्रता

के पूर्वग्रह से उनकी चेतना ग्रसित है। कुलिश की भाँति उच्च और दीर्घनासिका की तुलना में सोमा की गोलाकार नासिका मेष की सुकोमल नासिका की भाँति कैसी मनहर है। और अर्धचंद्राकार रक्तवर्ण मांसल अधर…'

यहाँ सोमा के रूप चित्रण के बहाने दो कबीलाई सौंदर्याभिरुचियों के कंट्रास्ट को कलात्मक ढंग से रेखांकित किया गया है।

× × ×

'आर्य जमदग्नि ने एक बार फिर मन-ही-मन दोहराया—सचमुच क्रूर हुए बिना, हृदयहीन हुए बिना, समय के प्रश्न के प्रति बधिर नहीं बना जा सकता। और निरंतर उसको अनसुना करते रहने के लिए क्रूर से क्रूरतर और क्रूरतर से क्रूरतम बनना पड़ेगा।'

× × ×

आर्य जमदग्नि जनपद के प्रधान पुरोहित हैं। जनपद के लिए वही ब्रह्मज्ञानी हैं, परम विवेक के प्रतीक हैं। उन्हीं परमज्ञानी जमदग्नि के भीतर ज्ञान और संवेदन द्वंद्वरत हैं। ज्ञान संवेदनशील हो उठा है और संवेदनाएँ ज्ञानात्मक।

उपन्यास का प्रत्येक अध्याय ऋग्वेद की ऋचा से प्रारंभ होता है, बाद के कुछ अध्यायों को छोड़कर ऋचाओं का मूल-संस्कृत पाठ पुस्तक के अंत में दिया गया है। तथापि अध्यायों के प्रारंभ में ऋचाओं का हिंदी-पाठ है। ये हिंदी पाठ लेखक द्वारा स्वयं तैयार किए गए हैं। उपन्यास में प्रयुक्त वैदिक शब्दों के अर्थ भी पुस्तक के अंत में दिए गए हैं; यथा; पुरोडाश-जौ की खीर; ईषान-जनपद का प्रधान; गवास-खिड़की; उष्णीश-पगड़ी; गणपति-सेनानायक; वैराज्य-जनपद की जनता; हिरण्य-सोना; द्रापि-धोती; ऊर्णा-ऊनी; निंब-नीम; अयस्कर-ताँबे की चीज़ें बनाने वाले; कपांस-कपास; करंभ-सत्तू; ऋषभ-बैल, मेष-भेड़; मूल गणिका-पत्नी; जाया-नारी; अतिभि-प्रधान का आसन; यूथ-खंबा; कुलिश-कुल्हाड़ी; ज्ञप्ति-वक्तव्य; प्रतिज्ञा-प्रस्ताव; छंदाधिकार-वोट देने का हक; पण्य-बेचने योग्य सामग्री; अत्क-लुंगी जैसा वस्त्र; उत्तरासंग-चादर; अंतरवासक-चोली; समाख्या-वह उत्सव जिसमें सभी जन एक पात्र से सोमरस पान करते हैं; सभा-जनपद की कार्यकारिणी; खार्य-भार माप; विश-ग्राम; चत्वल-पत्थरों के आसन; गणपति-प्रधान; भेषज-औषधि; ग्रामणी-नागरिक; आदि, आदि। यह शब्दावली निष्प्रयोजन नहीं है। लेखक ने अपने विवेक से इस शब्दावली का संधान किया है और संविवेक से चुनाव। ये शब्द इस अर्थ में पारिभाषिक हैं कि वे ऋग्वैदिक काल-खंड को, उसकी जीवन पद्धति को, आर्यों के जीवन-यापन को, उनकी वेश-भूषा को, खान-पान को, चिंतन को, सामाजिक संगठन को, संगठन संबंधी चारित्रिक विशेषताओं और विवरणों को, उठने-बैठने के तौर-तरीकों को, राजनैतिक और सामाजिक संरचना, अधिरचना और अविरचना को पारिभाषित करते हैं। इन्हीं शब्दों के द्वारा जहाँ उस युग के वातावरण का कलात्मक पुनर्निर्माण संभव

हुआ है, वहीं ये शब्द उस युग के मनोजगत् दृश्य-परिदृश्य, प्रतिवेश-परिवेश संबंधी तालों की कुंजियाँ हैं। यह शब्द-चयन लेखक द्वारा उसके वैदिक ज्ञान का परिचायक है और पाठक को उस परिदृश्य का साक्षात्कार कराने में एक अर्थपूर्ण भूमिका का निर्वाह करता है; किसी पांडित्य-पूर्ण शब्द-भंडार का प्रदर्शन वह नहीं है।

उपन्यास पाठकों के विवेक, संविवेक, ज्ञान और संवेदनों को निखारता और सँवारता है। अतीत के प्रति व्योमोह, महिमामंडन और गरिमा-बखान का यहाँ लगभग बहिष्कार है। इसी संदर्भ में यह ऐतिहासिक कथाकृति यथार्थवादी, समकालिक और आधुनिक हो जाती है। इतिहास की पुनर्रचना इसी संदर्भ में अर्थवान और सार्थक होती है। पुनरुत्थानवादी रुझान से लिखी गई कथाकृतियाँ भूतकाल को धुँधला और रहस्यमय बनाती हैं; वे भूत, वर्तमान और भविष्य के बीच सार्थक संवाद स्थापित नहीं कर पातीं। राजीव सक्सेना ऐसे किसी भी तरह के पुनरुत्थानवादी रुझान से ग्रस्त नहीं होते, यही उनकी एक कथाकार के रूप में ऐतिहासिक यथार्थवादिता है अथवा यथार्थवादी ऐतिहासिकता है। इतिहास के किसी भी कालखंड का ऐसा कलात्मक और वैज्ञानिक चित्रण, हर युग के लिए प्रासंगिक और समकालिक होता है। क्योंकि वह इतिहास के अंतर्विरोधों, अंतःसंबंधों, आंतरिक द्वंद्वों और बाहरी दबावों, तनावों और संघर्षों तथा राग-विराग पूर्ण संबंधों से सबक सीखता और सिखाता है। क्योंकि जैसा कि राजीव सक्सेना ने उपन्यास के प्राक्कथन के प्रारंभ में ही इंगित किया है—आदि इतिहास के प्रति सहज जिज्ञासा से अधिक प्रबल होती है अपनी संस्कृति के प्रारंभिक सूत्रों को समझने की आकांक्षा जो समसामयिक सांस्कृतिक रूपांतर के संघर्ष को पूर्ण परिप्रेक्ष्य में देखने की अनिवार्यता से जनम लेती है। लेखक का कथन है—'प्रारंभ में कुछ मोह था इस धारणावश कि वह स्वर्णयुग था। राष्ट्रीय जागरण के काल में पुनरुत्थानवादियों ने यह धारणा व्यापक रूप से प्रसारित की थी और आज भी अतीत-जीवियों की संख्या कम नहीं है। अध्ययन से मोह-भंग हुआ। देखा कि हमारे पुरखे भी हाड़-मांस के पुतले थे जो अस्तित्व के संघर्ष में हमारी ही तरह—यद्यपि एक भिन्न स्तर पर—जुटे हुए थे। जिसे हम उनकी आध्यात्मिकता कहते हैं, वह उनके लिए दृश्य-अदृश्य प्राकृतिक और सामाजिक शक्तियों से जूझते, कहीं उन पर विजय प्राप्त करते तो कहीं उनसे समझौता करते हुए अपनी भौतिक आवश्यकताओं की पूर्ति का मार्ग था जो उनके सामाजिक विकास और संभावनाओं के अनुरूप था। उस ओर लौटा नहीं जा सकता, किंतु पीछे मुड़कर देख लेना भी आगे बढ़ने के लिए आवश्यक है।'

निष्कर्ष यह कि आदिकाल से ही मनुष्य अपने अस्तित्व के लिए संघर्ष करता रहा है। अपनी इस संघर्ष-यात्रा के दौरान मनुष्य ने मनुष्य के साथ संघर्ष भी किया है और समझौता भी। इसी प्रकार मनुष्य ने प्रकृति के साथ संघर्ष किया है और समझौता भी। आदिमकाल से लेकर आज तक उसकी यह संघर्षयात्रा राग-विराग

तथा लय और तनाव से संपृक्त रही है। मनुष्य का आत्मसंघर्ष और आत्मालोचन भी इसी संघर्ष-यात्रा की उपलब्धियाँ हैं। प्रेम, करुणा, वासना, आसक्ति, अनासक्ति, विरक्ति, घृणा और द्वेष संबंधी मनुष्य के संवेदनों और मनोविकारों का विकास भी इसी संघर्ष-यात्रा के दौरान होता गया है। यही विकास बीच-बीच में अवरुद्ध भी हुआ है और कभी-कभी निर्बाध होकर तेज़ गति के साथ अग्रसर हुआ। विकास की यह यात्रा प्रायः भौतिक रही है। जब-जब मानव अपनी इस भौतिक यात्रा में परोपकारी, परमार्थी होने का परिचय देता है तो इससे उसका उदात्त पक्ष उभर कर निखर उठता है। इसी को हम आध्यात्मिकता कह देते हैं। जब वह स्वार्थी और क्षुद्रार्थी होने का परिचय देता है तो इससे उसका अनुदात्त पक्ष उभर कर कलुष हो उठता है।

कुल मिलाकर यह कहा जा सकता है कि 'पणिपुत्र सोमा' में भारतीय मानव के ऋग्वैदिक कालखंड की ऐसी ही उदात्त-अनुदात्त संघर्ष यात्रा का कलात्मक चित्रण है। हिंदी उपन्यास साहित्य में अपने ढंग की यह एक विशिष्ट कृति है।

उपन्यास में चरित्रों का अंतर्द्वंद्व और आत्मसंघर्ष कला के उत्कर्ष को छू लेता है। पिता जमदग्नि और पुत्र दक्ष के आपसी संबंध अंतर्विरोधों की अग्निपरीक्षा से गुज़र कर भी शत्रुतापूर्ण नहीं होते। इसी प्रकार दक्ष और सोमा के प्रणय-संबंधों के आड़े आनेवाले सारे अंतर्विरोधों और बाह्य विरोधों की प्रकृति मित्रतापूर्ण बनी रहती है। प्रेम भावना और कर्तव्य भावनाएँ प्रायः अवरोधों और द्वंद्वों से गुज़रती हैं। मानवीय संबंधों को यहाँ सरल और सपाट ढंग से चित्रित नहीं किया गया। वैदिक युग का मानव भी द्वंद्वग्रस्त होता था; उसका मन भी द्विधा-विभाजित होता था। उसे भी लय शांति देती थी और तनाव संत्रस्त करता था। चित्रण की यह पद्धति कला की दृष्टि से उपन्यास को समकालीनता के बोध से संपृक्त किए रहती है। चरित्र-चित्रण की यह पद्धति संश्लिष्ट और जटिल ढंग की है।

तथापि उपन्यास की घटनाओं के घात-प्रतिघात और चरित्रों के आपसी मनमुटावों तथा टकरावों के विश्लेषण से एक तथ्य उभर कर सामने आता है कि उस युग के मानवों के राग-द्वेष तब तक हिंसक नहीं होते थे जबतक कि कोई कबीलाई (सामाजिक ?) अंतर्विरोध उन्हें ऐसा करने के लिए बाध्य अथवा विवश न करे। यानी, आदिम साम्यवादी व्यवस्था में मनुष्य व्यक्तिगत स्वार्थ अथवा हित के कारण हिंसक नहीं होता था। वह हिंसक होने के लिए तभी विवश या उत्तेजित होता था जब कबीलाई विधान का कोई व्यक्ति उल्लंघन करता था अथवा कबीले के वर्तमान या भविष्य के लिए कोई व्यक्ति उन्हें हानिकारक/खतरनाक/अनिष्टकारी प्रतीत होता था। कोई चाहे तो इस संयोग का कारण राजीव सक्सेना की आदर्शोन्मुख यथार्थवादी दृष्टि में भी खोज सकता है। तथापि इस चित्रण से यह निष्कर्ष भी निकलता है कि व्यक्तिगत संपत्ति का अभी वर्चस्व स्थापित नहीं हुआ था जिसके

फलस्वरूप व्यक्तिगत स्वार्थों के लिए हिंसा पर उतारू होने की प्रवृत्तियों के लिए भी उस समाज में ज़्यादा गुंजाइश नहीं थी। लेकिन उपन्यास में एक दो प्रसंग ऐसे भी आए हैं जिनसे यह आभास मिलता है कि थोड़ी-बहुत व्यक्तिगत संपत्ति का आदान-प्रदान या क्रय-विक्रय होना प्रारंभ हो चुका था।

उपन्यास में यौन-संबंधों के विशृंखल होने की प्रक्रिया को उभार कर पेश किया गया है। ऐसे प्रसंगों ने उपन्यास को 'रोचक' और 'सरस' बनाया है तथापि उनके बाहुल्य का औचित्य विवादास्पद हो सकता है। इस संबंध में लेखक ने अपने प्राक्कथन में सफाई देते हुए कहा है—'मैं नहीं समझ सका कि 'रस' का स्रोत आज की कुंठाग्रस्त मनःस्थिति है या मेरे चित्रांकन का दोष कि मैं अपना आशय स्पष्ट नहीं कर सका।'

मुझे लगता है कि कुल सदाशयता के बावजूद ऐसे चित्रांकन भी उक्त 'रस' के लिए उत्तरदायी हैं।

बावजूद उक्त अपवाद के, यह उपन्यास हिंदी के यथार्थवादी उपन्यासों में एक अत्यंत विशिष्ट स्थान का अधिकारी है। राहुल के कहानी संग्रह 'वोल्गा से गंगा' यशपाल के उपन्यास 'दिव्या' तथा यशपाल और नागार्जुन की कुछ कहानियों और भगवतशरण उपाध्याय की 'खून के छींटे इतिहास के पन्नों पर' शीर्षक कथापरक कृति की परंपरा में यह एक तीसरी महत्त्वपूर्ण ऐतिहासिक यथार्थवादी कृति है।

उत्तर-आधुनिकता और नई सोच

हिंदी में उत्तर-आधुनिकता की ओर ध्यान आकर्षित करनेवाले पहले हिंदी लेखक संभवतः प्रोफेसर रवींद्रनाथ श्रीवास्तव थे। 31 मई, 1992 के जनसत्ता समाचार-पत्र में 'शब्द और अर्थ के बीच में दैरिदा' शीर्षक उनका लेख प्रकाशित हुआ था जिसमें उन्होंने लेवी स्रॉस, रोलाँ बार्थ, अलथूसे और मिशेल फूको जैसे संरचनावादी, उत्तर-संरचनावादी विचारकों की शृंखला में जाक दैरिदा का विशेषोल्लेख करते हुए उनके 'डिकंस्ट्रक्शन' सिद्धांत की किंचित् विस्तार के साथ चर्चा की थी। इससे पूर्व मौखिक रूप में यत्र-तत्र यदा-कदा चर्चा भले ही होती रही हो, लेकिन लिखित रूप में इससे पूर्व उत्तर-आधुनिकतावाद पर कोई लेख, आलेख अथवा पुस्तक मेरे देखने में नहीं आई।

तथापि उत्तर-आधुनिकतावाद की पृष्ठभूमि इससे पूर्व तैयार हो चुकी थी। उत्तर-आधुनिकता अपनी भ्रूणावस्था में जादुई यथार्थवाद के बहाने जाने-अनजाने हिंदी लेखकों और पाठकों के जेहन पर मँडराने लगी थी। हिंदी के सुपरिचित लेखक और अनुवादक अमृतराय 'विचारधारा और साहित्य' में इसकी ओर हिंदी जगत् का ध्यान आकर्षित कर चुके थे।

इससे भी पूर्व, प्रकारांतर से बिना किसी व्यक्ति अथवा सिद्धांत का ज़िक्र किए, डॉ. देवीशंकर अवस्थी ने अपने 'रचना और आलोचना' शीर्षक लेख में लिखा था :

> 'इस बात से इंकार नहीं किया जा सकता कि रचनाकाल में कोई कृति कर्त्ता का अनुभव ही है, पर रच जाने के बाद उसका स्वतंत्र अस्तित्व हो जाता है और उस समय रचनाकार एक विशिष्ट पाठक-मात्र रह जाता है। ...उस रचित कृति को छोड़कर हमारे पास ऐसा कोई साधन नहीं होता जिसके आधार पर उस सचेत अनुभव या अभिप्राय को हम प्रामाणिक रूप में जान सकें। ...वास्तव में कृति लेखक द्वारा दिया गया कोई संदेश विशेष न होकर एक स्वतंत्र सत्ता है।'

डॉ. अवस्थी की यह धारणा, चाहे उनकी मौलिक उद्‌भावना हो या यूरोप से

ही संतरणशील होती हुई उनके मानस तक पहुँची हो, उत्तर-आधुनिकतावादी विचारकों की (विशेष रूप से रोलाँ बार्थ की लेखकीय मृत्यु, तथा दैरिदा की पाठ के बाहर कुछ भी नहीं–देअर इज नथिंग आउटसाइड द टैक्स्ट-संबंधी) अवधारणा के काफी सन्निकट है।

इसी अनुक्रम में अब देवेंद्र इस्सर की 'उत्तर-आधुनिकता : साहित्य और संस्कृति की नई सोच' शीर्षक पुस्तक सामने आई है, जो उत्तर-आधुनिकतावादी विचारकों का हवाला देती हुई कुछ प्रश्नों से हमारा साक्षात कराती है। कुल मिलाकर ये प्रश्न इस प्रकार सारांकित किए जा सकते हैं :

1. जब सृजन और समीक्षा रूबरू होते हैं तो क्या रचनाकार और सिद्धांतकार की नई कशमकश में अर्थ अराजक हो जाएँगे ?
2. शब्द और अर्थ के नए रिश्तों से जो समस्याएँ उठ खड़ी हुई हैं, जागरूक और सक्रिय पाठक उनका कैसे समाधान करें ?
3. इक्कीसवीं सदी में रचनाकार और बुद्धिजीवी तथा सिद्धांतकार का और कौन-कौन-सा रूप सामने आएगा ?
4. भावी संसार उत्तर-मानव का होगा अथवा उत्तर-विज्ञान का ?
5. क्या यथार्थ केवल चिह्नों/लक्षणों/आकृतियों और अक्सों तक ही सीमित होकर रह जाएगा ?
6. एक ओर जड़ों की तलाश और दूसरी ओर भूमंडलीकरण के कारण उपजे तनाव 'मॉस न्यूरॉसिस' को जन्म नहीं देंगे ?
7. क्या उत्तर-आधुनिकता हमें उस शून्यवाद (निहिलिज़्म) से बचा सकती है जिसे नीत्शे और हाईडगर ने मनुष्य की नियति कहा था ?
8. क्या उत्तर-आधुनिकता प्रतिबिंबों की दुनिया (बोद्रिलाई हाईपर रियलिटी) तथा मीडिया की संश्लिष्ट छवियों के अतिरिक्त यथार्थ की कोई अन्य, भिन्न/समांतर चेतना उपलब्ध करा सकेगी ?
9. उत्तर-आधुनिकता आधुनिकता का विपक्ष प्रस्तुत करती है अथवा यह आधुनिकतावाद का ही संशोधित, संपादित और विकसित पुनर्लेखन है ?
10. क्या उत्तर-आधुनिकता सभ्यता और राजनीति के दौर में 'नया पुरातनवाद' है ?
11. ईश्वर की मृत्यु से जो सिलसिला प्रारंभ हुआ था, उसने मनुष्य, इतिहास, विचारधारा, आधुनिकता, कला, साहित्य, लेखक, आलोचक आदि के अंत की तो घोषणा कर दी, कहीं ऐसा तो नहीं कि अब मानव जाति, मानव समाज और कुल मिलाकर इस समस्त संसार के भविष्य की ही बारी हो ? आखिर मृत्यु-पर्व की यह उत्सववादिता कब तक चलती रहेगी ?
12. मार्क्सवाद से उत्तर-आधुनिकतावाद का रिश्ता क्या है ?

यही कुछ प्रश्न हैं जिनके इर्द-गिर्द यह पुस्तक हमें अभिप्रेरित, उत्तेजित और उद्वेलित करती है। पुस्तक में ऐसे किसी भी प्रश्न का कोई उत्तर नहीं दिया गया है, न ही किसी तत्संबंधी समस्या का कोई समाधान पेश किया गया है। यह लेखक के तत्संबंधी लेखन की सीमा भी हो सकती है तथापि पुस्तक का महत्त्व, चाहे वह सीमित महत्त्व ही हो, उपर्युक्त प्रश्नों के प्रति पाठकों, लेखकों, कलाकारों, सिद्धांतकारों और सामान्यतः बुद्धिजीवियों का ध्यान आकर्षित करने में है। संसद में जो महत्त्व ध्यानाकर्षण प्रस्ताव का होता है, हिंदी-जगत् के बुद्धिजीवियों के समक्ष लगभग वही महत्त्व इस प्रस्तुति का है।

देवेंद्र इस्सर ने अच्छा ही किया कि उक्त प्रश्नों अथवा इनसे संपृक्त अन्यान्य प्रश्नों के उत्तर देना मुनासिब नहीं समझा। देने को तो बहुतेरे उत्तर दिए जा सकते थे। कुछ अन्य विचारक और लेखक अपने-अपने ढंग से ऐसे प्रश्नों के उत्तर मौखिक बहसों अथवा लिखित टिप्पणियों आदि द्वारा दे रहे होंगे या देने की प्रक्रिया में होंगे, तथापि समुचित उत्तर देना सचमुच कठिन है। देवेंद्र इस्सर ने इस संबंध में सहलपसंदी का रास्ता अपनाया है अर्थात् अपने को प्रश्नों, उप-प्रश्नों तक ही सीमित रखा है, गहन और विस्तृत विश्लेषण की उन्होंने ज़रूरत महसूस नहीं की।

लेखक ने उत्तर-आधुनिकता संबंधी विशिष्ट संकल्पनाओं की व्याख्या तथा विवेचना करने से भी गुरेज़ किया जबकि ऐसा करना पाठकों के लिए लाभकारी और ज्ञानवर्धक होता। डिकंस्ट्रक्शन, डिफ्रांस, मेटॉ-लेंग्वेज, फर्स्ट ऑर्डर लेंग्वेज, रीडर्स टैक्स्ट, राइटर्स टैक्स्ट, सेकिंड आर्डर लेंग्वेज, आदि उत्तर-आधुनिकतावादी संकल्पनाओं की सोदाहरण विवेचना करने की हिंदी में अभी भी आवश्यकता बनी हुई है। कहने का यह मंतव्य नहीं कि हमारे हिंदी लेखक, विचारक, आलोचक आदि इन संकल्पनाओं के बारे में कुछ नहीं जानते, थोड़ा-बहुत ज़रूर जानते हैं या जानते होंगे—अपने-अपने विवेक और संविवेकानुसार, तथापि उतना पर्याप्त नहीं है।

इसी संबंध में कुछ भारतीय प्राचीन चिंतकों और विचारकों की ओर ध्यान जाना स्वाभाविक है। उदाहरण के लिए शब्द और अर्थ के संदर्भ में नागार्जुन और भर्तृहरि के 'शब्द तथा अर्थ' संबंधी विवेचन काफी प्रासंगिक हैं। सुधीश पचौरी ने पहल पत्रिका के एक अंक में प्रकाशित अपने लेख में (जो उनकी तद्विषयक पुस्तक का ही एक अंश है) इस ओर महत्त्वपूर्ण ढंग से इशारा भी किया है।

इसी प्रसंग में यह कहना भी प्रासंगिक लग रहा है कि भारतीय साहित्य-शास्त्र में अभिधा, लक्षणा और व्यंजना—शब्द-शक्तियों का जो विवेचन है, वह शब्द-शक्तियों तक ही सीमित नहीं, प्रकारांतर से वहाँ अर्थ-शक्तियों का भी विवेचन है। शब्द-शक्तियाँ अर्थ-शक्तियाँ भी हैं। शब्द-शक्तियों के विवेचन में शब्द और अर्थ—दोनों का विवेचन समाहित है। मेरे एक संस्कृतज्ञ मित्र श्री दयाशंकर पांडेय ने एक बहस के दौरान इस अभिधारणा की पुष्टि की।

रोलाँ बार्थ की 'लेखकीय मृत्यु' संबंधी संकल्पना के संबंध में यह कहना अप्रासंगिक न होगा कि वैदिक ऋषियों में ऐसे बहुत से रचनाकार हैं जिन्हें हम नहीं जानते, लेकिन जिनकी ऋचाएँ आज भी मनोयोग तथा चाव के साथ पढ़ी जाती हैं तथा श्रेष्ठ सर्जनात्मक रचनाओं के रूप में हमें अधिकाधिक नहीं, तो थोड़ी-बहुत रचनाएँ आज भी आंदोलित करती हैं।

उत्तर-आधुनिकता के संदर्भ में दो विशिष्ट संकल्पनाओं पर विचार करना युक्तियुक्त होगा—डिकंस्ट्रक्शन (विरचना) और डिफ्रांस (विभेद)। ये दोनों संकल्पनाएँ जाक दैरिदा द्वारा सर्वप्रथम प्रतिपादित की गईं। पैंग्विन डिक्शनरी ऑफ लिटरेरी टर्म्स एंड लिटरेरी थ्योरी के अनुसार 'डिकंस्ट्रक्शन' एक विशिष्ट प्रकार की पाठ-प्रक्रिया, आलोचना-पद्धति तथा विश्लेषणात्मक संवीक्षा है। यह 'विध्वंस' (डिस्ट्रक्शन) का पर्याय नहीं है तथा किसी भी पाठ के अर्थान्वेषण की अनंत संभावनाएँ खोल देता है। विध्वंस अगर होता भी है तो केवल उस अर्थाशय का, जो किन्हीं निश्चित प्रसंगों और संदर्भों के कारण रूढ़ हो गया है। दूसरे शब्दों में, इसे रूढ़िवादी अर्थ का खंडन और अनेकानेक अर्थों और आशयों का संभावक कह सकते हैं। उदाहरण के लिए, ग़ालिब की इस पंक्ति की अगर विरचना करें :

फिर मुझे दीदःए तर याद आया।

तो इसका रूढ़ार्थ वियुक्ता नायिका के अश्रुप्लावित चेहरे की याद आ जाना होगा लेकिन 'विरचना' द्वारा मैं इस पंक्ति के रूढ़ार्थ को स्थगित कर, इससे दूसरा अर्थाशय ग्रहण करता हूँ, मुझे ग़ालिब की यह पंक्ति अपनी विधवा माँ के चेहरे की याद दिला जाती है। अब यह पंक्ति मेरे लिए 'लेखकीय पाठ' (राइटर्स टैक्स्ट) न रहकर मेरा अपना 'पाठकीय पाठ' (रीडर्स टैक्स्ट) बन जाती है। इस तरह प्रत्येक पाठक के लिए यह पंक्ति उसका अपना 'पाठकीय पाठ' बनकर ही अनेकानेक अर्थ-संभावनाओं के द्वार खोल देती है।

दैरिदा की विरचनात्मक संकल्पना में 'डिफ्रांस' और 'डिफ्रेंस' का अंतराल भी शामिल है। मैं 'डिफ्रांस' के लिए विभेद और 'डिफ्रेंस' के लिए भेद शब्द का प्रयोग करना चाहूँगा। यह संवीक्षा का वह समीक्षात्मक और संवीक्षात्मक अंतराल है जिसके द्वारा अर्थ और अर्थाशय अनंततः आस्थगित और स्थगित होते रहते हैं।

जूलिया क्रिस्टेवा का उल्लेख किए बिना उत्तर-आधुनिकता की चर्चा अधूरी ही रहती है। वह पाठ (टैक्स्ट) की ध्वनियों तक ही पड़ताल करने का सुझाव देती हैं और उनके प्रयोगों के मूल में लैंगिक मनोवेगों संबंधी कारणों और कारकों की तह में जाती है। भारतीय वाङ्मय में शब्द को सार्थक ध्वनि कहा गया है तथा स्वरों को कोमल और परुष कहकर वर्गीकृत किया गया है। कोई चाहे तो कोमल को स्त्रीलिंग और परुष ध्वनियों को पुल्लिंग मनोवेगों के कारकों के रूप में भी अभिहित

कर सकता है। तथापि इससे यह निष्कर्ष निकालना कि हमारे यहाँ का उक्त वर्गीकरण जूलिया क्रिस्टेवा के विवेचन से बिल्कुल मिलता-जुलता है, एक सरलीकरण ही कहलाएगा।

देवेंद्र इस्सर ने अपनी पुस्तक में उपर्युक्त संकल्पनाओं और सिद्धांतों की विवेचना करने से गुरेज़ किया है। यह प्रवृत्ति लेखक के विवेचन को सीमांकित कर देती है, अन्यथा यह पुस्तक हिंदी पाठकों के लिए और अधिक उपयोग्य हो सकती थी।

उपर्युक्त सीमा के बावजूद लेखक ने जो महत्त्वपूर्ण प्रश्न उठाए हैं, जो संदर्भ और हवाले दिए हैं तथा अपने ढंग से जो जिरह की है, वह प्रासंगिक और अर्थवान है। पाठक इस किताब को पढ़कर उद्वेलित और आंदोलित होता है तथा साहित्य, कला और संस्कृति की नई सोच के लिए अभिप्रेरित भी होता है। पुस्तक आद्योपांत पठनीय है और उसमें लेखक का जो भी प्रतिपाद्य है, सहज रूप से संप्रेष्य है। लेखक ने उत्तर-आधुनिकता के बहाने मनुष्य की मानविकी संबंधी नई सोच की ओर शिद्दत और संजीदगी के साथ हिंदी पाठकों का ध्यान आकर्षित किया है। इस नई सोच की दहलीज पर उसने साहित्य एवं कला की स्वायत्तता और नव-मूल्यांकन संबंधी समस्या तथा तत्संबंधी प्रेरणा और परिदृश्य, विचारधारा एवं विकल्प, विवेक और विभ्रम, सौंदर्य और प्रतिबद्धता, स्वप्न और स्मृति जैसी विषय-वस्तुओं पर नए ढंग से दृष्टिपात किया है। इसके अतिरिक्त इलैक्ट्रॉनिक मीडिया, किताब, कंप्यूटर, जनसंचार, कल्चर, कथा, प्रथा, अंतवाद तथा संप्रेषण जैसे मुद्दों पर विद्वत्तापूर्ण शैली में अपने ढंग से एक समीक्षात्मक पहल की है।

हिंदी की सामासिक प्रकृति

भारत के संविधान के अनुच्छेद 351 के अंतर्गत हिंदी भाषा के विकास के लिए एक विशेष निदेश दिया गया है। संविधान में इन अनुच्छेद के संबंध में एक शीर्षक और एक उपशीर्षक देकर दो बार 'निदेश' शब्द का उल्लेख है। इससे इंगित होता है कि संविधान निर्माताओं ने इस अनुच्छेद के महत्त्व को रेखांकित करने की दृष्टि से ऐसा किया है। इस अनुच्छेद को यहाँ ज्यों-का-त्यों उद्धृत करना अप्रासंगिक न होगा क्योंकि हमारे संविधान-निर्माताओं ने राजभाषा के तौर पर हिंदी के जिस वर्तमान और भावी स्वरूप की परिकल्पना और संकल्पना की है वह इसी अनुच्छेद में निहित और अंतर्निहित है :

> ''संघ का यह कर्तव्य होगा कि वह हिंदी भाषा का प्रसार बढ़ाए, उसका विकास करे ताकि वह भारत की सामासिक संस्कृति के सभी तत्त्वों की अभिव्यक्ति का माध्यम बन सके और उसकी प्रकृति में हस्तक्षेप किए बिना हिंदुस्तानी के और आठवीं अनुसूची में विनिर्दिष्ट भारत की अन्य भाषाओं के प्रयुक्त रूप-शैली और पदों को आत्मसात करते हुए और जहाँ आवश्यक या वांछनीय हो वहाँ उसके शब्द भंडार के लिए मुख्यतः संस्कृत से और गौणतः अन्य भाषाओं के शब्द ग्रहण करते हुए उसकी समृद्धि सुनिश्चित करे।''

संविधान के उक्त निदेश से कुछ बातें स्पष्ट होती हैं। एक तो यह कि भारत की भारती यानी, संघ की राजभाषा, हिंदी भाषी प्रदेश अथवा प्रदेशों की हिंदी नहीं है वह पूरे देश की भाषाओं के रूपों, शैलियों और पदों को आत्मसात करनेवाली हिंदी है जो अपने शब्द भंडार के लिए मुख्यतः संस्कृत से और गौणतः अन्य भाषाओं से शब्द-ग्रहण करते हुए अपनी शब्द संपदा को समृद्ध करती है। यहाँ यह बात भी ध्यान रखने योग्य है कि 'अन्य भाषाओं' में उर्दू भी शामिल है। महात्मा गांधी इस भाषा को, जो देश की सभी भाषाओं के साथ आदान-प्रदान की प्रक्रिया को सहज, स्वाभाविक और सकारात्मक ढंग से तरजीह देती है, 'हिंदुस्तानी' कह कर पुकारते थे। उन्होंने हिंदी के महान् लेखक प्रेमचंद से आग्रहपूर्वक अपील की थी कि वे अपनी प्रमुख पत्रिका 'हंस' के माध्यम से 'हिंदुस्तानी' का विकास और प्रसार करें। प्रेमचंद

ने गांधीजी के सुझाव पर सहमति दी थी। उनका अपना साहित्य भी शुद्ध हिंदी या शुद्ध उर्दू का साहित्य नहीं है, हिंदुस्तानी का ही साहित्य है। अतः यहाँ यह बात ध्यान देने योग्य है कि संविधान के अनुच्छेद 351 में हिंदी भाषा के वर्तमान और भावी स्वरूप की जो परिकल्पना और संकल्पना की गई है, वह गांधी और प्रेमचंद की हिंदुस्तानी संबंधी परिकल्पना और संकल्पना से बहुत कुछ मिलती-जुलती है।

इस हिंदी या हिंदुस्तानी का अपना इतिहास है जो लगभग 1000 साल पुराना है। कुछ तो इसे 1000 साल से भी अधिक पुराना मानते हैं। इसी हिंदुस्तानी को देश की सामासिक संस्कृति 'कंपोजिट कल्चर' की भाषा के रूप में जाना जाता है। यही हिंदुस्तानी हिंदी, हिंदवी, रेख़्ता, खड़ी बोली आदि विभिन्न नामों से पुकारी जाती रही है। दक्षिण में इसका जो स्वरूप सैकड़ों वर्षों से प्रचलित है उसे दक्खिनी हिंदी कहा जाता रहा है। इसी प्रकार देश के पूर्वी क्षेत्र के साथ आदान-प्रदान करती हुई यह पूर्वी हिंदी कहलाई। पश्चिमी क्षेत्रों से संवाद करती हुई यही भाषा पश्चिमी हिंदी कहलाई। उत्तरी क्षेत्रों के संवर्ग में आकर यह उत्तरी हिंदी हो गई। निष्कर्ष यह कि यह किसी एक प्रांत की भाषा नहीं है। पूरे देश के विभिन्न भाषा-भाषी लोगों के आपसी मेल-जोल से, भाषाई व्यवहार से, आदान-प्रदान से, संसर्ग से और संवाद से यह भाषा अंकुरित, पल्लवित और विकसित हुई। विभिन्न जातियों के परस्पर मेल-जोल की साझी संस्कृति का वहन इस भाषा ने किया। इसीलिए साधुओं ने इसे 'सधुक्कड़ी' कहा तो कुछ लोगों ने इसे 'खिचड़ी' भी कहा। देश के तीर्थयात्रियों, दरवेशों, साधुओं, फ़कीरों, संतों, भक्तों, सैलानियों और व्यापारियों के परस्पर-संपर्क से इस भाषा का उद्भव और विकास हुआ। इसीलिए सैकड़ों वर्षों से यह इस देश की (भारत की) संपर्क भाषा भी रही। अंग्रेजी इस देश के केवल दस (या उससे भी काफी कम) प्रतिशत लोगों के बीच संपर्क-भाषा रही। तथापि भारत की नब्बे (90) प्रतिशत जनता, यानी अधिकांश जनता के बीच संपर्क की भाषा यही हिंदी या हिंदुस्तानी ही रही। इस तथ्य को रवींद्रनाथ ठाकुर, सुब्रह्मण्य भारती, सुभाषचंद्र बोस, महात्मा गांधी, जवाहर लाल नेहरू, सरदार पटेल, आचार्य विनोबा भावे आदि सभी महापुरुषों, साहित्यकारों, विचारकों और नेताओं ने अपने-अपने ढंग से स्वीकार किया है। ऐसे कितने ही दस्तावेज़ हैं जो इस तथ्य की पुष्टि करते हैं। इसीलिए उर्दू के एक शायर (हफ़ीज़ जालंधरी) ने इसे 'मुहब्बत' की भाषा कहा है :

"हफ़ीज़ अपनी बोली, मुहब्बत की बोली
न हिंदी न उर्दू न हिंदोस्तानी"

लगभग सौ वर्ष पूर्व फ़ारसी और हिंदी के विद्वान् साहित्यकार एवं महाकवि अमीर खुसरो ने इसी हिंदी या हिंदूई में कविता की थी। आज की खड़ी बोली इनकी भाषा का ही एक 'निखरा हुआ रूप' है :

1. *"ख़ीर पकाई जतन से, चरखा दिया चला।*
आया कुत्ता खा गया, तू बैठी ढोल बजा"

2. *एक नार ने अचरज किया*
साँप मार पिंजरे में दिया।

आचार्य रामचंद्र शुक्ल ने अपने 'हिंदी साहित्य का इतिहास' में अमीर खुसरो की तारीफ़ करते हुए इसे "खड़ी बोली का निखरा हुआ रूप" कहा है। अमीर खुसरो के बाद नानक, कबीर, मीर, नज़ीर, ग़ालिब आदि कितने ही महान् कवियों की कविताओं में और विशेष रूप से ग़ालिब के पद्य और गद्य में भी इसी खड़ी बोली के विविध रूप मिलते हैं। गुरु नानक की ये प्रसिद्ध पंक्तियाँ खड़ी बोली का ही एक प्राचीन उदाहरण हैं :

"राम की चिड़िया, राम का खेत
खाओ चिड़ियो भर-भर पेट"

सार-संक्षेप यह, कि यह हिंदी अथवा हिंदुस्तानी किसी वर्ग, जाति, संप्रदाय क्षेत्र या प्रदेश की भाषा नहीं, यह तो भारत की अधिकांश जनता की समेकित साझी और मिली-जुली संस्कृति की संपर्क-भाषा है। संविधान के अनुच्छेद 351 में इसी भाषा के स्वरूप की परिकल्पना और संकल्पना की गई है। यह आपसी मेल-जोल, संपर्क, आदान-प्रदान और पारस्परिक संवाद की भाषा है। महात्मा गांधी ने कहा था कि अपनी प्रादेशिक कार्रवाइयों के लिए हम अपने-अपने क्षेत्र की भाषाओं को अपनाएँ लेकिन राष्ट्रीय कार्रवाइयों के लिए हिंदी या हिंदुस्तानी को अपनाएँ। राष्ट्रपिता ने इसी भाषा को राष्ट्रीय एकता और स्वाधीनता के संघर्ष का माध्यम और हथियार बनाया। वे हिंदी भाषी नहीं थे, तथापि राष्ट्र के मर्म को पहचाननेवाले दूरदर्शी महापुरुष थे।

वली दक्खनी ने इसी भाषा में अपनी शायरी की शुरुआत की थी। उस ज़माने में हिंदी और उर्दू के बीच कोई भेद नहीं था। साझी या समेकित संस्कृति की यह साझी भाषा थी। कालांतर में एक ओर अरबी, फारसी, तुर्की और दूसरी ओर से संस्कृत शब्दावली की भरमार से एक ही भाषा की दो शैलियाँ आमने-सामने हो गईं। लिपि के अंतर से भेद तीव्रतर होते गए। धार्मिक कट्टरता और सांप्रदायिकता ने भेदों की खाई को और चौड़ा किया। आज हिंदी और उर्दू दो भाषाएँ हैं तो यह इतिहास की विडंबना ही है। लेकिन इतिहास इतिहास होता है, उसे झुठलाया नहीं जा सकता। हाँ उसके दर्द को महसूस ज़रूर किया जा सकता है। इतिहास को अगर झुठलाया नहीं जा सकता तो उसके दर्द के अहसास को भी झुठलाया नहीं जा सकता। आज

की खड़ी बोली उर्दू और हिंदी पर ही आधारित है। यही हमारी राजभाषा है। उर्दू और हिंदी की एकता जितनी मज़बूत होगी, राजभाषा का विकास और प्रसार उतनी ही तेज़ी के साथ अग्रसर होगा, आगे बढ़ेगा। हिंदी में बाल मुकुंद गुप्त, प्रेमचंद, सुदर्शन, कृष्णचंदर, हंसराज 'रहबर' और अमृतराय जैसे लेखकों की एक उज्ज्वल परंपरा है जो हिंदी और उर्दू की इसी मिली-जुली गंगा-जमुनी शैली के लेखक हैं और जनता में अपनी पठनीयता और लोकप्रियता को प्रमाणित कर चुके हैं।

इसी संदर्भ में हिंदी के प्रसिद्ध लेखक, आलोचक और विचारक डॉ. रामविलास शर्मा का यह कथन उद्धृत करना अप्रासंगिक न होगा :

> "अंग्रेज़ कूटनीतिज्ञों ने यहाँ एकता के तत्त्वों को बराबर दबाने की कोशिश की और अलगाव के तत्त्वों को भरसक बढ़ावा दिया। जिन हिंदुओं और मुसलमानों ने धर्म की खाई को पार कर लिया था और हर प्रदेश में एक संयुक्त जातीयता का विकास किया था, वे शब्दावली और लिपि के भेद को भी अवश्य दूर कर लेते और एक शक्तिशाली राष्ट्र का निर्माण करते। लेकिन अंग्रेजों ने इन संभावनाओं को खत्म कर दिया। उन्होंने हिंदी-उर्दू की दो शैलियों को दो जातियों की भाषा का रूप दे दिया और भाषा को जातीय उत्पीड़न का साधन बनाया। इसीलिए यह बात मुश्किल से कुछ लोगों की समझ में आती है कि अंग्रेजी राज से पहले 'हिंदोस्तान' के हिंदू और मुसलमान एक जाति के थे और वे आज भी एक ही जाति के हैं। धर्म के आधार पर न कहीं भाषाओं में भेद हुआ, न कहीं जातियाँ बनी हैं।"

अंग्रेजों के भारत में आने से पूर्व यही हिंदी या हिंदुस्तानी भारत की संपर्क-भाषा थी। अंग्रेजों के आने के बाद भी यही भाषा संपर्क-भाषा बनी रही। सिर्फ मुट्ठी भर अंग्रेजी-दाँ लोगों ने इस ऐतिहासिक सत्य को झुठलाया। उन्होंने हिंदी के स्थान पर अंग्रेजी को भारत की संपर्क भाषा के रूप में मान्यता दी और उसे भारतीय जनता पर थोपा। हिंदी को किसी ने कभी नहीं थोपा। वह तो स्वतः स्वाभाविक रूप से कम-से-कम पिछले 800 वर्षों (या उससे भी अधिक वर्षों से) भारत के साधुओं, संतों, भक्तों, दरवेशों, फकीरों, तीर्थयात्रियों, व्यापारियों और सैलानियों के बीच आपसी विनिमय, व्यवहार, बोलचाल और आदान-प्रदान की भाषा रही है। गुरु नानक इसी भाषा का व्यवहार करते हुए मक्का तक हो आए थे। अकबर के सेनापति अब्दुर रहीम खानखाना ने हिंदी में कविता की। इन पर हिंदी कौन थोप सकता था ? ऋषि दयानंद गुजराती भाषी थे। प्रारंभ में संस्कृत में व्याख्यान देते थे। बंगला-भाषी महापुरुष आचार्य केशव चंद्र सेन की सलाह पर उन्होंने हिंदी सीखी और अपना प्रसिद्ध ग्रंथ 'सत्यार्थ प्रकाश' लिखा जो अपने समय के हिंदी गद्य का एक ऐतिहासिक प्रतिमान है। सुभाषचंद्र बोस बंगला भाषी थे लेकिन उन्होंने आज़ाद हिंदी सेना के

कमांड हिंदी में देने की शुरुआत की। सुभाष ने राष्ट्रीय गीत के लिए 'कदम कदम मिलाए जा' शीर्षक गीत को चुना जो खड़ी बोली अथवा हिंदुस्तानी का गीत है। अमीर खुसरो, जायसी, रहीम, दारा, गुरु गोविंद सिंह, ऋषि दयानंद, महात्मा गांधी, सुभाष, पटेल जैसे महापुरुषों पर भला कौन हिंदी थोपने का दुस्साहस कर सकता था ? इन सभी महापुरुषों ने हिंदी भाषी न होते हुए भी हिंदी को इसलिए अपनाया कि हिंदी देश की साझी संस्कृति की साझी भाषा थी। तमिल के महान् कवि सुब्रह्मण्य भारती ने अपने एक लेख में इसी भाषा को देश की आम बोलचाल की भाषा (Common Language) कहकर दक्षिणवासियों को हिंदी सीखने का परामर्श दिया था। इंडिया नामक पत्रिका में 1906 ('हिंदी पेज' स्तंभ तमिल में लिखा था)।

स्वयं अंग्रेजों ने कलकत्ता में फोर्ट विलियम कॉलेज की स्थापना की तो उन्होंने हिंदी गद्य लिखने के लिए मुंशी सदासुख लाल, सदल मिश्र, सैयद इंशा अल्ला खाँ और लल्लूलाल को तैनात किया और खड़ी बोली के गद्य की पुस्तकें तैयार करने का कार्य सौंपा। आखिर क्यों ?

उपर्युक्त सभी तथ्य इस सत्य की पुष्टि करते हैं कि अंग्रेजों के आने से पूर्व और बाद में भी भारत की अधिकांश जनता के बीच हिंदी एक संपर्क-सेतु का कार्य कर रही थी। सैकड़ों वर्षों से वह देश के विभिन्न भाषा-भाषियों के बीच एक संपर्क-भाषा की भूमिका अदा कर रही थी।

भारतीय संविधान के अनुच्छेद 343(1) के अनुसार देवनागरी लिपि में लिखी जानेवाली हिंदी संघ की राजभाषा है। अतः यह उपयुक्त होगा कि इसी प्रसंग में देवनागरी लिपि पर भी किंचित् विचार कर लिया जाए। जिस तरह सैकड़ों वर्षों से हिंदी इस महादेश की संपर्क भाषा रही है, उसी तरह भारतीय संस्कृति की, भारतीय वाङ्मय की हज़ारों वर्षों से संपर्क-लिपि देवनागरी रही है। भारत की समेकित संस्कृति की सम्पर्क-लिपि देवनागरी है। वैदिक साहित्य, बौद्ध साहित्य, जैन साहित्य, सिद्धों, मुनियों, संतों और भक्तों के साहित्य की संपर्क-लिपि देवनागरी ही है। दूसरे शब्दों में संस्कृत, पालि, प्राकृत, अपभ्रंश, अवहट्ट, डिंगल और हिंदी की लिपि देवनागरी है। मराठी, कोंकणी, सिंधी और नेपाली की भी लिपि देवनागरी है। गुजराती की लिपि विशेष रूप से और अन्य भारतीय भाषाओं की लिपियाँ समान रूप से देवनागरी लिपि से मिलती-जुलती हैं। ऐसी स्थिति में देवनागरी को जानने का अर्थ है इस महादेश की समेकित संस्कृति की लिपि (संपर्क-लिपि) को जानना। इस देश के इथॉस (Ethos) को हृदयंगम करने के लिए देवनागरी को जानना ज़रूरी है। रोमन लिपि या कोई और लिपि देवनागरी का स्थानापन्न नहीं हो सकती।

विश्वभर में अंग्रेज़ी भाषा और रोमन लिपि की विशिष्ट से विशिष्टतर होती हुई भूमिका से इंकार नहीं किया जा सकता। लेकिन भारत की सामासिक संस्कृति, भारतीय वाङ्मय, भारतीय इथॉस (Ethos) की संवाहिका अंग्रेजी भाषा और रोमन

लिपि नहीं हो सकती। अंग्रेजी भाषा और रोमन लिपि को देश के लगभग दस प्रतिशत लोग जानते हैं। लोकतंत्र का भी यही तकाज़ा है कि हिंदी इस देश की संपर्क भाषा और देवनागरी संपर्क लिपि हो। हिंदी (भाषा) और देवनागरी (लिपि) अपनी उपर्युक्त भूमिका का निर्वाह क्रमशः पिछले सैकड़ों वर्षों से करती आ रही हैं। इस भूमिका को नज़रअंदाज़ करना, इतिहास के तर्क की अनदेखी करना है।

तथापि, संविधान के अनुच्छेद 351 में दिए गए विशेष निदेश का निष्ठापूर्वक अनुपालन किया जाना अपेक्षित है। उर्दू और अन्य भारतीय भाषाओं के प्रयुक्त रूप, शैली और पदों को आत्मसात करते हुए और संस्कृत तथा उपर्युक्त भाषाओं के शब्द-भंडार से शब्द ग्रहण करते हुए हिंदी भाषा को विकसित और समृद्ध करना ज़रूरी है तभी वह भारत की सामासिक संस्कृति के सभी तत्त्वों की अभिव्यक्ति का सशक्त और सार्थक माध्यम बन सकेगी। इस तथ्य को न स्वीकारना भी इतिहास के तर्क को नज़रअंदाज़ करना है। अंग्रेजी विविध भाषाओं के रूप, शैली, पदों और शब्दों को अपना कर ही विश्व-भाषा बनी है। उसने कुछ खोया है तो कुछ पाया भी है। कुछ खोकर ही कुछ मिलता है। हिंदी को भी इस महादेश की सामासिक संस्कृति के सभी तत्त्वों की अभिव्यक्ति का सशक्त और सार्थक माध्यम बनने के लिए अपनी 'विशुद्धता' को खोना होगा। तब वह सचमुच आज के भारत की अधिकांश जनता की संपर्क भाषा बन जाएगी।

हिंदी साहित्य का इतिहास तथा हिंदी-उर्दू समस्या

इसमें संदेह नहीं कि आचार्य रामचंद्र शुक्ल का हिंदी साहित्य का इतिहास और उसके पश्चात् डॉ. रामविलास शर्मा की कृतियों में सामान्य रूप में साहित्येतिहास और विशेष रूप से हिंदी साहित्य के इतिहास के प्रति एक आधुनिक तथा वैज्ञानिक दृष्टिकोण व्यक्त होता है, तथापि उर्दू-हिंदी समस्या के बारे में उनकी धारणाओं को पढ़ते समय कुछेक परंतुक हमारे आड़े आते हैं। आचार्य शुक्ल और डॉ. रामविलास शर्मा के प्रति निष्ठा रखते हुए भी इन परंतुकों की अनदेखी करना शायद युक्तियुक्त नहीं होगा।

आचार्य रामचंद्र शुक्ल अक्सर और डॉ. रामविलास शर्मा कभी-कभी खड़ी बोली में ठूँसे गए फ़ारसीपन (उर्दूपन) की तो आलोचना करते हैं परंतु संस्कृत और तत्सम शब्दावली की भरमार द्वारा हिंदी की तैयार की गई कृत्रिम भाषा-शैली की आलोचना नहीं करते। आचार्य शुक्ल तो इस संदर्भ में लगभग उर्दू-विरोधी पूर्वाग्रह से ग्रस्त दिखाई देते हैं, जबकि डॉ. रामविलास शर्मा इस बिंदु पर शुक्लजी से सहमत दिखाई पड़ते हैं। उदाहरण के लिए आचार्य शुक्ल अपने इतिहास के 'गद्य साहित्य का आविर्भाव' शीर्षक अध्याय में राजा शिवप्रसाद सितारे-हिंद की खड़ी बोली के बारे में टिप्पणी करते हुए कहते हैं–"यहाँ यह कह देना आवश्यक है कि प्रारंभ में राजा साहब ने जो पुस्तकें लिखीं वे बहुत ही चलती सरल हिंदी में थीं, उनमें वह उर्दूपन नहीं भरा था जो उनकी पिछली किताबों (इतिहास तिमिरनाशक आदि) में दिखाई पड़ता है" (पृष्ठ 299, 22 वाँ संस्करण)। इसी प्रसंग में वे आगे कहते हैं कि "अपने मानव धर्मसार की भाषा उन्होंने संस्कृत गर्भित लिखी है"।

आचार्य शुक्ल राजा लक्ष्मण सिंह के भाषा संबंधी मत को एक समर्थ अंदाज़ के साथ उद्धृत करते हैं जो इस प्रकार है–"हमारे मत में हिंदी और उर्दू की बोली न्यारी-न्यारी है।" हिंदी इस देश के हिंदू बोलते हैं और उर्दू यहाँ के मुसलमान और फ़ारसी पढ़े हुए हिंदुओं की बोलचाल है। हिंदी में संस्कृत के पद बहुत आते हैं उर्दू में अरबी-फ़ारसी के। परंतु कुछ आवश्यक नहीं है कि अरबी-फ़ारसी के शब्दों के बिना हिंदी न बोली जाए और न हम इस भाषा को हिंदी कहते हैं जिसमें अरबी, फ़ारसी के शब्द भरे हों, (उप., पृष्ठ 301)। इसकी पुष्टि करते हुए आचार्यजी

प्रशंसात्मक ढंग से फ्रेडरिक पिंकाट का नाम लेते हैं लेकिन सर सैयद अहमद खाँ की आलोचना करते हैं।

शुक्लजी के इतिहास में 'गद्य का विकास : खड़ी बोली का गद्य' पढ़ कर ऐसा लगता है कि शुक्लजी हिंदी-उर्दू एकता के प्रति कोई सकारात्मक दृष्टि नहीं अपनाते। वे पंडितों द्वारा संस्कृत और तत्सम शब्दावली से लदी-फदी हिंदी के हिमायती थे। अंग्रेज़ों और अंग्रेज़ी की तुलना में वे मुसलमानों और उर्दू के प्रति लगभग पूर्वाग्रहग्रस्त थे। एक और उदाहरण देखें—''कहा जाता है कि बाइबिल का हिंदी अनुवाद केरे साहब ने किया। संवत् 1866 में उन्होंने 'नए धर्म नियम' का हिंदी अनुवाद प्रकाशित किया और संवत् 1875 में ईसाई धर्म पुस्तक का अनुवाद पूरा हुआ। इस संबंध में ध्यान देने की बात है कि इन अनुवादकों ने सदासुख और लल्लू लाल की विशुद्ध भाषा को ही आदर्श माना, उर्दूपन को बिल्कुल दूर रखा, इसमें यही सूचित होता है कि फ़ारसी-अरबी मिली भाषा से साधारण जनता का लगाव नहीं था, जिसके बीच मत का प्रचार करना था। जिस भाषा में साधारण हिंदू जनता अपने कथा-पुराण कहती-सुनती आती थी उसी भाषा का अवलंबन ईसाई उपदेशकों को आवश्यक दिखाई पड़ा। जिस संस्कृत मिश्रित भाषा का विरोध करना कुछ लोग एक फैशन समझते हैं उसमें साधारण जन समुदाय उर्दू की अपेक्षा कहीं अधिक परिचित रहा है और है'' (उप., पृष्ठ सं. 281)।

आचार्य शुक्ल लल्लूलाल और सदल मिश्र की भाषा को 'विशुद्ध' मानते हैं क्योंकि वे उर्दूपन को बिल्कुल दूर रखते हैं, दूसरी ओर 'रानी केतकी की कहानी' के लेखक इंशाअल्ला खाँ जो ऐसी भाषा लिखना चाहते थे और लिखते भी थे, जिसमें हिंदवी छूट और किसी बोली का पुट न हो··· हिंदवीपन भी न निकले और भाषापन भी न हो के बारे में वे भाखापन का मनमाना अर्थ लगाते हुए नकारात्मक टिप्पणी करते हुए कहते हैं कि इंशा ने 'भाखापन और मुअल्लापन' दोनों को दूर रखने का प्रयत्न किया, पर दूसरी बला किसी-न-किसी सूरत में कुछ लगी रह गई (उप., पृष्ठ 285)।

दरअसल मुंशी सदासुख लाल, इंशाअल्ला खाँ, लल्लूलाल और सदल मिश्र—इन चारों लेखकों में इंशाअल्ला खाँ की भाषा ही स्वाभाविक हिंदी है, जो 'पंडिताऊपन' या 'मुअल्लापन' दोनों तरह के अतिवादों से लगभग मुक्त होने की दिशा में एक ऐतिहासिक प्रयास है। लेकिन शुक्लजी उनकी भाषा पर सकारात्मक टिप्पणी नहीं करते क्योंकि इस संबंध में वे स्वयं अपने निजी ढंग के कुछ खास क़िस्म के पूर्वाग्रहों से ग्रस्त हैं। आगे चलकर प्रेमचंद के साहित्य की भाषा इस विवाद को ऐतिहासिक और रचनात्मक स्तरों पर अपने आप हल कर देती है, चूँकि वह न तो संस्कृत की तत्सम शब्दावली से बोझिल है और न ही अरबी-फ़ारसी से लैस।

उपर्युक्त विवेचन से, और यदि उपर्युक्त विवेचन अधूरा लगे; तो आचार्य शुक्ल

के हिंदी साहित्य का इतिहास में 'गद्य का विकास : खड़ी बोली का गद्य', 'गद्य साहित्य का आविर्भाव' तथा 'गद्य का प्रवर्तन : सामान्य परिचय' शीर्षक अध्यायों को पढ़ लेने से यही निष्कर्ष उभरता है कि आचार्य शुक्ल हिंदी और उर्दू को एक ही भाषा नहीं मानते, वे इन दोनों शैलियों की एकता में भी विश्वास नहीं करते। उनके लिए हिंदी का अर्थ या तो संस्कृत, तत्सम पदावली से लदी भाषा है या वह 'भाखा' है जो अवधी-ब्रज का पुट लिए है। लेकिन आधुनिक हिंदी या खड़ी बोली का स्वरूप आचार्य शुक्लवाली विशुद्ध हिंदी से थोड़ा हट कर है। इस तथ्य को आचार्य नज़रअंदाज़ करते हैं। दरअसल आधुनिक हिंदी खड़ी बोली उर्दू और हिंदी का मिश्रित स्वरूप है। हिंदुओं और मुसलमानों की मिली-जुली संस्कृतियों और भाषा-शैलियों के लंबे संयोग से विकसित होनेवाली खड़ी बोली ही हमारी आधुनिक हिंदी है। यह आधुनिक हिंदी संस्कृत, अरबी-फ़ारसी की तत्सम शब्दावली से युक्त होने के लिए लगातार प्रयासशील है जबकि शुक्लजी इसके विपरीत उर्दू को हिंदी के विरुद्ध प्रतिस्थापित (काउंटरपोज़) करते दिखाई देते हैं। वे कहते हैं कि "उर्दू के कारण अब तक हिंदी-गद्य की भाषा का स्वरूप ही झंझट में पड़ा था। राजा शिव प्रसाद और राजा लक्ष्मण सिंह ने जो कुछ लिखा था वह एक प्रकार से प्रस्ताव के रूप में था। जब भारतेंदु अपनी मंजी हुई परिष्कृत भाषा सामने लाए तब हिंदी बोलने वाली जनता को गद्य के लिए खड़ी बोली का प्रवृत्त साहित्यिक रूप मिल गया और भाषा के स्वरूप का प्रश्न न रह गया" (उप., पृष्ठ 307)।

लेकिन भारतेंदु का गद्य 'उर्दूपन' से परहेज़ नहीं करता, न ही वह संस्कृत की तत्सम शब्दावली को अनावश्यक रूप से आत्मसात करता है। उनके गद्य के उदाहरण देना अप्रासंगिक न होगा "सब राजाओं की मुलाकातों का हाल अलग-अलग लिखना आवश्यक नहीं क्योंकि सबके साथ वहाँ मामूली बातें हुईं" (दिल्ली दरबार दर्पण,भारतेंदु समग्र, प्रथम संस्करण, 1989, पृ. 668)। इसी तरह, "जब चीफ़ हेरलड राजाज्ञापत्र को अंग्रेज़ी में पढ़ चुका तो हेरलड लोगों ने फिर तुरही बजाई, इसके पीछे फौरन सेक्रेटरी ने उर्दू में तर्जुमा पढ़ा" (उप., पृष्ठ 671)। एक अन्य उदाहरण–"खुशी तीन क़िस्मों में बँटी है याने दीनी खुशी, दुनियावी खुशी और ग़लत खुशी" (उप., समग्र पृष्ठ 668)। लेकिन भारतेंदु ने भी कई तरह का गद्य लिखा है, संस्कृतनिष्ठ गद्य, ब्रजभाषा-निष्ठ गद्य और उर्दू-हिंदी मिश्रित गद्य। उदाहरण के लिए संस्कृत नाटकों के अनुवाद या उन पर आधारित नाटकों में उन्होंने संस्कृतनिष्ठ गद्य लिखा। जो नाटक ब्रजभाषा में हैं उनमें ब्रजभाषा-निष्ठ गद्य लिखा और अन्यत्र हिंदी-उर्दू मिश्रित गद्य लिखा। कहना न होगा कि भारतेंदु का आदर्श गद्य वही है जो हिंदी-उर्दू मिश्रित है क्योंकि उनके गद्य का यही स्वरूप उन्हें आधुनिक हिंदी गद्य की स्वस्थ परंपरा से जोड़ता है। यह गद्य 'अंधेरनगरी' नाटक में अपने सर्वश्रेष्ठ रूप में उपलब्ध है। 'अंधेर नगरी' नाटक पढ़ते समय ऐसा लगता है जैसे हम किसी अपने

समय के आधुनिक लेखक का नाटक पढ़ रहे हैं।

डॉ. रामविलास शर्मा आचार्य शुक्ल के समान उर्दू-हिंदी भेद को रेखांकित नहीं करते। वे दोनों शैलियों की एकता पर ज़ोर देते हैं तथा उर्दू-हिंदी को एक ही भाषा की दो शैलियों के रूप में स्वीकार करते हैं। लेकिन वे यह भी नहीं मानते कि हिंदी और मुसलमानों के मेल-जोल से उर्दू का जन्म हुआ। कुली कुतुबशाह की भाषा के बारे में सैयद एहतिशाम हुसैन का एक कथन उन्होंने उद्धृत किया है जो इस संदर्भ में कुछ प्रकाश डालता है—"जिस तरह उसके विषय और विचारधारा में भारतीयता मिलती है उसी प्रकार उसकी भाषा उस हिंदुस्तानी के निकट है जो हिंदी भी है और उर्दू भी" (भाषा और समाज, सं. 1977, पृष्ठ 293)। इस संदर्भ में डॉ. रामविलास शर्मा यह मानते हैं कि 18वीं सदी के अंत तक 'उर्दू' शब्द का प्रयोग भाषा के अर्थ में नहीं मिलता जबकि "मुसलमानों को भारत में और यहाँ की भाषाएँ बोलते लगभग पाँच सौ साल हो गए थे। पाँच शताब्दियाँ मेल-जोल से नई भाषा उत्पन्न करने के लिए काफ़ी थीं। लेकिन अठारहवीं सदी तक हिंदी से स्वतंत्र उर्दू का विकास न हुआ था" (उप., पृष्ठ 293)। इस संदर्भ में डॉ. शर्मा जायसी, रहीम, रसखान और दक्षिणी लेखकों का उल्लेख करते हैं। इनकी भाषा हिंदी से अलग नहीं है। यहाँ तक तो बात समझ में आती है, लेकिन इसी प्रसंग में आगे चलकर वे यह कहते हैं कि "उन्नीसवीं सदी में जब हिंदी गद्य का विकास हुआ, तब उसके बारे में एक भ्रांत धारणा का प्रचार किया गया कि उर्दू से सरल शब्द निकालकर उनकी जगह संस्कृत के कठिन शब्द रखे गए और इस तरह मेल-जोल की भाषा को उर्दू से अलग विकसित किया गया। बात इसके ठीक उल्टी है" (उप., पृष्ठ 296 बल हमारा है)।

यही वह बिंदु है जहाँ डॉ. शर्मा से सहमत होने में कठिनाई होती है। बात इसके 'ठीक उल्टी है', कह कर वे पक्षपात करते दिखाई दे रहे हैं। बात इसके ठीक उल्टी नहीं है। दोनों छोरों पर दो ओर से एक ही भाषा (चाहे उसे उर्दू कहो या हिंदी) दोहरे 'सांस्कृतिक' आक्रमण का शिकार हुई। एक ओर से उसमें फारसी और अरबी की शब्दावली को ठूँसने के अतिवादी प्रयास किए गए तो दूसरे छोर से उसे संस्कृत की तत्सम शब्दावली से लैस करने की उसी तरह की कोशिशें की गईं। ये दोतरफ़ा आक्रमण आज भी ज़ारी हैं। यही कारण है कि एक ही भाषा की दोनों शैलियाँ एक-दूसरे से इतनी दूर होती गई हैं कि वे अलग-अलग भाषाओं का अहसास कराती हैं। यही कारण है कि 'हिंदी साहित्य के इतिहास' में हम नज़ीर, मीर, ग़ालिब, सौदा, मोमिन, हाली, इक़बाल, फ़िराक गोरखपुरी और फैज़ अहमद फैज़ को शामिल नहीं करते। ठीक उसी तरह, जिस तरह कि उर्दूवाले 'उर्दू साहित्य के इतिहास' में भारतेंदु, महावीरप्रसाद द्विवेदी, अयोध्यासिंह उपाध्याय, मैथिलीशरण गुप्त, और सूर्यकांत त्रिपाठी निराला को शामिल नहीं करते। लेकिन जिस लेखक ने अपने को इस दोनों तरह के सांस्कृतिक आक्रमण से बचाया वह प्रेमचंद था। यह आकस्मिक

नहीं है कि प्रेमचंद को हिंदी और उर्दूवाले अपने-अपने साहित्येतिहास से ख़ारिज नहीं कर पाए। दोनों को उन्हें शामिल करना पड़ा। दोनों भाषाओं (शैलियों) के पाठक उन्हें अपना-अपना जान कर पढ़ते हैं।

दरअसल प्रेमचंद, बालमुकुंद गुप्त, सुदर्शन, कृष्णचंद्र और हंसराज 'रहबर' जैसे लेखकों की भाषा पढ़ कर ही यह अहसास होता है कि हिंदी-उर्दू की खाई भी हिंदू-मुस्लिम सांप्रदायिकता का ही गुणनफल है, अन्यथा हिंदी-उर्दू में कोई तात्विक या मौलिक भेद नहीं था। भेद का कारण यह है कि एक ही क्षेत्र की एक भाषा को दो लिपियों में दर्ज़ करने की परिपाटी चल पड़ी। देवनागरी लिपि में लिखी जाने वाली 'हिंदवी या उर्दू' में स्वाभाविक रूप से संस्कृत के वाक्यविन्यास और शब्दावली की आमद हुई, उसी प्रकार 'विदेशी' लिपि में लिखी जानेवाली 'हिंदवी या उर्दू' पर अरबी-फ़ारसी वाक्यविन्यास का प्रभाव पड़ा और उसमें इन भाषाओं की शब्दावली का भी प्रवेश हुआ। दोनों ओर से जहाँ तक यह प्रक्रिया स्वाभाविक रूप से संपन्न हुई, वहाँ तक तो किसी को क्या गुरेज़ हो सकता था लेकिन जब एक खास संकीर्णतावादी अथवा सांप्रदायिक नज़रिए के तहत 'संस्कृत' या 'अरबी-फ़ारसी' शब्दावली की घुसपैठ होने लगी तब एक ही भाषा के दो कृत्रिम रूप सामने आए—एक 'विशुद्ध या शुद्ध हिंदी' के रूप में और दूसरा 'मतरुकात' के सिद्धांत को अपनाए जाने के कारण 'विशुद्ध उर्दू' के रूप में। लेकिन उर्दू-हिंदी के अलगाव का कारण केवल 'मतरुकात' का सिद्धांत नहीं है, जैसा कि डॉ. रामविलास शर्मा मानते हैं (भाषा और समाज, 'जातीय भाषाओं का विकास और उर्दू', पृष्ठ 296)। इसके कारण दोनों ओर हैं। 'विशुद्ध या शुद्ध हिंदी' की संकल्पना भी उतनी ही उत्तरदायी है जितना कि 'मतरुकात' का सिद्धांत। दोनों एक ही सिक्के के दो पहलू हैं। एक के कारण ही दूसरे का अस्तित्व है। दोनों दृष्टिकोण दो तरह के अतिवाद हैं। सांप्रदायिक नज़रिया दोनों के मूल में है। डॉ. रामविलास शर्मा का यह कथन सर्वथा उचित है कि हिंदी-उर्दू का अलगाव हमारे जातीय विकास के लिए घातक है (देखें, उप., पृष्ठ 331)।

हिंदी-उर्दू की एकता के लिए जिस मेल-मिलाप और समझाने-बुझाने के तरीके की ओर डॉ. शर्मा ने इशारा किया है, वह युक्तियुक्त ही है। इस एकता के लिए अपेक्षित क़दम उठाए जाने चाहिएं। ज़रूरत इस बात की है कि हिंदी साहित्य के इतिहास में सौदा नज़ीर, मीर, ग़ालिब, मोमिन, दाग़, इक़बाल, फ़िराक और फ़ैज़ जैसे कवियों को, हाली जैसे गद्यकारों को उनका उचित स्थान दिया जाए। एकता के लिए यह एक पहला क़दम है, इससे हिंदी भाषा या साहित्य का कुछ नुकसान नहीं होगा बल्कि उसका लाभ ही होगा। भाषा भ्रष्ट नहीं होगी बल्कि तेज़ी के साथ स्वाभाविक रूप से अधिक प्रवाहपूर्ण होकर विकसित होगी और साहित्य का दायरा अधिकाधिक रूप से व्यापक होगा। यह कितने अफ़सोस की बात है कि नज़ीर, मीर और ग़ालिब

जैसे महान् साहित्यकारों को, जो इस प्रदेश की मिट्टी से जन्मे और उसी में समा गए, जो हिंदवी में लिखते थे और अपने को हिंदवी का शायर कहते थे, हिंदी साहित्य से सिर्फ़ इसलिए ख़ारिज कर दिया गया कि वे अपने साहित्य में अरब और ईरान की भाषा-संस्कृति के कुछ उपकरणों[1] का कलात्मक प्रयोग करने से बाज़ नहीं आए। ऐसे कुछ उपकरणों का प्रयोग तो जायसी ने भी किया था। फिर कोई निर्मल वर्मा—जैसे कथाकार को हिंदी साहित्य से सिर्फ़ इसलिए ख़ारिज नहीं करता कि वे अपने साहित्य में यूरोपीय भाषा-संस्कृति का कलात्मक अनुसृजन करते हैं।

अतः हिंदी-उर्दू एकता का तकाज़ा नकारात्मक न होकर सकारात्मक हो, तो बात बने। उर्दू की अपनी लिपि को बरक़रार रखते हुए उसके विकास और प्रसार के लिए अपेक्षित सुविधाएँ जुटाते हुए तथा आवश्यक साधनों की व्यवस्था करते हुए, उसे उसका उपयुक्त स्थान अथवा दर्जा प्रदान करते हुए और उसके भावी विकास और प्रसार की सभी संभावनाओं को सुनिश्चित करते हुए समस्त उर्दू साहित्य को देवनागरी लिपि में भी प्रकाशित किया जाए। उर्दू-हिंदी एकता के लिए यह एक दूसरा उपाय है। तीसरा उपाय यह है कि हिंदी साहित्यकारों की रचनाएँ उर्दू की अपनी लिपि में भी प्रकाशित की जाएँ। चौथा यह कि उर्दू को एक महत्त्वपूर्ण भारतीय भाषा मान कर हिंदी-उर्दू के पारस्परिक आदान-प्रदान की प्रक्रिया को भी उसी प्रकार तेज़ किया जाए जिस प्रकार हिंदी और अन्य भारतीय भाषाओं के बीच आदान-प्रदान की प्रक्रिया को प्रोत्साहन दिया जा रहा है। सिद्धांत रूप में यह मानते हुए भी कि हिंदी-उर्दू में कोई मूलभूत अंतर नहीं था, व्यावहारिकता का अपना तर्क है; यद्यपि उर्दू-हिंदी के अलगाव की प्रक्रिया हानिकारक थी, तथापि अब यह प्रक्रिया एक ऐतिहासिक घटना के रूप में अपना वजूद क़ायम कर चुकी है। बहुत-सा पानी पुल के नीचे से ही नहीं ऊपर से भी बह गया है। अतः ऐसी स्थिति में एक अलग भारतीय भाषा के रूप में उर्दू के विकास और प्रसार की संभावनाओं के प्रति उदासीनता बरतना हमारी राष्ट्रीयता और जातीय एकता के लिए घातक हो सकता है। हाँ, यह जरूर सुनिश्चित किया जाना चाहिए कि उर्दू-हिंदी के बीच जो अलगाव हो चुका है उसे और आगे न बढ़ने दिया जाए तथा ऐसे सभी सकारात्मक उपाय किए जाएँ जो एक ओर दोनों भाषाओं के अलगाव को प्रायोजित करने के षड्यंत्रों, साज़िशों का भंडाफोड़ करें, वहीं दूसरी ओर उनकी एकता की (परस्पर समझदारी, साझेदारी और सद्भाव के साथ) अभिवृद्धि करें। ये क़दम सरकारी, ग़ैर-सरकारी, अर्धसरकारी, स्वायत्त अथवा स्वैच्छिक संस्थाओं के स्तर पर उठाए जाने अपेक्षित हैं। इस कार्यक्रम के कार्यान्वयन में जितनी देरी होगी, उतनी ही हमारे राष्ट्र और जातीय विकास की क्षति होगी।

---

1. उपकरणों से मेरा आशय कथानकों, मिथकों, उपमाओं, प्रतीकों, मुहावरों और दार्शनिक उक्तियों आदि से है।

इस संदर्भ में डॉ. रामविलास शर्मा का यह कथन उद्धृत करना अप्रासंगिक न होगा—"अंग्रेज़ कूटनीतिज्ञों ने यहाँ एकता के तत्त्वों को बराबर दबाने की कोशिश की और अलगाव के तत्त्वों को भरसक बढ़ावा दिया। जिन हिंदुओं और मुसलमानों ने मध्यकालीन धर्म की खाई को पार कर लिया था और हर प्रदेश में एक संयुक्त जातीयता का विकास किया था, वे शब्दावली और लिपि के भेद को भी अवश्य दूर कर लेते और एक शक्तिशाली राष्ट्र का निर्माण करते। लेकिन अंग्रेज़ों ने इन संभावनाओं को ख़त्म कर दिया। उन्होंने हिंदी-उर्दू की दो शैलियों को दो जातियों की भाषा का रूप दे दिया और भाषा को जातीय उत्पीड़न का साधन बनाया। इसीलिए यह बात मुश्किल से कुछ लोगों की समझ में आती है कि अंग्रेज़ी राज से पहले 'हिंदुस्तान' के हिंदू और मुसलमान एक जाति के थे और वे आज भी एक ही जाति के हैं। धर्म के आधार पर न कहीं भाषाओं में भेद हुआ है, न कहीं जातियाँ बनी हैं" (भाषा और समाज, जातीय भाषाओं का विकास और उर्दू, पृष्ठ 309)। इस अलगाव का एक कारण यदि अंग्रेज़ थे तो दूसरा कारण था सामंती दृष्टिकोण जो भाषा को जनभाषा से काटकर 'विशिष्ट भाषा' बनाए रखने की साज़िशें रचता और कोशिशें करता है। मुस्लिम सामंतों/ राजाओं/ हाकिमों ने उस भाषा पर 'मतरुकात' का सिद्धांत लागू किया तो हिंदू सामंतों/ राजाओं/ शासकों ने उसी भाषा पर 'शुद्ध अथवा विशुद्ध भाषा' का सिद्धांत थोप दिया। इन्हीं की राय पाकर मुल्लाओं और पंडितों ने अपने-अपने दृष्टिकोण से भाषा का 'शुद्धीकरण' किया और इसी 'शुद्धीकरण' की नापाक और अस्वाभाविक प्रक्रिया ने एक ही भाषा के दो बनावटी स्वरूप तैयार किए। प्रेमचंद न तो शुद्ध या विशुद्ध हिंदी के लेखक हैं न मतरुकात के सिद्धांत द्वारा 'शुद्ध' की गई उर्दू के। भाषा के उन दोनों बनावटी रूपों से वे दूर रहते हैं। वे उस सहज और स्वाभाविक जनभाषा के लेखक हैं जो जितनी हिंदी है उतनी ही उर्दू भी। भाषा की दृष्टि से भी प्रेमचंद ही हमारे प्रतिमान हैं। वे हमारे इस प्रदेश की संयुक्त जातीयता के सच्चे प्रतिनिधि-साहित्यकार हैं। प्रेमचंद की भाषा नैसर्गिक हिंदी है। वही नैसर्गिक उर्दू भी है। उनके पाठक यह जानते हैं कि हिंदी-उर्दू में आज भी कोई भेद नहीं है। लेकिन फिर भी दोनों भाषाएँ अलग-अलग हैं। दोनों के शुद्ध या विशुद्ध (अथवा कृत्रिम) रूपों में अलगाव है।

दोनों तरह के ये विशुद्ध रूप आम जनता की भाषा से, या यूँ कहें कि जनभाषा से बचकर चलते हैं। ये दोनों रूप दोनों तरह की सामंती रुचियों को प्रतिबिंबित करते हैं। हिंदी और उर्दू में आज भी जो जनता के लेखक हैं, जनता की भाषा में लिखते हैं, वे हिंदी और उर्दू दोनों भाषाओं के लेखक माने जाते हैं। हंसराज 'रहबर' इसी तरह के एक लेखक हैं। ऐसे और नाम भी मिल जाएँगे। अतः हिंदी और उर्दू दोनों भाषाओं के लेखक जैसे-जैसे जनता की भाषा में लिखेंगे, जनभाषा को अपनाएँगे, हिंदी-उर्दू का अलगाव वैसे-वैसे कम होता जाएगा तथा ऐसे

लेखक दोनों भाषाओं के लेखक कहला सकेंगे, यदि वे दोनों लिपियों (देवनागरी और उर्दू लिपि) में अपना साहित्य छपवाएँगे। लेकिन अलगाव को कम करने का अर्थ यह कदापि नहीं लिया जाना चाहिए कि धीरे-धीरे उर्दू अथवा उसकी लिपि आप ही आप लुप्तप्राय: होती जाएगी, ऐसी सोच हमारे जातीय और राष्ट्रीय विकास के लिए हानिकारक सिद्ध हो सकती है। अतः ऐतिहासिक तथ्यों को झुठलाएँ नहीं, चाहे वे हमें रास आएँ या न आएँ। हिंदी-उर्दू एक ही भाषा के दो रूप हैं। एक हैं भी और नहीं भी : कहियत भिन्न न भिन्न !

❑❑❑